鸣谢：故宫博物院

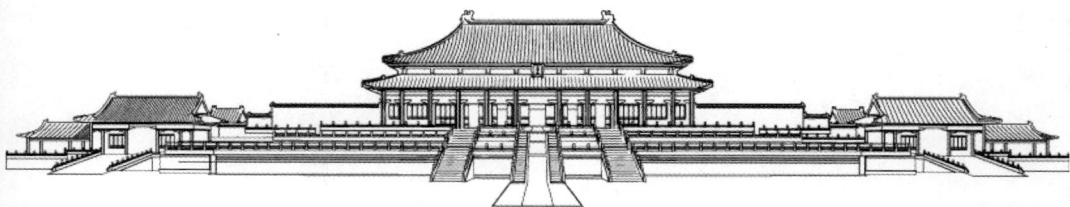

大故宫

阎崇年 ◎ 著

2

长江出版传媒

长江文艺出版社

本书得到学术支持

故宫博物院暨单霁翔院长

中国紫禁城学会暨郑欣淼会长

北京市社会科学院暨谭维克院长

北京满学会暨陈丽华荣誉会长

目　录

第三十讲 正大光明

《易·壮·彖》中的"正大"和《易·履·彖》中的"光明"，组合成"正大光明"，意为做人做事、为官为政、从学从商、修身修心，都要"正大光明"。"正大光明"是中华民族传统文化的一个共同理念和愿景。

帝制时代君主不可能表里一致"正大光明"，但以"正大光明"作为哲学与政治、道德与践行的"座上铭"，既是智慧的，也是可取的。

第二十一讲　正大光明

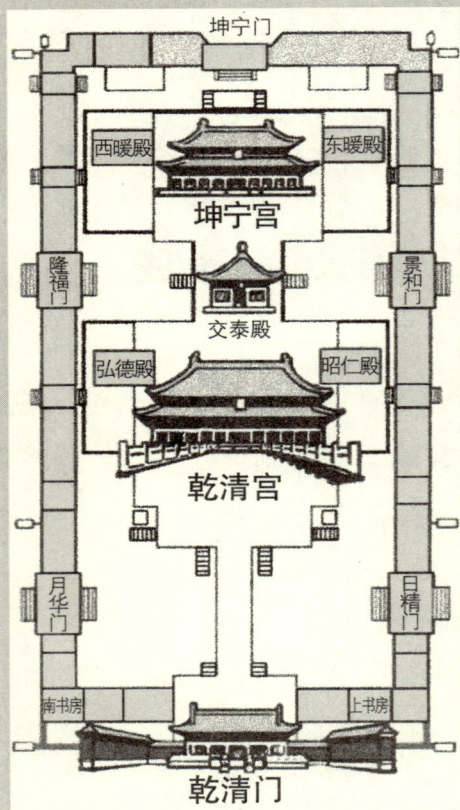

后三宫平面示意图

站在故宫乾清宫门前，第一眼会看到宝座上方正中悬挂着一块金字匾额，上面写着四个大字——"正大光明"。这是一个政治象征、治国理念、伦理愿景和文物珍品的完美融合。

一　匾　的　来　历

　　乾清宫自明永乐十八年（1420年）建成后，没改宫名，延续至今。从永乐十九年（1421年）正月初一日，乾清宫正式启用，到康熙六十一年（1722年）十一月十三日，康熙帝宾天，其间大约是三百年，明清十六位皇帝以乾清宫作为正宫。自清康熙六十一年（1722年）雍正帝登极后搬进养心殿理政、居住，到宣统三年十二月二十五日（1912年2月12日），宣统帝退位，其间大约是二百年，虽雍（正）、乾（隆）、嘉（庆）、道（光），咸（丰）、同（治）、光（绪）、宣（统）八帝，搬到养心殿理政、居住，但乾清宫作为皇帝正宫的地位并没有改变。

　　大家到故宫参观乾清宫，中设宝座，举头一望，就看到"正大光明"匾，为顺治帝御书。（《国朝宫史》卷十二）宝座倒柱为康熙帝御书联：

由于储存过雍正帝秘密立储的镡匣，"正大光明"成为故宫里最神秘的一块匾

克宽克仁，皇建其有极；惟精惟一，道积于厥躬。主要意思是：为君宽仁，社稷永祚；目标精一，敬诚为要。前楹联曰：表正万邦，慎厥身修思永；弘敷五典，无轻民事惟难。

就乾清宫这块"正大光明"匾，我查了一下，"正大光明"一词，不见于"十三经"，也不见于先秦典籍。"正大光明"一词的来源："正大"二字，见于《易·壮·彖》记载，"光明"二字，见于《易·履·彖》记载，两处拼接整合，结组为"正大光明"一词。这里我解释下"彖"（音 tuàn），是《周易》中概括一卦基本内涵的辞。《易·壮·彖》中的"正大"和《易·履·彖》中的"光明"，组合成"正大光明"，就是说做人做事、为官为政、从学从商、修身修心，都要"正大光明"。"正大光明"是中华民族传统文化的一个共同理念和愿景。当然，帝制时代君主不可能表里一致"正大光明"，但以"正大光明"作为哲学与政治、道德与践行的"座上铭"，既是智慧的，也是可取的。

明朝乾清宫没有"正大光明"匾。乾清宫"正大光明"匾额是清朝顺治帝题写的。顺治帝在文化上有鲜明特点：父亲皇太极生长于东北满洲森林文化，母亲孝庄太后生长于西北蒙古草原文化，他自己则学习儒家经典，用汉字书写"正大光明"四个字，这体现了中原汉族农耕文化。所以，"正大光明"理念是满洲森林文化、蒙古草原文化与中原农耕文化三者融汇的一个表现。到顺治帝的儿子康熙皇帝，父亲是满洲人，母亲是汉族人，祖母是蒙古人，康熙帝是森林文化、草原文化、农耕文化三者融合的一个集大成者。顺治帝题写、康熙帝重视的"正大光明"匾，表明："正大光明"应是哲学与政治、道德与法律共同知行的准则。

"正大光明"匾之所以引起社会广泛关注，是因为雍正帝把秘密立储镝（jué）匣（又称秘密建储镝匣）放在匾的后面。这是顺治帝设置"正大光明"匾额时所没有料到的。"正大光明"匾后放置秘密立储镝匣，留下许多历史故事。

二　庙　后　故　事

明清皇位的传承家法是：父死子继，兄终弟及。明朝在北京的十四位皇帝，永乐帝之后"父死子继"的十位，"兄终弟及"的三位——正统帝被俘由皇弟朱祁钰继承，正德帝身后没有儿子，由皇堂弟朱厚熜（cōng）即嘉靖皇帝继承，天启皇帝身后没有儿子，由皇弟朱由检即崇祯皇帝继承。明朝十六位皇帝，通过政变取得皇权的有两位：一位是朱棣经"靖难之役"，从侄子建文帝手中夺取皇权；另一位是朱祁镇的"南宫复辟"，从弟弟景泰帝手中夺回皇权。

清朝十二位皇帝，通过政变夺位的，一例没有。有人说：慈禧的祺祥政变（辛酉政变或北京政变）呢？这次政变是掌控皇权，而不是夺取皇权。明朝朱棣的军事政变，战争残酷，损失重大。究其原因是明太祖朱元璋在制度设计上，有得有失：得是分封诸子到各地为藩王，确实起到强固枝干、维护根本的作用；失是枝干强大，威胁根本——中央政权。为此，清朝总结明朝通过政变夺取皇权的历史经验与教训：

"有明诸藩，分封而不锡（通"赐"）土，列爵而不临民，食禄而不治事。盖矫枉鉴覆，所以杜汉、晋末大之祸，意固善矣。然徒拥虚名，坐縻厚禄，贤才不克自见（xiàn），知勇无所设施。防闲过峻，法制日增。出城省（xǐng）墓，请而后许，二王不得相见。"（《明史·诸王五》卷一百二十）

清朝对明朝的封藩制度，既取其善，就是"三不"："分封而不锡土，列爵而不临民，食禄而不治事。"又改其弊，就是诸王二要："内襄政本，外领师干。"（《清史稿·诸王一》卷二百十五）

明朝皇位继承采取嫡长制，没有必要秘密立储。清朝不用嫡长制，皇位继承，大伤脑筋。清朝皇位继承，经过四个时期：

第一，贵族公推制。清朝皇帝的选择，太祖努尔哈赤、太宗皇太极、世祖福临，都是由贵族会议推选的。努尔哈赤、皇太极是当时天下之精英，是各路英雄之俊杰。满洲王公贵族共推努尔哈赤为昆都仑汗。皇太极、顺治的登极，都是经过诸王贝勒大臣认真讨论、反复酝酿、彼此协调、政治平衡的结果。虽然顺治6岁登极，但真正掌握实权的是睿亲王多尔衮。多尔衮在清朝、南明、农民军、蒙古四种政治力量角逐中是一位英杰。

第二，皇帝遗命制。顺治帝开始将皇位继承改为遗命制。清朝皇位继承的贵族公推制，仅在太祖、太宗两朝实行过。顺治皇帝病危，皇位如何继承？当时孝庄皇太后健在，且历事天命、天聪、崇德、顺治四朝，威望高，权势重。顺治帝临终前，皇太后、顺治帝商量由8岁的皇子玄烨继承皇位。这种皇位继承遗命制，其好处是避免皇位的争夺与残杀，保证皇位继承者的顺利过渡，缺憾是较贵族公推制减弱贵族参与决策的机会。后来康熙帝立太子，还请大学士、尚书等朝臣各陈己见，有点"民意测验"的味道。清朝皇位继承遗命制只实行了两代——顺治、康熙。雍正帝继位后改为秘密立储制。

第三，秘密立储制。雍正帝从康熙帝两立两废皇太子胤礽中总结出册立皇太子的弊端，而实行秘密立储制，还是皇帝生前确定皇位继承人，但是不公开宣布。秘密立储的好处是"三避免"——避免太子骄傲，避免朝臣结党，避免骨肉相残。

第四，懿旨定储制。就是慈禧太后"一人懿旨"，决定皇位的继承。

道光帝立咸丰为太子时的镏匣和朱谕，比雍正帝立储的故事平淡了不少

这里我重点讲秘密立储的故事。

什么是秘密立储？秘密立储就是当朝皇帝将选定的储君皇子的名字写好，装在镭匣里，放在乾清宫"正大光明"匾的上面。当朝皇帝崩逝后，朝廷众臣在乾清宫，取下秘密立储镭匣，当众开启，公示于众。

清有几朝秘密立储？有人说是四朝——雍正、乾隆、嘉庆、道光，但实际上只有两朝，即雍正、道光两朝，因为嘉庆帝是乾隆帝禅让的。秘密立储最大的缺陷是：皇位继承人的选择，由皇帝独自暗箱操作。当初明神宗欲立郑贵妃之子福王为太子，遭到群臣反对而作罢，先后演出"梃击案"、"红丸案"、"移宫案"等宫廷闹剧。这说明当时还有一点不同的声音。清朝秘密立储却没有一点不同声音，这就容易产生弊病。如清道光帝秘密立咸丰为太子，选人不当，铸成大错，就是秘密立储制度缺陷的鲜活例子。

几次置镭匣在匾上？乾隆帝继位时取用过一次。嘉庆帝继位是乾隆帝当着众臣在授受大典中面授的。道光帝继位时在"正大光明"匾后没找到秘密立储镭匣，后在嘉庆帝随身太监腰间小盒里发现的。咸丰帝继位则是道光帝病危时，召宗人府宗令、御前大臣、军机大臣、总管内务府大臣"宣示谕书，皇四子奕詝立为皇太子"。（《清宣宗实录》卷四百七十六）同治帝为独子，自然没有立储。光绪帝和宣统帝因改变祖制，为慈禧"一言而定"。所以，"正大光明"匾后的秘密立储镭匣，实际上只用了一次。可以说："正大光明"匾后秘密立储镭匣，仅用过一次，并不像电影电视或某些书文所渲染的那样热闹！

三 匾外思考

"正大光明"匾后的秘密立储镭匣，可做三点思考。

第一，立太子不好。自秦始皇以来，两千年帝制史上，立太子几乎成为惯例。皇帝个人的素质、才能、品德、喜好等，于国家、民族至关重要。因此，选拔最优秀、最杰出的皇位继承者，对于一个国家、一个

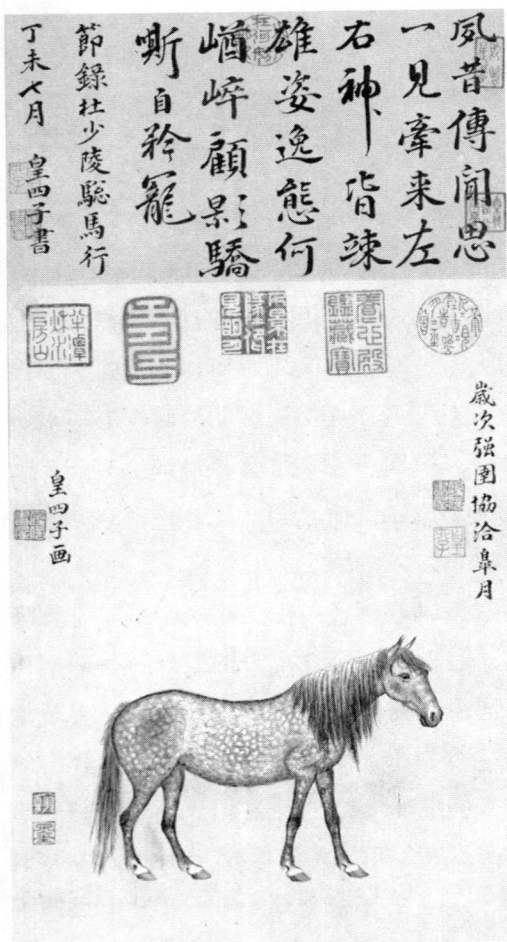

咸丰帝不是一位优秀的接班人，图为其即位前画作

民族、一个王朝，都是头等大事。君主应该是当朝整个国家、各个民族中最杰出、最优秀的代表。当然，限于皇位世袭制度，只能选择其范围内的最优秀的人才。康熙帝两立两废太子的教训，令人永记。

为什么说"立太子不好"呢？历朝沿用皇位世袭制，自有它的道理。我们站在21世纪的中华视角和国际视角，重新审视家天下的皇位传承制度，就会有新的认识。我们说"立太子不好"，因为"立太子"有"三弊"：一是容易自骄。皇太子放纵自我，反正是铁打的宝座，无须刻苦修身修心。二是容易结党。皇太子是未来的接班人，一些人就往太子身边靠，容易形成"皇太子党"。这样"皇权"与"储权"就形成矛盾。三是容易内讧。其他皇子设法打击、陷害太子势力，谋求自己为皇太子。康熙朝是这样，一个企业、一个公司何尝不是这样？

第二，一人定不好。道光帝身后，皇位怎么办？一人定。一人定有什么不好？举两个例子。一是道光帝立奕詝（zhǔ）。清朝没有立嫡以长的家法。道光帝有多位皇子可以选择，但他立嫡长子奕詝，可以说是"立之不当"。奕詝懒惰、懦弱、淫乐，缺乏历史责任感。二是慈禧太后"懿旨定储"——光绪帝载湉（tián）、大阿哥溥儁（jùn）、宣统帝溥仪。

王公贵族、御前大臣、内务府大臣、军机大臣、领侍卫内大臣、大学士等都没有参与。慈禧改变皇位继承的祖制。载湉继承皇位，既不是满洲贵族会议推举，也不是用遗诏形式公布，更不是秘密立储，乃是由慈禧皇太后"一言而定"。载湉和溥仪都是在爱新觉罗氏与叶赫那拉氏两个家族血统的交叉点上选出来的，溥仪是在慈禧侄子、载沣之子与慈禧干女儿钮祜禄氏之子血统的交叉点上，这在清朝是没有先例的。选君以亲，而不以贤，这是慈禧太后不以江山社稷为重，而以私利为重的一个恶劣史例。

第三，闭门做不好。清朝道光以降，国际形势大变。清朝郭嵩焘不仅看到西方的"船坚炮利"，而且看到西方的议会制度。郭嵩焘（1818—1891年），道光进士，署广东巡抚、兵部侍郎，首任出使英国大臣兼驻法国大臣，主张学习西方科学技术和议会制度。他在《使西纪程》中说："西洋所以享国长久，君民兼主国政故也！"但这位中国的先知先觉者，因此受到上自庙堂，下至士子的"丛骂"，甚至于要烧毁他的住宅，死后还要掘坟焚尸。

从清朝入关后的二百多年间，综观世界大势，总的发展趋向，就是民主化。清朝闭眼不看世界大势，却立6岁的同治、4岁的光绪、3岁的宣统做皇帝，这完全背离世界发展的潮流。6岁的同治、4岁的光绪、3岁的宣统，在当时的世界，面临的对手是谁？

美国：林肯（1809—1865年），家境贫寒，父为鞋匠，9岁丧母，通过自学，成为律师，当选美国第十六任总统（1861—1865年），在任期间平定南方叛乱，进一步扫荡奴隶制度，捍卫了国家统一，遭到暗杀。

德国：俾斯麦（1815—1898年），德意志帝国宰相（1862—1890年），与同治、光绪同时，曾任驻法大使，外交大臣。他通过三次王朝战争，统一德国；对内推行高压政策，被称为"铁血宰相"。

日本：伊藤博文（1841—1909年），曾四任日本首相，大体与光绪同时。曾任兵库县知事，在英国学习海军，就是说既有基层工作经验，又有海外留学经历。在任期间，起草明治宪法，在废除日本封建制度，建立现代国家中起过重大作用。在甲午战争中取得胜利，迫使清政府签订

《马关条约》。后在哈尔滨被朝鲜志士刺杀。

俄国：亚历山大二世（1818—1881 年），俄国皇帝（1855—1881 年），大体与同治、光绪同时。在位期间废除农奴制度，并进行财政、文化、司法、军事等重大改革，其任期被誉为"大改革时代"。后被民意党人炸死。

英国：维多利亚女王（1819—1901 年），英国女王（1837—1901 年），与慈禧（1835—1908 年）大体同时。有人说：英国也是女王啊！但英国当时实行首相制、国会制，维多利亚女王在任期间严格遵守宪法原则，而慈禧施行"女皇"制。

慈禧太后及其傀儡皇帝同治、光绪，恰与美国的林肯、德国的俾斯麦、日本的伊藤博文、俄国的亚历山大二世和英国的维多利亚女王等同时代。这对孤儿寡母作为清朝最高权力者，怎么可以同他们相匹敌呢？慈禧对奕䜣这样的议政王，却可以任意革掉，不受任何约束。慈禧太后，不受任何监督——**不受法律监督，不受行政监督，不受舆论监督**，而形成极权专制局面——"一人治天下，天下奉一人"！

司马迁有句名言："究天人之际，通古今之变。"天，天时也；人，人意也；古，鉴戒也；今，通变也。其时，西方许多国家已经工业化、民主制，清朝还是家天下、君主制。清末慈禧太后通过"听政—训政—

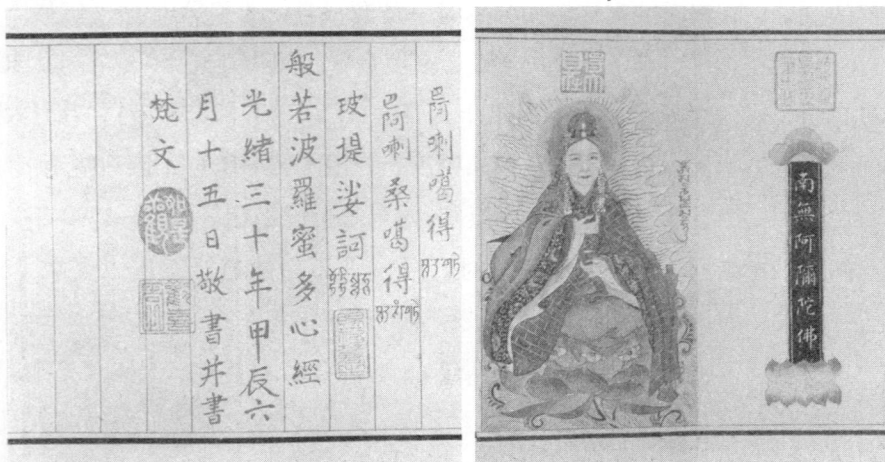

大权独揽的慈禧常以老佛爷自居，图为其亲笔书写的《般若波罗蜜多心经》

亲政"实行专政，长达半个世纪之久，逆天时，拂民意，不鉴古，拒通变。因此，清朝的覆亡，民国的兴起，既是历史的必然逻辑，也是民意的自然选择。

从清朝皇位继承演变的轨迹，来做个简要的历史回顾。

清朝同列强的竞争，不仅是经济、军力的较量，更重要的是最高执政者素养与智慧的较量。清朝后期的嘉庆帝为庸君，道光帝为愚君，咸丰帝为懦君，同治帝为顽君，光绪帝为哀君，宣统帝则为幼君。最后三位幼帝——6 岁的同治帝、4 岁的光绪帝、3 岁的宣统帝，做大清帝国的元首，岂不是天大笑话！且执掌朝纲的是慈禧太后。我们不站在女权主义立场上，而是站在中华民族立场上，来考察这个现象。慈禧作为一个女人来说，无疑是杰出的，是优秀的，她很聪明，更懂权术。我们用政治家的标尺来衡量慈禧，发现她——没有政治家的远见卓识、宽阔胸怀、治国谋略、创新精神。慈禧长年在紫禁城或颐和园，不懂农，不懂工，不懂学，不懂商，也不懂军，更不了解国外实情，仅靠玩弄权术，掌控泱泱中华大国，面对新兴世界列强，怎能不败？特别是慈禧太后掌权持续近 50 年。在世界政治日趋民主化的大潮中，大清帝国的皇权却日益高度集中。这既是同治、光绪、宣统三朝中国历史悲剧的重要原因，也是家天下、君主制的必然结果。清朝的家天下、君主制，皇帝只能在爱新觉罗氏宗室中选择，而不能在民众中选出最优秀、最杰出的元首。在国际竞争面前，优胜劣汰，落后挨打，败下阵来，清祚断绝。

乾清宫"正大光明"匾后的秘密立储镡匣，只是一个历史的记忆。这个历史记忆启示人们：要走民主化、国际化的道路。

第二十二讲 交泰乾坤

乾清宫与坤宁宫之间的交泰殿，寓意乾坤交而天地泰，帝后交而夫妻泰。但纵观历史，乾坤、天地、阴阳、帝后之交，不泰者多而泰者少，不宁者多而宁者少。因此，人们在理想与现实、普世价值与客观存在发生矛盾时，追求理念与现实谐和，企盼乾坤交合而安泰。

第二十二讲　交泰乾坤

在故宫后三宫中，交泰殿位置在乾清宫和坤宁宫之间。交泰殿的内容很多，本讲介绍交泰特色、交泰报时和交泰宝玺。

一　交泰特色

从交泰殿到坤宁宫，是一个小的院落，我把它叫作坤宁宫庭院。院子并不大，从交泰殿基座到乾清宫和坤宁宫的距离，均仅有 14.15 米。这个院落，纯属后宫，四周围合，宫规森严。殿的东庑（东厢），主要是御膳房，西庑（西厢），主要是御药房和御茶房，还有太医值班房。皇帝、皇后吃的，喝的，看病的，吃药的等，应有尽有，非常方便。这个小院，门特别多：东庑，开三个门——由南往北依次是景和门、永祥门、基化门，通往东六宫；西庑，开三个门——由南往北依次是隆福门、增瑞门、端则门，通往西六宫。

交泰殿平面呈方形，面阔、进深各 3 间，共 9 间，长宽各 20.6 米，面积约 424 平方米。单檐，黄琉璃瓦，四角攒尖，正中是鎏金宝顶。后三宫的交泰殿与前三殿的中和殿，都是平面呈方形，其建筑形式，其规制格局，南北呼应，彼此对称，既和谐，又美观。殿内，正中上方为藻井，中为盘龙衔珠，结构复杂，工艺精美。殿里宝座设在子午线即中轴线上。宝座后有 4 扇屏风，乾隆帝御书《交泰殿铭》。殿中悬挂康熙帝书写的匾额——"无为"。"无为"二字，我查了一下，《老子》一书，大约出现过 13 次。《老子》说："圣人云：**'我无为，而民自化；我好静，而民自正；我无事，而民自富；我无欲，而民自朴。'**"（第五十七章）康熙帝写"无为"二字时是怎样想的？他的子孙们又是怎样理解的？康熙帝也许是在告诫他的子孙们：君上无欲，百姓自朴；治国理政，要在"无为"——不瞎折腾。

交泰殿既展现建筑特点与实用功能，又蕴涵着深刻的伦理与哲理。这座宫殿名为"交泰殿"，从始建到现在，近五百年，名称没有变化，这是很不容易的。①

交泰殿的殿名，源自《周易》。《周易》说：天行健，君子以自强不息；地势坤，君子以厚德载物。乾，象征天、男、阳；坤，象征地、女、阴。所以，乾对坤，天对地，男对女，阳对阴。不光是对，而且要交；不光是交，交还要泰——关键是泰。天地、乾坤、阴阳，既分为二，又合为一。这里，天地交、乾坤交、阴阳交，期望是要"泰"。天地、乾坤、阴阳，是矛盾的、对立的，其相交结果，要达到平衡。天地、乾坤、阴阳相交，要泰安、泰宁、泰和、泰顺，这就是"交泰殿"所蕴涵的伦理和哲理。

交泰殿功能，主要有三：一是庆贺皇后生日，二是贮存计时和报时仪器，三是珍藏天子宝玺，还有其他。

中和殿是男性的殿堂，交泰殿则是女性的殿堂。皇帝生日叫万寿节，先在中和殿升座接受内大臣等贺礼；皇后生日叫千秋节，庆典在交泰殿。明清皇后在元旦、冬至、千秋（皇后生日）三大节临交泰殿受朝贺。皇后的千秋节，内外文武官员先期进贺笺，当天皇后先朝皇太后、皇帝，而后御交泰殿行庆贺礼。朝贺时，皇贵妃、贵妃、妃、嫔、公主、福晋（亲王、郡王、世子、贝勒之妻）、命妇（有封诰的大臣之妻）等，都要在这里行六肃三跪三叩礼。

典礼仪式隆重——从交泰殿到乾清门，陈列仪驾、车舆、中和韶乐、丹陛大乐；等级分明——贵妃、妃、嫔立在殿的门外，公主、福晋以下，二品命妇以上，都汇集在隆宗门外。典礼时，贵妃、妃嫔、公主、福晋等，身着礼服，到交泰殿，升丹陛，序立于殿前东西两侧。皇后御殿，起乐。皇后礼服升座，乐止。贵妃、妃嫔、公主、福晋、命妇等各就拜位序立。丹陛乐作，行大拜礼。礼毕，乐止。贵妃、妃、嫔，公主、福晋、命妇，各复其位。礼成，皇后还宫，各自退下。（《大清会典》）

---

① 交泰殿始建时间，一说为嘉靖年间，一说为永乐十八年（1420年）。《明史·舆服志》记载："（永乐）十八年建北京，凡宫殿、门阙规制，悉如南京，壮丽过之。中朝曰奉天殿，通为屋八千三百五十楹……正北曰乾清门，内为乾清宫，是曰正寝。后曰交泰殿。又后曰坤宁宫，为中宫所居。"

大故宫
2

皇后千秋节，赐金，赐银，赐绸缎，赐宝物等，多在交泰殿。如咸丰六年（1856 年）七月十二日，慈安皇后二旬千秋；光绪二十二年（1896 年）正月初十日，隆裕皇后三旬千秋，都是在交泰殿呈递如意、恭进食品等。（《内务府奏销档》）

作为皇后，最高的追求是"三喜"：乘轿从五门——大明门（大清门）、承天门（天安门）、端门、午门、奉天门（太和门）的中门抬进皇宫的大婚之喜，坐在交泰殿受妃嫔等贺千秋节的生日之喜，还有能生子继位自己做皇太后之喜。遗憾的是，紫禁城里所有皇后没有一人能同享这"三喜"的。

交泰殿除皇后生日、元旦、冬至三大节等在此举行礼仪之外，一个重要功能是宫廷的计时与报时。

二　交 泰 报 时

现在看到交泰殿内宝座两侧，东次间安铜壶滴漏，西次间安大自鸣钟——这里曾经是宫廷、北京和国家的报时中心。

先说铜壶滴漏。铜壶滴漏是古代计时器，用铜壶滴漏盛水来计时刻。西周就有，历史久远。铜壶滴漏的动力，有用水的，有用水银的，有用沙子的，还有用半机械的。北宋太平兴国四年（979 年），张思训以水银代水，制作出"水银滴漏"。北宋天圣九年（1031 年），发明了莲花漏法，在漏壶的上部开孔，使多余的水由孔中溢出，以保持漏壶有恒定水位，提高了漏壶计量时间的准确度。元代詹希元以沙代水，制作出"五轮沙漏"。北宋苏颂（1020—1101 年）的"水运仪象台"，是半机械时钟，以水力作动力。这些都是漏壶计时发展史上的重大革新。

北京皇宫的漏刻，元顺帝妥懽帖睦尔曾设计制造过计时宫漏。据《元史·顺帝纪》记载，这套宫漏"高六七尺，广半之。造木为匮，阴藏诸壶其中，运水上下"，也就是完全用水作动力，驱动复杂的报时系统：第一套是整点报时——"匮腰立玉女，捧时刻筹，时至，辄浮水而

交泰殿里的铜壶滴漏承载着厚重的历史，可视为当时的国家计时和报时中心

上"；第二套是夜间打更——"左右列二金甲神人，一悬钟，一悬钲。夜则神人能按更而击，无分毫差。当钟、钲之鸣，狮凤在侧皆翔舞"；第三套是子午报时——"匮上设西方三圣殿……匮之西东有日月宫，飞仙六人立宫前。遇子、午时，飞仙自能耦进，渡仙桥，过三圣殿，已而复退位如前"。这架宫漏，其精巧构思、精绝技术，令人赞叹不已。这是当时最先进的计时宫漏。但是，元顺帝这位"鲁班天子"虽会做木匠，却不会做皇帝，玩物丧志，腐败已极，终被赶下宝座，逃往蒙古大漠。明朱元璋夺取皇位，司天监将元顺帝的这台宫漏计时钟进献，朱元璋命左右碎之。

现在参观故宫交泰殿看到的漏壶，是乾隆十年（1745年）制造的，为铜制，高五米余，分三节，置于台上，外建方亭，亭为重檐，上饰宝顶。这是中国保存至今的珍贵历史文物。

再说大自鸣钟。 据史书记载，唐代就出现自动报时的机械漏刻。明代万历年间，西方传教士带来自鸣钟。清朝沿袭，到清嘉庆二年（1797年）乾清宫失火，殃及交泰殿，自鸣钟被毁。今存交泰殿这座自鸣钟，是嘉庆三年（1798年）宫廷造办处仿原钟造的，高近6米（相当于两层楼高），是中国现存最大的古代座钟。

自鸣钟高557厘米，宽221厘米，厚178厘米。外形仿中国式楼阁，分下、中、上三层。下层为柜型，背面有两扇门。中层正面是直径三尺的表盘，盘上有时针、分针和秒针，上面有罗马数字，盘上有玻璃罩。表盘背面也有两扇小门，里面有弦钮。钟砣重一百多斤。柜内有左、中、右三组铜轮，中轮联着钟的针，左轮击钟报时，右轮击钟报刻。一时一鸣，一刻一响，如时针、刻针都指向十二点，先打四响，表示四刻，再打十二响，表示十二点。打刻和打时，声音不同。报时钟声响亮，直达乾清门外。每天上弦，分秒无差。上层主要为装饰。钟后有八级阶梯，专人登梯而上，给钟上弦。这座自鸣钟已经二百多年，仍能正常走动。据《西清笔记》说："交泰殿大钟，宫中皆以为准。"这架大钟，很准确，"数十年，无少差"。(参见刘月芳《交泰殿的自鸣钟》)

交泰殿里的这座大钟，是给宫内，是给北京，也是给国家定时间的。如上朝大臣的怀表以大钟报时来校准时间。

这里顺便介绍故宫的钟表。故宫珍存钟表数以千计。清帝因性格不同，对自鸣钟偏好也不同。康熙帝注重钟表的科技性，雍正帝注重钟表的实用性，乾隆帝则注重钟表的观赏性。皇宫、圆明园等许多宫殿都摆设钟表，皇帝出行也带钟表。如雍正帝谕："养心殿造办处要好的表一件，随侍用。钦此。"(清宫《活计档》)他还赏赐近臣，如赐年羹尧自鸣表一只，年感激谢恩，御批道："我二人做个千古君臣知遇榜样，令天下后世钦慕流涎

嘉庆时期宫廷自主制造的自鸣钟，是中国现存最大的古代座钟

就是矣。"（《年羹尧满汉奏折译编》第276页）伴君如伴虎，后雍正帝赐年羹尧自尽。乾隆帝爱玩，玩钟表，既命自造，又令进口。官员也买进口钟表送礼，中国一度成为世界最大钟表进口国。但嘉庆帝重节俭，他说："宫禁之中所储珍宝玩品，极为充仞，饥不可食，寒不可衣，可见此等珍奇祗属无用之物。"（《上谕档》嘉庆四年八月初十日）但是，清宫奢靡之风有增无减。光绪初，宫廷钟表达3400余座。故宫博物院利用奉先殿举办"钟表馆"，向观众展示近200件宫廷珍藏的钟表。

交泰殿归内务府管。设首领太监两员（八品），太监六员，主要负责殿内珍藏的御宝、自鸣钟，以及值班、卫生等事务。（《国朝宫史续编》）

交泰殿内除铜壶滴漏和大自鸣钟外，还珍藏有二十五方宝玺。

三　交泰宝玺

交泰殿贮藏清代宝玺二十五方。所谓宝玺，就是图章，是国家权力的象征。

先说国宝。清初宝玺不规范，努尔哈赤用老满文刻制了"天命金国汗之宝"和"后金国天命皇帝"两方宝玺。清入关后，沿袭明制，但不完善。清初宝玺，除青玉"皇帝之宝"为满文篆字外，其他宝玺都是满汉兼书。其数量、存放、用途、篆刻，不规范，未划一。乾隆帝对已有宝玺加以整合、规范。

乾隆整合。乾隆十三年（1748年），清二十五方宝玺收藏于交泰殿。每颗宝玺，名称、用途、尺寸、质料、玺钮、文体等都不同。尺寸，大的方六寸，小的方二寸一分。文字统一篆刻。除关外所留"皇帝之宝，清书篆体"外，文体多是满文、汉文两种篆字，左为满篆，右为汉篆。质料有玉、金、檀木，玉有白玉、青玉、碧玉、墨玉等。宝玺的龙钮，有交龙，有盘龙，也有蹲龙等，钮高者三寸五分。（弘历《交泰殿宝谱·叙》）宝玺不同，各有专用。其中最常用的是第五方檀香木的"皇帝之宝"，颁发诏书、录取进士时用；第十四方青玉的"制诰之宝"，用于诏敕大

宝玺是一国最高权力的象征，图为交泰殿内陈放的二十五方宝玺

臣等。这二十五方宝玺都装在宝盒内，上面覆盖着黄绫。现清二十五方宝玺已存入故宫博物院文物库珍藏，交泰殿陈列的是装宝玺的宝盒。

宝玺为什么是二十五方呢？原来有宝玺二十九方和三十九方的记载。乾隆帝引《周易·系辞上》说："天数二十有五。"所以规范为二十五方。历史上东周二十五王，历五百一十五年。他又在《匣衍记》中说："我大清得享号二十有五之数，亦可俯赐符愿乎！"就是说，如果大清朝能传二十五代，就是苍天赐福，算是奢望！在这里，乾隆帝没有提大清国"亿万斯年"！

宝玺管理。宝玺的管理，明朝为尚宝监女官掌管，清朝由掌玺太监掌管。用宝玺时，内阁先到尚宝监，尚宝监请旨后，再去领取宝玺，然后加盖宝玺。

封宝与开宝。每年末，要封宝，就是封印。封宝前，先洗宝——

大学士先期启奏，届期，相关官员到乾清门通知内监请出宝来，在乾清门西一间正中，设洗宝黄案，依次用银盆清洗宝玺。宝清洗毕，交泰殿首领仍捧入宝玺，恭贮于匣。开宝、封宝之日，都要在交泰殿设供——苹果、秋梨等，焚香行九叩礼，然后开贴封条。开宝与封宝，其礼仪相同。

　　一个故事。前文述及，皇太极时，获得传国宝玺——"制诰之宝"。这方宝玺今在何处？成为一个历史之谜。据记载："制诰之宝"，世代流传，后来遗失。两百多年后，牧羊人在山中放羊，发现羊三天不吃草，总围在一个地方跑，牧羊人在那里挖掘，得到了这方传国宝玺，后落入蒙古察哈尔部林丹汗手里。天聪九年（1635 年），多尔衮率军征察哈尔得胜回朝，奏报获得林丹汗的这方宝玺——玉质，交龙纽，汉文篆字"制诰之宝"。皇太极为此举行隆重的受宝大典。又以此为由，举行大典，改族名"诸申"（女真）为"满洲"，改年号"天聪"为"崇德"，改国号"大金"为"大清"。此后许多文书都用此"制诰之宝"。清入关后改用满汉合璧文的"制诰之宝"。奇怪的是，乾隆帝在钦定宫中二十五宝时，竟然没有这方传国宝玺"制诰之宝"。这方宝玺哪里去了？乾隆十一年（1746 年），被清理出来的原宫中保存的清初宝玺，都被送往盛京故宫凤凰楼收藏，却不见有这方"制诰之宝"。不久，乾隆帝下旨从盛京藏宝玺中撤去"丹符出验四方"之宝，而换上了一方青玉"制诰之宝"。这说明原来传国宝玺"制诰之宝"还在。但是，专家认为这是元代宝玺的仿制品。乾隆帝为什么要这么做？先是"传国玺"失踪，后

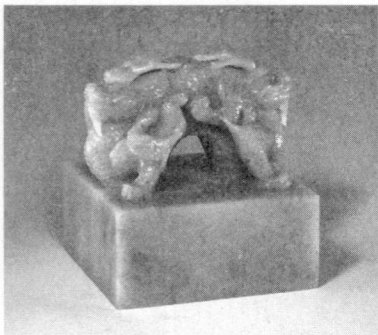

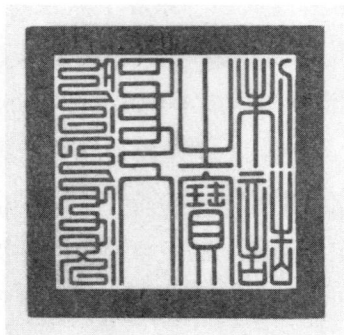

二十五宝玺之青玉"制诰之宝"，是乾隆帝留下的一个谜

又搞件赝品，皇太极那个"传国玺"，据学者研究本来就是假的。当年那方"制诰之宝"哪里去了？据宫中《活计档》记载：乾隆十三年（1748 年）五月二十二日，七品首领萨木哈来说，太监胡世杰交白玉"制诰之宝"一方（随锦盒一件，磁青纸金道册页一册，黑漆描金宝匣一件），旨交启祥宫将宝上字磨去。原来，乾隆帝将皇太极当年造假证据，磨去字迹，永远销毁。（胡忠良《教科书里没有的清史》）可是，乾隆帝为什么要磨去一方假"制诰之宝"，又制作一方假"制诰之宝"呢？令人不解。当年皇太极获得的元代传国宝玺"制诰之宝"，其真伪、去向、存毁、变故，仍是个历史之谜。

怎样对待国宝，乾隆帝说：**垂统万世，在德耶？在宝耶？宝器非宝，宝于有德。**所以，国祚绵长，社会久安，关键在德，而不在宝。

次说闲章。清代皇帝既有国宝，还有闲章——用于皇帝平时御笔、鉴赏书画、刻印图书及收藏玩赏等的各类钤印。如年号玺、宫殿玺、收藏玺、鉴赏玺、铭言玺、诗词玺等。质地有玉料、石料、木料、金属，玉有青玉、白玉、黄玉、碧玉、墨玉，石有青田石、寿山石、昌化石，还有玛瑙、水晶、珊瑚、檀香木、竹根、象牙、犀角、金、银、铜等，反映了清代皇帝印玺的丰富多样。

文人雅趣。明清文人的书画，诗、书、画、印，四者并重，有机结合，构成一个完美的艺术整体，其中印章是不可缺少的。明清文人治印之风日盛，他们把反映自己内心世界的名言、佳句、诗词、个性等，通过印章与自己的书法、绘画、诗词、图案等，刻入印章，再通过印章与自己的书法、绘画、诗词相结合，从而达到高雅的艺术境界。这个文化现象也影响到了宫廷，特别是清康熙、雍正、乾隆诸帝，他们聘请文化素养优秀的文人做南书房翰林和上书房师傅，自己也习书作画，赋诗填词，收藏珍玩，鉴赏名品，还刻制了各种闲章，几余玩赏，精心排架。

三帝闲章。康熙帝的"敬天勤民"闲章，自视之为座右铭。雍正帝即位后，把康熙帝诸玺锁箱收藏，而留"敬天勤民"宝，以钤印御书，表示继承康熙遗志。乾隆时，效仿雍正，留"敬天勤民"宝钤印御书。雍正帝刚继位就发出"为君难"的感叹（《清世宗实录》卷十八），为此还制

乾隆八十大寿时，善于逢迎的和珅进献了120方寿山石印章

了"为君难"闲章。乾隆帝尤喜闲章，刻制闲章1000多方，其中年号印玺70多方，宫殿行宫印玺200多方，并编修《宝薮》记存。他70岁时，刻制了一副闲章"古稀天子之宝"，副章"犹日孜孜"；80岁时，又刻制了一副闲章"八征耄念之宝"，副章"自强不息"——"犹日孜孜"和"自强不息"，老骥伏枥，精神可嘉。特别要提及的是，乾隆帝八十大寿，大学士和珅投其所好，进献寿山石印120方，每方都带寿字，形制不同，字体各异。

闲章不闲。道光帝秘密建储谕旨，盖闲章"慎德堂"印记，收藏在黄硬纸夹板中。咸丰帝的"御赏"和"同道堂"本是两方闲章，一般用于鉴赏和收藏。但同治帝的谕旨，须上起用"御赏"章，下讫用"同道堂"章，这两方闲章分别在慈安太后和慈禧太后手里，无此二章，谕旨无效，到同治帝亲政为止。上面三方小闲章，起到国宝的作用。

历史告诉人们：**珍宝玩品，列架充室，饥不可食，寒不可衣。鉴赏可意，怡养情趣，文物玩赏，适可而止。**

乾清宫与坤宁宫之间的交泰殿，寓意乾坤交而天地泰，帝后交而夫妻泰。但纵观历史，乾坤、天地、阴阳、帝后之交，不泰者多而泰者少，不宁者多而宁者少。因此，人们在理想与现实、普世价值与客观存在发生矛盾时，追求理念与现实谐和，企盼乾坤交合而安泰。

第二十三讲 坤宁大婚

现代许多青年结婚叫"大婚",结婚典礼时,主持人常说:"今天某某先生与某某小姐举行大婚!"在古代,"大婚"一词,不能随便使用。《中文大辞典》解释:"天子、诸侯之婚礼,谓之大婚。"明清只有天子结婚才可以称"大婚",亲王、郡王结婚都不可以称"大婚"。按照这个标准来看,在坤宁宫举行大婚的天子,简直没有几位。

第二十三讲　坤宁大婚

坤宁宫是明清皇后的正宫，是皇帝和皇后大婚的喜房，也就是民间所说的新婚洞房。

一 大婚皇帝

坤宁宫是皇后的正宫，坐北面南，正面九个开间，算上两侧的小间，现在看到的是 11 个开间。坤宁宫与交泰殿、乾清宫坐落在同一高台上，平面呈长方形，两层屋檐，庑殿顶，上覆黄色琉璃瓦。在建筑结构上，后庭大院的门比较多：东西庑墙各有五座门，其中乾清宫各两座门，交泰殿各一座门，坤宁宫各两座门——主要是为帝后、妃嫔、宫女、太监等出入内廷方便。

实际上，皇后并不都住坤宁宫。明代皇后住在坤宁宫，清代皇后大多住在东西六宫，但坤宁宫作为皇后正宫的地位始终没变，所以清代皇帝大婚的洞房，还是在坤宁宫。正如东西六宫虽为妃嫔所居，但皇太后、皇帝、皇后也有居住的；同样，坤宁宫为皇后寝兴之所，但妃嫔也有在此居住的。黄宗羲《枣林杂俎》记载：汤溪（今浙江省金华市金东区）戴氏选侍，曾住坤宁宫，三次被御幸。弘治十年（1497 年），太监宁某来县，宫人手书寄问母、弟安否，离别思忆之情凄然满纸。

坤宁宫一直是皇后正宫，图为东暖阁的皇帝洞房

游客到故宫坤宁宫参观，导游会指给大家看：这里是坤宁宫东暖阁，就是皇帝皇后大婚的喜房。于是，一般游客都认为，明清北京皇宫二十四位皇帝结婚的洞房都是在这里，其实不然，为什么呢？

先说"大婚"。现代许多青年结婚叫"大婚"，结婚典礼时，主持人常说："今天某某先生与某某小姐举行大婚!"在古代，"大婚"一词不能随便使用。《中文大辞典》解释："天子、诸侯之婚礼，谓之大婚。"明清只有天子结婚才可以称"大婚"，亲王、郡王结婚都不可以称"大婚"。按照这个标准来看，在坤宁宫举行大婚的天子，简直没有几位。明朝十六位皇帝，在南京登极的洪武帝和建文帝，他们登极之前已经结婚，没有举行"大婚"之典。明朝在北京的十四位皇帝，算来算去，只有两位皇帝在紫禁城举行大婚典礼——一位是明英宗正统皇帝，九岁继承皇位，他结婚时已经是"天子"，可以称作"大婚"；另一位是明神宗万历皇帝，十岁继承皇位，他结婚时也已经是"天子"，也可以称作"大婚"。

清朝呢？清朝十二位皇帝，只有顺治、康熙、同治和光绪四位君主，是当皇帝后才结婚的，他们结婚可以称作"大婚"。至于溥仪，结婚时已经退位，所以他和婉容的结婚，只能算平民的婚礼，从礼制上说，不能称作"大婚"。然而，清朝四位"大婚"皇帝，顺治帝大婚在位育宫（保和殿），不在坤宁宫。因此，在坤宁宫举行"大婚"的皇帝，明朝两位、清朝三位，共有五位，约占明清二十八位皇帝的18%。

皇帝大婚同民间结婚有相似之处，沿袭《仪礼·士昏礼》中的"六礼"，就是成婚的六道手续，或六个步骤：纳采、问名、纳吉、纳征、告期、迎娶，但没有亲迎礼。"六礼"的主要内容是什么呢？

（1）**纳采**，男家请媒人到女家提亲。

（2）**问名**，男家请媒人到女家，问女子的姓名和出生年月日时（生辰八字）。

（3）**纳吉**，男家将女方情况进行占卜：得吉兆后，备礼通知女方家，同意缔结婚姻。后来民间请人看皇历、算八字。现代已经不怎么用这一套了，但年龄、生日还是要看的，好比现在有些人看"星座"。

（4）**纳征**，也称"纳币"，就是男家以聘礼（彩礼）送给女家。女家接受聘礼，就是订婚。

（5）**请期**，男家择定婚期，备礼告知女家，求其同意，定下婚期。

（6）**迎娶**，新郎到女家迎娶新娘，也就是结婚。

皇帝大婚同民间虽有相似之处，同样要经过六个步骤：纳采、问名、纳吉、纳征、告期、迎娶，但有不同之处，如皇帝不亲自到皇后家迎娶新娘，而是派正使、副使代表皇帝前去迎娶。

明清时期在北京坤宁宫举行"大婚"典礼的五位皇帝中，以同治帝和光绪帝大婚的文献和档案记载比较详细，特别是光绪皇帝，《大婚典礼红档》有完整系统记载，《光绪帝大婚图》有细腻精彩描绘，还有德国皇帝恭贺大婚典礼国书，所以我讲坤宁大婚，以光绪帝大婚为例。

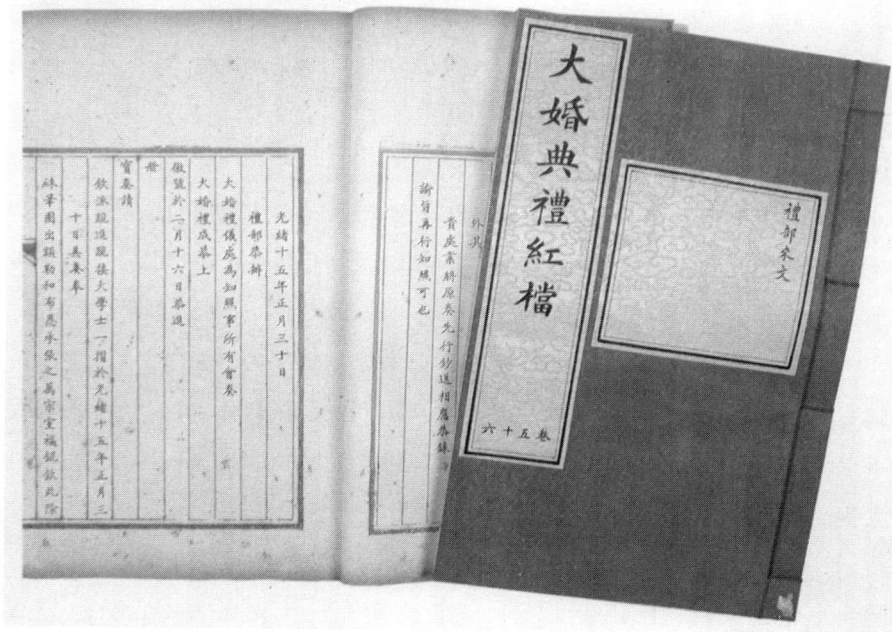

若想了解光绪帝大婚实录，就得翻阅这本《大婚典礼红档》

光绪帝（1871—1908年），名载湉，四岁进宫，做了皇帝。光绪帝结婚的年龄，按照清廷的家法和惯例，应当在虚岁十四岁，因为顺治帝是十四岁大婚的，康熙帝也是十四岁大婚的，所以光绪帝理应是十四岁大婚。但慈禧太后不同意，一年一年地拖，一直拖到不能再拖，才懿旨准许载湉在光绪十五年（1889年）正月二十七日大婚。这一年，光绪帝十九岁，皇后二十二岁。先看光绪帝大婚是如何准备的。

二　大 婚 准 备

光绪皇帝大婚，着手进行准备，实际过程，分为三步：

第一，纳采、问名。上年（光绪十四年）十一月初二日，纳采，皇家不是派媒人，而是派正使、副使到未来皇后家提亲、问名。光绪帝未来皇后是慈禧太后侄女，胞弟桂祥的女儿叶赫那拉·静芬。使臣宣诏："兹选某官某女为皇后，命卿等持节行纳采、问名礼。"女方家接旨后说："臣女今年若干（岁），谨具奏闻。"纳彩礼物：马4匹（带鞍辔）、甲胄10副、缎100匹、布200匹、饽饽100桌、酒宴100席、酒100瓶等。

第二，纳吉、纳征。上年（光绪十四年）十二月初四日，大征，就是派正、副使前去订婚事、送彩礼并告知迎娶日期。其中大征礼物如黄金200两、白银10000两、金茶筒一具、缎1000匹、马60匹等。

但是，光绪这个皇帝，命运太不好了！本来，大婚的纳采、问名、纳吉、纳征都做了，婚期也定了，就等举行大婚典礼，迎娶新娘皇后了。天有不测风云，人有旦夕祸福。偏偏在十二月十五日夜，太和门大火，门全被烧毁。清代规定：皇帝大婚，皇后必须经由五门——大清门、天安门、端门、午门、太和门的中门进宫。没有太和门怎么行呢？皇帝的大婚，已诏告天下，怎能改期呢？火灾离大婚吉日，只有四十二天，光是清理现场，也要十天半月，重建太和门，根本来不及，又不能改期，这如何是好？急中生智，清廷下令由北京棚匠扎彩工，夜以继日，加紧搭建，竟然搭建成一座逼真的彩棚太和门，供大婚时使用。

工匠技艺，巧夺天工！我们看《光绪皇帝大婚图》上的太和门，原

突如其来的大火，催生了《光绪大婚图》中以假乱真的彩棚太和门

来是临时搭建的一座彩门。这座临时扎建的太和门，完全可以乱真，就是内廷宦官，也不能辨其真伪，原来光绪帝大婚时喜轿穿过的太和门竟然是纸扎的！

第三，告期、奉迎。确定大婚日期后，到吉日良辰，将新娘（皇后）迎接到新郎（皇帝）家。但皇帝不亲自到未来皇后家迎娶，而是在午门迎接新娘（皇后）。

皇帝大婚的喜房，也就是大婚的洞房，在坤宁宫。

前一天，正月二十六日，主要做三件事：

第一，授受册宝。册，是金册，就是册封皇后的正式文书，用黄金529两制成；宝，是宝玺，就是印章，用黄金550两制成。同日，未时（未正14时），光绪帝到慈宁宫向慈禧皇太后前行礼，再到太和殿，阅视册、宝，派遣使臣前往册立和奉迎皇后。

第二，准备轿亭。一早，銮仪卫首领带人，恭请皇后凤舆，放在太和门石阶下面。届时，总管内务府大臣从乾清门接捧龙字金如意，请到凤舆里安放。同时，两座龙亭——一座抬金册，一座抬宝玺，已在太和殿阶下陈设，正使礼部尚书李鸿藻持节前行，副使总管内务府大臣续昌持册、宝分别放置在龙亭内，校尉抬亭，仪驾前导，凤舆随行，由太和门、午门、端门、天安门各中门出大清门，到皇后邸第（副都统、护军统领、承恩公桂祥邸，位置在朝阳门内南小街今芳嘉园胡同）。工部预先设节案于前堂阶下正中，设册、宝案各一于前堂左右。正使持节陈于正中案上，副使捧册、宝陈于左右案上。

第三，**进行告祭**。派遣官员报告，祭祀天地、太庙、奉先殿。

里外准备，已经就绪。吉日时辰一到，举行大婚典礼。

三　大婚典礼

光绪帝大婚典礼——大婚日，二十七日，主要做六件事：

第一，**穿戴梳妆**。子时（子正0时），新娘（皇后）穿戴化妆。皇宫派去福晋四人，身着大红钿罩衣、大红褂罩，陪侍皇后戴东珠朝冠、御珠宝朝服，佩珊瑚朝珠、东珠朝珠，挂金镶珊瑚项圈，以及其他。穿戴整齐后，在内堂稍坐，等待接受金册和金宝。大婚的朝袍、朝褂、朝裙等有51件，其中皇后**朝袍**上缀正珠21013颗，珊瑚豆3354件，米珠208颗，金结125件，各色真石410件；**朝褂**上缀正珠23033颗，珊瑚豆4182件，金结150件，各色真石478件；**朝裙**上缀正珠1546颗，珊瑚豆354件，金结29件，各色真石89件等。（《大婚典礼红档》）仅这朝袍、朝褂、朝裙三件，就用正珠45592颗、珊瑚豆7890颗、米珠208颗、金结304件、各色真石977件，总计为54971颗件。

第二，**跪受册宝**。奉迎皇后礼正使大学士额勒和布，在前堂请节，授于总管太监，副使礼部尚书奎润，在前堂请出册宝，授于总管太监，由中门入。皇后出迎于内堂阶下道右，跪着迎候。总管太监陈册、宝于案上。女官恭请皇后受册、受宝，太监宣读册文、宝文。礼成后，皇后在内堂稍作休息。

第三，**新娘起轿**。皇后由娘家邸第，乘坐凤舆，前往皇宫。总管敬报：吉时已到，内掌仪司首领太监恭请凤舆抬到内堂正中，向东南喜神方位安设，敬请凤舆内如意安置于旁，总管太监恭捧册、宝敬谨安设在龙亭内。福晋等四人恭请皇后升凤舆，由本宫首领太监左右扶凤舆到大

大故宫
2

门外，仪驾前导，喜乐吹奏，起行前往皇宫。

第四，皇帝礼迎。皇后的仪驾、龙亭、凤舆进大清门，历经天安门、端门、午门各中门，这时新郎（皇帝）在午门迎接。凤舆进午门后，由中左门、后左门，到乾清门前，诸色人等，不能入宫，到此止步，各自退下。册、宝龙亭陈于乾清门阶下，礼部官员由龙亭内恭捧册、宝，总管内务府大臣前引，安设在交泰殿左右案上。派出接捧册宝的首领太监在殿内接守，奏乾坤泰和乐。

第五，进入内廷。皇后乘凤舆进乾清门，到乾清宫檐下降凤舆。皇后步行，经宫后楅扇，再乘八人孔雀顶的小轿，伴随喜乐，到东六宫的钟粹宫。这时，接捧册、宝的首领太监，由交泰殿恭捧册、宝在轿

皇后大婚时的御用交通工具——凤舆

前导引，到钟粹宫，交本宫守宝太监敬陈于案。凤舆内龙字金如意，由派出的总管太监敬请陈于钟粹宫殿内。恭侍福晋等请皇后降孔雀顶轿，少坐。

第六，净面化妆。午时（午正12时），由福晋率内务府女官恭侍皇后净面、梳妆上头。皇后梳双凤髻，戴双喜如意，御双凤同和袍。戴凤钿、项圈，带拴辫手巾，正珠朝珠，仍戴双喜如意，加添扁簪、富贵绒花，准备到坤宁宫，完成合卺（jǐn）礼。卺，古代结婚时用的酒器；合卺，原意是婚礼时饮交杯酒。

第七，正宫合卺。酉时（酉正18时），皇后从钟粹宫，乘八人孔雀顶轿，前往坤宁宫。皇后到坤宁宫降舆，进入坤宁宫东暖阁，恭候新郎（皇帝）。皇帝身穿吉服，到坤宁宫，升宝座床居左，皇后升宝座床居右，相向而坐。点合卺长寿灯。内务府女官等恭进合卺宴。合卺宴席上，摆着猪肉、羊肉、金银酒、金银膳、肉丝等项，喝交杯酒，吃子孙饽饽（饺子）、长寿面。宴毕，撤宴桌，合卺宴礼成。（《光绪大婚典礼红档》）

第八，洞房成婚。坤宁宫的东暖阁，铺设龙凤喜床，床中设置宝瓶，里面装珠宝、金银、米谷等物，象征富贵满堂、粮食满仓。喜床上挂百子幔，幔上绣一百个形态各异、活泼可爱的小男孩，象征帝后多子多福。合卺宴后，坤宁宫管关门的女官，关合宫门。是夜，有结发侍卫夫妇在坤宁宫殿外，念交祝歌，候帝后坐龙凤喜床。光绪帝的大婚，洞房在坤宁宫东屋（东暖阁）。刘姓老宫女回忆说：光绪帝举行大婚礼时，慈禧太后派她做喜婆在坤宁宫守喜。（《翁文恭公日记》）拂晓，皇帝、皇后吃长寿面。

次日，二十八日，寅时（寅正4时），福晋等恭侍皇后冠服，戴凤钿，穿明黄五彩凤袍，八团五彩有水龙褂，戴项圈，拴辫手巾，佩正珠朝珠，毕。然后，进行"八祭一拜"的祭拜活动：

一祭神板。皇帝率皇后在坤宁宫西案前，向祖宗板子行礼。**二祭灶君。**在坤宁宫向灶神上香行礼。皇帝还东暖阁，升南床居左，皇后升南床居右，相向坐，进宴席，吃团圆膳。新郎（皇帝）、新娘（皇后）宴

大故宫
2

席很讲究。① 早餐后，皇帝、皇后乘轿，提炉前导，出顺贞门、神武门，进景山北上门，祭圣容。**三祭圣容。**到寿皇殿列圣、列后圣容（画像）前拈香行礼。**四祭御容。**到承乾宫孝全（道光皇后、咸丰生母）御容（画像）前行礼。**五祭御容。**到毓庆宫孝静（道光皇后、咸丰十岁丧母后由其抚育）御容（画像）前行礼。**六祭圣容。**到乾清宫文宗（咸丰帝）、穆宗（同治帝）圣容（画像）前行礼。**七祭神牌。**到建福宫孝德（咸丰皇后）、孝贞（慈安太后）神牌前，拈香行礼。**八祭神牌。**到养心殿东佛堂，在庄顺皇贵妃（道光妃，醇亲王奕谭母）神牌前拈香行礼。

除了八祭之外，还有**一拜**，是到储秀宫向慈禧皇太后行大拜礼。

而后，皇帝升明殿宝座，皇后诣皇帝前跪递金如意，皇帝赐皇后金如意。皇后率妃嫔等向皇帝行礼。再到储秀宫慈禧皇太后前跪进金如意行礼，皇太后赐皇帝、皇后金如意。

最后，皇后由吉祥门还钟粹宫，在佛前拈香，升前殿宝座，接受妃嫔、公主、福晋、命妇等的座前行礼。

---

① 正月二十七日酉时，坤宁宫合卺宴一桌，用黄地龙凤双喜字红里膳桌（高一尺，长三尺五寸，宽二尺五寸，随红地金双喜字秃思根一张），赤金盘二品（猪乌叉，羊乌叉），赤金碗四品（燕窝双喜字八仙鸭，燕窝双喜字金银鸭丝，细猪肉丝汤二品），赤金盘四品（燕窝龙字拌熏鸡丝，燕窝凤字金银肘花，燕窝呈字五香鸡，燕窝祥字金银鸭丝），赤金螺丝碟小菜二品，赤金碟酱油二品，红地金喜字瓷碗二品（燕窝八仙汤二品），五彩百子瓷碗二品（老米膳二品，随金碗盖二件，镶宝石十五块），五彩百子瓷碗二品（子孙饽饽二品二十七个，随金碗盖二件，镶宝石十五块，以上俱安喜字花头），赤金三镶玉筷子二双，赤金镶玉把匙子二，赤金板匙二，红地金喜字三寸瓷接碟二，赤金锅二（赤金锅盖二个，赤金锅垫二个，赤金执锅瓦二个），赤金勺子二，赤金笊篱二。

正月二十八日寅时，坤宁宫团圆膳一桌，用黄地龙凤双喜字红里膳桌（高一尺，长三尺五寸，宽二尺五寸，随红地金双喜字秃思根一张），赤金盘二品（燕窝座龙什锦鸭块，燕窝喜凤，金银喜字奶猪），赤金碗四品（燕窝乾字三鲜鸭子，燕窝坤字什锦鸡丝，燕窝泰字金银鸭子，燕窝和字红白鸭丝），赤金盘四品（燕窝龙字炒金银鸭丝，燕窝凤字黄焖鱼翅，燕窝双字清蒸酱肉，燕窝喜字烹虾米），赤金盘四品（喜字龙凤饼二品，喜字花糕二品），红地金喜字碗四品（燕窝八仙汤二品，燕窝喜字鸡丝挂面汤二品），赤金碟小菜二品，赤金碟酱油二品，五彩百子瓷碗二品（老米膳二品，随金碗盖二件，镶宝石十五块，以上俱安喜字花头），赤金三镶玉筷子二双，赤金镶玉靶匙子二把，赤金板匙二把（嵌松石豆匙靶顶），红字金喜字三寸瓷碟二件，红绸金双喜字怀挡二块。

二十九日，皇帝以祭社稷坛，自是日始，斋戒三日。

光绪帝后大婚，皇后凤舆摆如意，喜床上安如意，慈禧赐帝后如意。但是，光绪帝大婚开始既不如意、不吉利，结尾也不如意、不吉利。为什么这样说呢？开始，太和门被焚，做个假的、纸糊的充数，大婚前一场大火，多么不如意、不吉利；新婚第三天，皇帝斋戒，连续三日。钦天监官员是怎样定的良辰吉日？光绪帝和皇后叶赫那拉氏的不如意、不吉利还主要表现在：

第一，光绪帝同皇后从新婚就不和，就分居。这个由慈禧太后懿旨娘家侄女的婚姻，是一桩失败的婚姻。

第二，光绪帝结婚后，戊戌变法失败，沦为"政治囚犯"，虚有皇位，没有皇权，是一个傀儡皇帝。38岁盛年，撒手人寰。光绪帝的一生，是悲剧的一生。

第三，光绪帝的大婚，最终成为精心策划、精心演出的一场"四不"悲剧——吃长寿面，不长寿；吃团圆膳，不团圆；赐金玉如意，不如意；百子幔里，不生子。

第四，光绪帝皇后叶赫那拉氏，年轻守寡，辅侍幼帝，特别是"以太后命逊位"。在隆裕太后叶赫那拉氏手中结束大清王朝。历史巧合，很有意思：清朝兴起第一任皇后是叶赫那拉氏，清朝覆亡最后一任皇后也是叶赫那拉氏。真是巧合了那句话：亡清者，叶赫也！宣统退位两年后，隆裕太后被葬入光绪皇帝的陵墓，生不同寝，死则同穴。

光绪帝的大婚，从正月二十日到二月初九日，共二十天。皇帝大婚是所有婚礼中最隆重、最庞大、最烦琐、最奢华的婚礼。光绪帝大婚，账面花银550万两（实际远不止此）。(李鹏年《光绪帝大婚备办耗用概述》) 这时的清朝，内外交困，危机四伏，财政枯竭，银库空虚——《清德宗实录》记载：光绪帝大婚时，京师俸饷，全无着落。库储现在空虚，应放俸饷各项，更属无从支持。(《清德宗实录》卷二百六十一) 光绪帝大婚之后，清朝宫廷悲剧，连续上演，直至落幕！

大故宫
2

第三十四讲 坤宁不安

坤宁宫作为皇后的正宫，主要的特证，应是一个字——"安"，安宁、安康。但明清五百余年的坤宁宫，却是"坤宁不安""坤宁不宁"。

第二十四讲 坤宁不安

坤宁宫作为皇后的正宫，主要的特征，应是一个字——"安"，安宁、安康。但明清五百余年的坤宁宫，却是"坤宁不安"、"坤宁不宁"。何以见得？举明英宗正统帝钱皇后、明世宗嘉靖帝四位皇后和清穆宗同治帝阿鲁特氏皇后为例，看坤宁宫是怎样不安、不宁的。

一　正　统　皇　后

明朝英宗正统帝是在北京故宫坤宁宫里，第一位举行大婚典礼的皇帝。他的皇后自然成为坤宁宫第一位从大明门中门坐轿抬进来的主人。

明英宗朱祁镇（1427—1464年），祖父是洪熙帝，父亲是宣德帝，明史有"洪宣之治"的美誉。但是，洪熙帝在位一年（实际在位仅八个月），宣德帝在位十年，都时间不长。这个时期，经过元末明初的战争，尤其是经过"靖难之役"的战争，破坏很大，民生凋敝，需要休养生

坤宁宫是皇后的正宫，明英宗的钱皇后却在此遭受了八大不幸

明宣德时期的青花瓷卷草斜格网纹盖罐（现藏台北故宫博物院）

息，不要再去折腾。洪宣时期，社会稳定，生产恢复，文化发展。这个时期的手工艺品，如宣德炉、宣德青花瓷，都是极为有名，极为罕见，极为精细，极为珍贵的文物。

宣德帝 38 岁离世，他的嫡长子朱祁镇 9 岁（虚岁）便继承皇位。朱祁镇是明朝第一位在坤宁宫大婚的天子。他的皇后钱氏有一段故事。

明英宗皇后钱氏（？—1468 年），江苏海州（今江苏省连云港市）人。正统七年（1442 年），立为皇后。钱皇后有件事情被《明史》称赞。中国帝制时代，皇后娘家被称为"外戚"。女儿一旦为皇后，娘家人便鸡犬升天。汉、唐的外戚之祸，真是史不绝书。明英宗考虑钱皇后娘家身世单微，要封给侯爵——公、侯、伯、子、男的第二等"侯"，尚不是第一等"公"，钱皇后几次逊辞，结果始终没封。所以，《明史·后妃传》说："故后家独无封。"在整个明朝历史上，皇后家"独无封"的，只有钱皇后家。但是，钱皇后有八件不幸的事。

一是日夜哀泣。英宗被俘期间，"夜哀泣吁天，倦即卧地，损一股。以哭泣复损一目"。（《明史·后妃传》卷一百十三）她昼夜哭泣，哭瞎一只眼，而且长时间坐在凉地上哭，又损伤一股——可能是一侧股骨头坏死吧！

二是倾囊赎君。"英宗北狩，倾中宫赀佐迎驾。"明英宗被蒙古瓦剌部首领也先俘虏后，要花钱赎回。钱皇后将自己全部私房钱拿出来资助。

三是耐心劝慰。明英宗放归后，住在南宫（今南池子一带），心情不好，她"曲为慰解"，耐心劝慰、开导失意的夫君。

四是中年丧偶。明英宗38岁病故，钱皇后年轻守寡。

五是徽号之争。明英宗死后，周贵妃儿子朱见深继位，是为成化帝。他的生母周氏自然为太后，钱皇后也应上"太后"尊号，但成化帝生母不同意。几番折腾，才获徽号，很不顺利。

六是同葬风波。明英宗临死前，遗嘱钱皇后"与朕同葬"。但钱太后薨，周太后（周贵妃）不予同意。成化帝把球踢给大臣们讨论，自然有拍周太后马屁的，有坚持朱明家法的，上下反复，意见不一，竟然闹到"吏部尚书李秉（山东曹县人）、礼部尚书姚夔（安徽桐庐人）集廷臣九十九人"相争，甚至于"百官伏哭文华门外"。成化帝请示周太后，还是不同意。皇上不答应，群臣就跪在地上不起，"自巳至申"三个多时辰，大约六到八个小时，周太后才勉强同意让钱太后同葬裕陵（《明史·彭时传》卷一百七十六），但事情还留个尾巴。什么尾巴呢？

七是冥间阻隔。明英宗裕陵埋葬三位遗体——明英宗、钱皇后和周皇后（周贵妃）。钱皇后虽然对明英宗蒙难时有特殊功劳，但没有儿子；周皇后虽然为妃，但生个儿子继承皇位。周皇后（周贵妃）对钱皇后，不但在生前，而且在身后，仍然"争宠"。死了怎么"争宠"呢？明英宗的棺椁两侧，左侧圹穴安放钱皇后的棺椁，右侧圹穴是预留安放周皇后（周贵妃）的棺椁。周太后（周贵妃）坚持钱皇太后棺椁的圹穴要隔开数丈，并要"窒之"——不通，堵塞，而自己棺椁的圹穴要与明英宗的棺椁之间相近相通。

八是不设牌位。 在奉先殿祭祀，周皇后（周贵妃）安设牌位，钱皇后不设牌位。

钱皇后虽是第一位从大明门坐花轿抬进坤宁宫的正宫皇后，却遭受到八大不幸！显然，这不是个案，嘉靖帝几位皇后的命运又是一个例子。

二　嘉靖皇后

嘉靖帝是一位不安分的皇帝，大兴土木，崇信道教，遭遇宫难，几乎丧命。他在位 45 年，享年 60 岁，寿龄仅次于洪武帝朱元璋（71 岁）和永乐帝朱棣（65 岁）。嘉靖帝先后有四位皇后，是明朝十六位皇帝中皇后最多的一位皇帝。但是，这四位皇后最后都是不幸的。

第一任陈皇后，元城（今河北省大名县）人。嘉靖元年（1522 年），16 岁的嘉靖帝册立陈氏为皇后。嘉靖七年（1528 年）十月的一天，嘉靖帝与陈皇后同坐，这时张妃、方嫔二人进茶。22 岁的青年天子嘉靖皇帝，好奇而深情地看张妃和方嫔纤细白嫩的手。陈皇后吃醋，嫉妒，生气，"投杯而起"——将茶杯往桌子上一蹾，挺身而起。嘉靖帝暴怒，大声呵斥。陈皇后受到惊吓，浑身哆嗦。正怀孕的陈皇后，因为受了惊，后流产而死。这位陈皇后心太小了，既然嫁在皇帝家，就要面对"三宫六院七十二妃"的现实，应当怎么去对待？或者忍耐，或者反抗——哪怕是无言无行的反抗，都会或可能会遭遇可怕的后果！朝廷大臣伴君如伴虎，后妃伴君何尝不是如此呢！最近报纸上有句话：维持爱情最好的办法是忍耐——这话对与错，暂不去评论，嘉靖帝的陈皇后当时是不会听到这番话的。堂堂嘉靖帝的陈皇后，竟然一身两条性命，就悲惨地丧归黄泉！

第二任张皇后，就是嘉靖帝在品茶时看其手的那位张顺妃。陈皇后暴崩后，张顺妃被册立为皇后。这时，嘉靖帝正在追循古礼，让皇后率领妃嫔等到先蚕坛去行亲蚕礼，还让张皇后率领六宫妃嫔、选侍、淑女等，在宫里听讲《女训》。张皇后任职皇后五年，便被免职——废居别宫。张皇后是什么地方人，为什么被废了，《明史·后妃传》都没有记载。张皇后被废的事，使人们知道：做皇后也不容易，也不是"铁饭碗"。张皇后被废，打入冷宫，心情郁闷，又没处说，两年后就死了。张皇后遗留的中宫"职务"，由方皇后接任。

第三任方皇后，江宁（今江苏省南京市）人。方氏怎么会当上皇后呢？这里有两个机遇：第一个机遇是，嘉靖帝当了10年皇帝，已经26岁，还没有儿子。于是，一位叫张璁后改名孚敬的大学士，向嘉靖帝建议："古者天子立后，并建六宫、三夫人、九嫔、二十七世妇、八十一御妻，所以广嗣也。陛下春秋鼎盛，宜博求淑女，为子嗣计。"他建议嘉靖帝除皇后外，应在全国选娶

明嘉靖时期的剔彩漆九龙圆盘（现藏台北故宫博物院）

一百二十多位"淑女"——年轻、漂亮、聪明、贤惠的美女到后宫，为嘉靖帝多生些儿子。这个马屁拍得嘉靖帝很高兴，顺水推舟，颁旨"从之"！随后，方氏等九人就被册封为九嫔之一的嫔，不久又升为妃。张皇后被废，她就成为坤宁宫的主人、执掌六宫的方皇后。这位方皇后，在夫君"壬寅宫难"时，救了嘉靖帝一命（前面已经讲过）。但是，方皇后厄运来了：嘉靖二十六年（1547年），病崩。虽然嘉靖帝深感方皇后救危之恩，并下诏曰："皇后比救朕危，奉天济难，其以元后礼葬。"这话的意思是方皇后葬仪要按照嫡娶的皇后葬礼对待。但是，后来事态，

起伏曲折，就不多说，有兴趣者，看《明史·后妃传》吧！方皇后死后，皇后的空缺，由杜皇后填补。

第四任杜皇后，大兴（今北京市）人，本来是嫔，后进为妃，但是命好，生了儿子，就是后来的明穆宗隆庆帝，她也就成为万历皇帝的奶奶。不过，人的命运，起伏跌宕，难以预料。杜皇后在嘉靖三十三年（1554年）正月薨。离她儿子当皇帝还有十二年，所以杜皇后没有看见儿子登极为帝，自己也没有享受皇太后的清福。

嘉靖皇帝的四位皇后，或惨死，或被废，或历险，或早死，都没有享受完整圆满的人生。

那么，清朝的皇后呢？

三　同治皇后

清朝入关后，第一任皇后共有九位（宣统帝未计），在坤宁宫大婚的有康熙帝、同治帝和光绪帝三位。可以说，清朝所有第一任皇后，没有一位是好命的。我只选同治皇后一位，来看看她的悲剧故事。

同治帝6岁（虚岁）登极，同治十一年（1872年）九月，17岁的同治皇帝大婚。皇后阿鲁特氏，蒙古正蓝旗人。她出身于相府门第，书香之家，祖父赛尚阿为大学士，父亲崇绮（qǐ）为状元。史称："立国二百数十年，满、蒙人试汉文获授修撰者，止崇绮一人，士论荣之。"（《清史稿·崇绮传》卷四百六十八）就是说清朝定鼎北京后的268年间，满洲、蒙古人以汉文参加科举考试而中状元的，只有崇绮一人，士人以此为荣。后迁侍讲、户部尚书、日讲起居注官等。义和团失败后，崇绮走保定，住莲池书院，自缢而死。母亲瓜尔佳氏，也是忠贞节烈的女子英杰。八国联军攻入北京时，她先派人预掘深坑，率一子四孙及儿媳等，分别男女，入坑活埋，阖门死难。

皇后阿鲁特氏幼年，由父亲崇绮亲自授课，讲解经史，学习诗词，受到良好的家庭教养。她聪明贤惠，知书达理，性格刚烈，不善奉迎。

阿鲁特氏被立为皇后，同治帝与皇后仅在坤宁宫居住两天，就搬到养心殿后殿的体顺堂居住。皇后遇斋戒期，居住在钟粹官。（《翁文恭公日记》）

皇后阿鲁特氏真是命薄，结婚两年零两个月，同治十三年（1874年）十二月初五日，同治帝崩于皇宫养心殿。同治帝的死，同下面一件事情有关。据说慈禧有"寡母心态"，嫉妒儿子同皇后亲热，不许儿子与皇后同房。慈禧太后不喜欢皇后阿鲁特氏，而喜欢慧妃，要儿子同治帝对慧妃好。同治帝不敢违抗，又不喜欢慧妃，只好赌气独宿养心殿，生活寂寞寡欢。因为慈禧太后处处刁难，皇后阿鲁特氏日子过得很不舒心。同治帝病重，皇后护侍，也遭到慈禧太后的呵责。溥仪在《我的前半生》中记载：同治病重，皇后前去养心殿探视，二人说了些私房话，被慈禧皇太后知道。慈禧太后怒不可遏，闯入暖阁，"牵后发以出，且痛挟（chì，鞭笞）之"，并叫来太监预备大杖伺候。据说皇后情急之下说了句话："媳妇是从大清门抬进来的，请太后给媳妇留点体面！"慈禧太后以侧居西宫为遗憾，也为咸丰帝临终前没有册立自己为皇后而不满。"从大清门抬进来的"这句话，刺痛了慈禧太后的心。慈禧太后大发雷霆，同治帝被吓晕，病情愈加严重。慈禧太后见同治皇帝恐怖，才未对皇后动刑。同治帝之死，慈禧将责任栽到皇后头上。

同治皇帝之死，这对一位年轻皇后来说，简直是塌了天。皇后丧夫心情不好，慈禧丧子心情也不好。慈禧太后把气往皇后身上撒。"未亡人"皇后阿鲁特氏此时，大恸大悲，不思饮食，吞金自杀，获救得生。

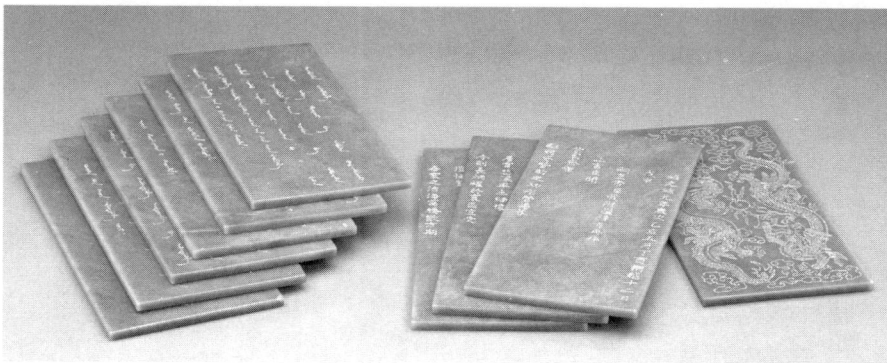

清朝所有第一任皇后都命运不佳，图为刻有同治皇后谥号的谥册

皇后之父崇绮，奏告慈禧皇太后。皇太后回答："可随大行皇帝去罢！"皇帝死了，尚未入葬，称大行皇帝，就是说可以随夫——同治帝殉死。崇绮将此话告诉女儿。而且慈禧太后不为同治帝立嗣，却让同治堂弟兼姨表弟的载湉（光绪）继承皇位，就是说光绪帝继承的不是同治帝，而是咸丰帝——这实际上是不为皇后留余地。皇后阿鲁特氏被逼无奈，只有自尽一条路可走。光绪元年（1875 年）二月二十日，同治帝死后 74 天，皇后阿鲁特氏"遽尔崩逝"，才 22 岁，梓宫暂安于隆福寺。皇后阿鲁特氏之死，或云"绝食崩"，或云"吞金死"。（唐邦治《清皇室四谱·后妃》）野史记载：同治帝皇后怀孕，慈禧太后恐其生男孩，将来缵（zuǎn，继承）承大统，不能垂帘，故逼其死。有位御史潘敦俨，借天旱奏言："后崩在穆宗升遐百日内，道路传闻，或称伤悲致疾，或云绝粒殒生，奇节不彰，何以慰在天之灵？何以副兆民之望？"慈禧太后斥其谬妄，夺其官职。

明朝曾有一位皇后，是她的母亲梦见圆月入怀而生下的。这个梦是真的还是编的，且不去管它。做父母的都希望女儿能有一个像圆月般的幸福人生，但是身为皇后的都难以做到这一点，更何况普通百姓呢！嘉靖帝的陈皇后，人生失败，告诉人们：**祸生于多贪，患生于多欲。**以上这些皇后的不幸人生的历史启示：**人生如月，或圆或缺，坦然对待，自然轮回。**

第三十五讲 坤宁不宁

明清 28 位皇帝的第一任皇后，虽居于天下女性之至高、至尊、至富、至贵的地位，但没有一位是在泰安、泰宁、泰和、泰顺中度过一生的。用老百姓的话来说，她们"全须全尾"、无怨无憾度过一生的，可以说是一个没有！其实，人生本来就没有十全十美的。我们老百姓生活中遇到一点磕碰、挫折、坎坷、困厄，都应坦然面对，淡定处之。

第二十五讲　坤宁不宁

明清坤宁宫里正统、嘉靖、同治三位皇帝的六位皇后，她们都有不安、不静的悲剧故事。坤宁宫里仅有这六位皇后的不幸故事吗？不是的。明清五百余年的坤宁宫，多不安宁，所以要说："坤宁不安"，"坤宁不宁"。

但是，明清的皇后并不都住在北京坤宁宫。有明277年间，无论在南京皇宫坤宁宫，或是在北京皇宫坤宁宫，抑或是在其他宫殿生活过的第一任皇后；有清296年间，无论是在兴京（今辽宁省抚顺市新宾满族自治县）赫图阿拉汗王宫，或是在盛京皇宫清宁宫，抑或是在北京皇宫坤宁宫生活过的第一任皇后，他们的命运并不都是像命理家所预言的那么富贵，也不像老百姓想象的那么幸福。她们的真实命运是什么样子呢？本讲以明朝16位皇帝、清朝12位皇帝，共28位皇帝的第一任皇后为例，来看一下她们是怎样演出了"坤宁不宁"的悲剧。

一　明宫皇后

明朝坤宁宫皇后的夫君，就是乾清宫的16位皇帝。他们是很不好记的。我想，分作三段，会好记些。哪三段呢？

第一段——洪（武）、建（文）、永（乐）、洪（熙）、宣（德）五位皇帝。

明朝16位皇帝的第一任皇后的命运如何呢？我们一段一段地、一个一个地数一数：

洪武帝朱元璋的马皇后，宿州（今安徽省宿州市）人，父马公（不知名字），"元末杀人，亡命定远"（《明史·马公传》卷三百）。母早亡，马公将小女托付给友人郭子兴抚养。朱元璋在郭子兴部下，郭把这位养女许配给朱元璋。朱元璋称帝，这位夫人就成了马皇后。马皇后没有文化，受过苦难，经过战争，史称她"仁慈有智鉴，好书史"（《明史·后妃传》卷一百十三），就是性仁慈，有智慧，肯思考，好读书。她陪着丈夫掌管六宫。朱元璋活了71岁，马皇后却51岁就死了，早于夫君过世20年，并不可意。

建文帝朱允炆的马皇后，先是做皇太孙妃。建文帝继承皇位后，被册立为皇后。"靖难之役"南京陷落，马皇后葬身于火中。建文帝22岁登极，在位四年，落难时才26岁。这时的马皇后，也只是二十多岁，做了政治斗争的牺牲品，是很可悲的。

永乐帝朱棣的徐皇后，是大将军、中山王徐达的女儿。先是做燕王妃，燕王夺取皇位，登极称帝，她也就成为徐皇后。但是，永乐帝迁都北京，建造北京紫禁城宫殿，这位徐皇后在正位北京坤宁宫之前，46岁病死。后葬于北京十三陵的长陵。徐皇后聪明贤惠，很识大体，却死得过早，又没有正位北京坤宁宫，实在是可惜。

洪熙帝朱高炽的张皇后，永城（今河南商丘永城市）人，早年封为燕王世子妃。燕王称帝后，册为太子妃。这位太子妃，很得公公永乐皇帝的喜欢和器重。太子朱高炽身体太胖，胖到"体肥硕不能骑射"，永乐帝几次都想废掉太子，但因太子妃贤惠而没有废掉（原因之一）。太子妃帮助太子减肥，主要办法是"减膳"，就是少吃。不是有个减肥顺口溜——"管住嘴，走断腿"吗？太子妃帮助自己的先生太子减肥的办法就是"减膳多动"，总算保住太子的位子。太子朱高炽继位后，还是因为身体过胖，可能是"三高"——高血压、高血脂、高血糖吧，洪熙元年（1425年）四月，《明史·仁宗本纪》记载："崩于钦安殿，年四十有八。"夫君实际上只做了八个月的皇帝，四十八岁就离开人间，张皇后盛年寡居，

永乐帝是紫禁城的"总设计师"，图为明永乐时期的剔红漆花卉瓶（现藏台北故宫博物院）

孤灯长夜，实在悲苦。

宣德帝朱瞻基的胡皇后，山东济宁人，"无过被废"。为什么被废呢？史书是这样回答的："时孙贵妃有宠，后未有子，又善病。"胡皇后没有生子，身体常有病。怎么被废的呢？史书又记载："帝令后上表辞位，乃退居长安宫，赐号静慈仙师，而册贵妃为后。"（《明史·后妃传》卷一百十三）胡皇后写了辞职报告，废后想不开，时怏怏，常泣泣，后病死，葬金山（西山）。

宣德帝与父亲明仁宗的执政时期并称"仁宣之治"，图为宣德帝绘《三羊开泰图》

第二段——正（统）、景（泰）、成（化）、弘（治）、正（德）五位皇帝。

正统帝朱祁镇的钱皇后，其悲剧，前已述。

景泰帝朱祁钰的汪皇后，顺天（今北京市）人，因忤帝意被废。这是怎么回事呢？景泰帝的杭妃生了个儿子叫朱见济，要立为太子，而要废原正统帝立的朱见深，汪皇后不同意。这就触犯了景泰帝，废汪皇后，立杭皇后。明英宗复辟后，废后汪氏迁出皇宫，又被抄家。废后汪氏，心情抑郁，不久病死，以妃礼，葬金山（西山）。

成化帝朱见深的吴皇后，顺天（今北京市）人，因成化帝宠爱比夫君大17岁的万贵妃而生气，她不客气，也不留情，对万贵妃"摘其过，杖之"。"打狗看主人"，打万贵妃怎能不看主人呢！成化帝大怒，诏废吴皇后。

明景泰时期的掐丝珐琅番莲纹盒（现藏台北故宫博物院）

　　弘治帝朱佑樘的张皇后，兴济（今河北省青县境）人，虽做了皇后，但因夫君36岁死而年轻守寡，不能算作"圆月人生"。

　　正德帝朱厚照的夏皇后，遇上胡闹的夫君皇帝，且夫君31岁就死了，也是年轻寡居。后父夏儒，为人长厚，既已富贵，"服食如布衣时，见者不知为外戚也"（《明史·夏儒传》卷三百），受到称赞。

　　第三段——嘉（靖）、隆（庆）、万（历）、泰（昌）、天（启），五位皇帝。

　　嘉靖帝朱厚熜的陈皇后，凄惨悲剧，前面已述。①

---

①　陈万言，肃皇后（嘉靖陈皇后）父也，大名人，起家诸生。嘉靖元年授鸿胪卿，改都督同知，赐第黄华坊。明年诏复营第于西安门外，费帑金数十万。工部尚书赵璜以西安门近大内，治第毋过高。帝怒，逮营缮郎翟璘下狱。言官余瓒等谏，不省。寻封万言泰和伯，子绍祖授尚宝司丞。又明年，万言乞武清、东安地各千顷为庄田，诏户部勘闲地给之。给事中张汉卿言："万言拔迹儒素，联婚天室，当躬自检饬，为戚里倡，而僭冒陈乞，违越法度。去岁深冬亘雪，急起大第，徒役疲劳，怨咨载道。方今灾沴相继，江、淮饿死之人，掘穴掩埋，动以万计。万言曾不动念，益请庄田。小民一廛一亩，终岁力作，犹不足于食，若又割而畀之贵戚，欲无流亡，不可得也。伏望割恩以义，杜渐以法，一切裁抑，令保延爵禄。"帝竟以八百顷给之。巡抚刘麟、御史任洛复言不宜夺民地，弗听。七年，皇后崩，万言亦绌。十四年卒，子不得嗣封。（《明史·陈万言传》卷三百）

隆庆帝朱载垕的李皇后，昌平（今北京市昌平区）人，虽然生了儿子，却四岁殇，自己又在夫君继位前死去，只活了二十几岁，皇后徽号是她死后追封的。

万历帝朱翊钧的王皇后，余姚（今浙江省余姚市）人，碰上宠爱郑贵妃的夫君，也只能忍气吞声，外露笑颜，内心悲苦，而且没有生子。

万历帝宠爱郑贵妃，图为后妃穿用的绣百子暗花罗方领女夹衣

泰昌帝朱常洛的郭皇后，顺天（今北京市）人，在夫君继位前死，皇后徽号是追封的。

天启帝朱由校的张皇后，祥符（今河南省开封市）人，不仅没有生儿子，夫君 23 岁死去，自己也在李自成打进明皇宫后自杀。她的悲剧人生后文还要详述。

以上三段，每段五位，一共是一十五位皇帝及其第一任皇后。有人说："明朝是十六位皇帝，还缺一位啊！"我说："是的！那一位也好记——崇祯上吊明朝完！"

崇祯帝朱由检的周皇后，苏州（今江苏省苏州市）人，前面写过，被逼自缢，更是悲剧。

清朝 12 位皇帝的第一任皇后的命运又如何呢？

二　清宫皇后

清朝十二位皇帝的第一任皇后，也都是悲剧结局吗？我们一个一个地看看。

天命汗努尔哈赤的皇后叶赫那拉氏，29岁撇下丈夫、儿子死去。叶赫那拉氏病重前，想见母亲一面。当时建州部与叶赫部关系紧张，努尔哈赤派人到叶赫部请叶赫那拉氏的母亲到建州看望女儿，但遭其兄纳林布禄拒绝。叶赫那拉氏在思念母亲和疾病痛苦中离开人世。[①]

崇德帝皇太极的皇后博尔济吉特氏，虽然主掌六宫，清宁宫四位妃子中，两位是她的侄女，两位是敌部林丹汗的遗孀，但夫君52岁突然故去，自己盛年寡居。

顺治帝福临的皇后博尔济吉特氏，虽"丽而慧"，却被废黜。顺治八年（1651年）被册立为皇后，仅两年就被废。这年顺治帝十六岁（虚岁），废后年龄《清史稿·后妃传》没有记载，她的年龄也不会太大吧！

康熙帝玄烨的皇后赫舍里氏，祖父索尼是辅政大臣，父亲噶布喇是领侍卫内大臣，叔父索额图是大学士，但她生下儿子（即废太子允礽）当天死去，才22岁。

雍正帝胤禛的皇后乌拉那拉氏，雍正元年（1723年）册为皇后，雍正九年（1731年）就死去。

乾隆帝弘历的皇后富察氏，乾隆十三年（1748年）随驾南巡，归途中，《清高宗实录》记载："驾至德州登舟。亥刻。皇后崩。"这里的"登舟"，是已登舟，还是要登舟？记载有隐笔。《清史稿·后妃传》则记载："后崩于德州舟次。""舟次"，是船里，还是船外？是舟上，还是

---

① 清太祖努尔哈赤原妃佟佳氏，是褚英和代善的生母，清追谥"太祖孝慈高皇后"的是叶赫那拉氏，所以本文依据《清太祖高皇帝实录》和《清史稿·后妃传》，取努尔哈赤的第一任皇后为叶赫那拉氏。

乾隆帝皇后死因成谜，图为《乾隆南巡图》之"御舟"

水中？记载很含糊。有书记载是跳水自杀的。皇后富察氏死时才 37 岁。

嘉庆帝颙琰的皇后喜塔腊氏，被册为皇后的第二年就死了，真是福分不够，而夫君比她多活了 24 年。

道光帝旻宁的皇后钮祜禄氏，不到 30 岁，还没当上皇后就死了。她死后才追封为皇后的。

咸丰帝奕詝的皇后萨克达氏，刚被册为嫡福晋才两年，还没有做皇后，大约不到 20 岁就死了。咸丰帝继位后，被追封为皇后。

同治帝载淳的皇后阿鲁特氏，死得很惨，前文已述及，也是不明不白的。

光绪帝载湉的皇后叶赫那拉氏，就是后来的隆裕太后，

光绪帝皇后叶赫那拉氏，与光绪帝始终不和

自大婚后就夫妻不和，后夫君被幽禁，光绪帝 38 岁死时，她才 41 岁，抚养一个三岁的小溥仪，做太后三年，亲自懿旨《逊位诏书》，又过两年，就病死了，才 46 岁。

宣统帝溥仪的"皇后"郭布罗氏，实际上溥仪这时不是皇帝，而是平民，他们更是路人皆知的爱情悲剧、政治悲剧。

三　坤宁之镜

坤宁宫毕竟是皇后的正宫。这座宫殿的名称，企望住在坤宁宫里的皇后能够安宁，也能够康宁，但是这个愿望实现了吗？

纵观明清二十八位皇帝的第一任皇后，给人一个深刻而鲜明的印象是：坤宁不安，坤宁不宁。任何一位皇帝，任何一位皇后，其人生最起码的诉求，最基本的企望是两个字："安"和"康"——安，主要是安平，安顺；康，主要是康宁，康健。没有平安，没有健康，虽财富万贯、权势至高，又有什么快乐可言，又有什么幸福可享！

当然，明清二十八位皇帝的第一任皇后的不幸，只是帝后生活中的不幸。其不幸的原因，有制度的，有宫廷的，有家族的，有夫君性情的，也有皇后个人的，等等。她们即使被打入冷宫，虽没有自由，没有爱情，但大多过着衣食无忧的生活。这同平民百姓的不幸是不可同日而语的。

总之，我们从上面坤宁宫的历史镜子里可以看到：明朝 16 帝、清朝 12 帝共 28 位皇帝的第一任皇后，或过早离世，或无过被废，或没有子嗣，或年轻寡居，或死于非命，或失意悲怆。她们虽居于天下女性之至高、至尊、至富、至贵的地位，但没有一位是在泰安、泰宁、泰和、泰顺中度过一生的。用老百姓的话来说，她们"全须全尾"、无怨无憾度过一生的，可以说是一个没有！其实，人生本来就没有十全十美的。我们老百姓生活中遇到一点磕碰、挫折、坎坷、困厄，都应坦然面对，淡定处之。

第二十六讲　坤宁张后

　　明天启帝懿安皇后的一生，既是荣华富贵的一生，又是悲惨结局的一生。从 15 岁到 38 岁，作为皇后和懿安皇后，自然是享尽荣华富贵，却无法左右自己的命运。懿安皇后幼年凄苦，青年丧夫，盛年遭变，自缢身亡，在悲喜交织的命运中，度过了短暂的一生。

第二十六讲　坤宁张后

明清的皇后挑选、皇后命运、皇后结局是怎样的呢？可以说是千差万别，各有不同。本讲选择明熹宗天启帝的懿安皇后张嫣①，作为一个典型例子，来看她是怎样度过皇后一生的。

一　皇后挑选

明清皇帝挑选皇后，明朝是在全国海选淑女，清朝是在八旗普选秀女。明清两朝，据《明史·后妃传》和《清史稿·后妃传》记载，生前册立为皇后的，明朝有 19 位，清朝有 13 位，共计有 32 位。本讲就以明天启帝的懿安皇后为例，看看这位皇后一生的命运。材料主要参考清人《懿安皇后外传》，参酌其他宫廷史料，恕不一一注明出处。

从天下淑女中选皇后，明有先例。明宪宗成化帝选皇后时，皇太后谕礼部："榜谕京城内外，于大小官员民庶有德之家，务择其父母贤善，素有家法女子，年十五至十八，容貌端洁，性资纯美，言动安详，咸中礼度者，令其父母送来，吾将亲阅焉。"（《明宪宗实录》卷三）明天启帝也是循照祖制，命礼部，选淑女，择为后，充正宫。（《明熹宗实录》卷六）

明熹宗天启帝的懿安皇后张氏，名嫣（yān），字祖娥，小字宝珠，河南祥符县（今开封县）人。她的父亲张国纪，为明朝生员。张皇后出生，有一个传说：张国纪家很穷，早上起来出去，见道旁有一个丢弃的女婴，躺在霜雪中，没有死，也不哭，很奇怪。这时有一位和尚路过，跟张国纪说："此女当大贵，可收养之。"张国纪便抱起这个弃婴回家抚养。时间是万历三十五年（1607 年）十月初六日，这位女婴就是后来的懿安皇后。

---

① 《中文大辞典》"懿安后"条释文："谥号：一、唐宪宗后郭氏之谥，二、明熹宗后张氏之谥。"《辞海》"谥"条释文："封建时代在人死后按其生前事迹评定褒贬给予的称号。"生前为徽号，身后为谥号。所以，明熹宗天启帝懿安皇后的"懿安"在其生前，应作徽号。

坤宁宫后的坤宁门，是后三宫通往御花园的正门

张嫣小时候纯洁娴静，笑不露齿。七岁的时候，茹苦耐劳，洒扫庭院，洗衣做饭，样样都会。没事的时候，独处一室，习做女红，阅览书史。十三四岁，窈窕端丽，绝世无双。张国纪丧偶后，张嫣把家里家外收拾得井井有条，照顾弟妹，友爱亲切。

天启元年（1621 年）三月，天启帝朱由校要大婚，诏选天下十三到十六岁的淑女。征集参选的淑女有张嫣等约五千人，到了北京。在京进行初选、复选、终选等复杂过程。

初　选

第一轮　每百人一组，以年齿为序，都整齐站立，由太监按组逐个检查。太监边检查边说：某稍高，某稍矮，某稍胖，某稍瘦。这一轮淑女被淘汰的大约一千人。

第二轮　还是每百人一组。太监逐个查验被检淑女的耳、目、口、鼻、发、肤、腰、领、肩、背等十项，有一项不合格的，就被淘汰，大约一千人。

第三轮　仍是每百人一组，由内监再次检查，言为心声，审查声音。让这些淑女自己朗诵姓氏、籍贯、年岁，听淑女的声音，凡是稍强、稍弱、稍粗、稍浊、稍快、稍慢的，都被淘汰，大约千人。

复选

第一轮 参加复选的淑女，太监拿着尺子，一个一个地测量淑女的手和脚。检查其手腕，对手腕稍粗、稍短，脚趾稍长、稍大的淑女就淘汰，然后命转圈走数十步，观察淑女走路的姿态、风度，共淘汰大约千人。

第二轮 五千人已淘汰四千人，留下约一千人，都召入宫里，进行挑选。由老年宫娥，将淑女引进密室，观其形体，查其乳房，嗅其腋味，抚其皮肤，淘汰者约七百人。

第三轮 应选淑女约三百人，在宫里住一个月。仔细观察其性情、言辞等项，总体评价其人的性格——刚柔、愚智、贤否、粗细，最后入选淑女仅五十人。这些淑女，可为皇帝的妃嫔、选侍等。

终选 最后是司礼监秉笔太监刘克敬，总理皇帝选婚之事。后宫由住在慈宁宫的万历帝的刘昭妃（寿八十七岁），时为太妃，掌管太后宝玺。最后由天启帝钦定。

第一轮 面试：刘可敬主持，查其书法、口算、诗词、音乐、歌舞等，测评文化素养，从中选中三人，就是张嫣、王氏和段氏。这三人："面如观音，色若朝霞映雪，又如芙蓉出水；鬓如春云，眼如秋波，口若朱樱，鼻如悬胆，皓齿细洁，丰颐广颡，倩辅宜人；颈白而长，肩圆而正，背厚而平；行步如青云之出远岫，吐音如流水之滴幽泉；不痔不疡，无黑子创陷诸病。"上面的描述有点像小说家言，但可以反映出那个时代的审美情趣和健美标准。

第二轮 复试：由宫女引张氏到密室进行复试。刘太妃用青纱帕盖着张嫣，又用金玉等信物，系着她的两臂。

前文述及刘太妃选出三人，是在什么地方选的呢？这座殿是什么殿呢？葡萄牙人耶稣会士安文思记作"御婚殿（Yuen Hoen Tien）"①，《明

---

① 《中国新史》第 157 页，大象出版社。

南三所前的庭院在明代属于文华殿北面的慈庆宫

实录》记作元辉殿。文华殿北为慈庆宫区（清改造为南三所）。徽音门内为麟趾门，后为慈庆宫，麟趾门东为关雎左门，内有掌印秉笔值房。麟趾门西为关雎右门，门外为元辉殿。这座殿现在没有了。凡选中为后或妃者，都要先住在这里，以便次第奏请举行吉礼。这可能是外国人据音译记载所误。在元辉殿选定的三人，暂居此殿，以待钦定。（刘若愚《酌中志》卷十七）

第三轮 钦定：最后将张嫣引见到天启帝面前，天启帝非常喜欢张嫣。这年张嫣十五岁，长得身体修长、丰满、清爽、秀丽。史书记载：明天启元年（1621年）四月初三日，"是日，元辉殿选定淑女三位，河南祥符县张氏、顺天府大兴县王氏、南京鹰扬卫段氏"。（《明熹宗实录》卷九）张、王、段三位，孰为后，孰为妃？一说客氏反对张氏为后，其理由是："此女他日长成，必更肥硕，少风趣，安得为正选？"另一说是泰昌帝赵选侍赞成张氏为后："若论端正有福，贞洁不佻，则张氏女尤其上也。"最后钦定：张氏为皇后，王氏和段氏为妃。

张嫣被选，经过册封，成为天启皇帝的皇后。

二　皇后命运

天启元年（1621 年）四月二十七日，天启帝与张皇后合卺成婚。这一年，天启帝十七岁，但身材矮小，张皇后十五岁，却个高成熟。

张皇后喜欢读书，也爱写字，临摹颜体，书法秀劲。又选择聪明知书的宫女，给朗读唐诗宋词，长夜孤灯，静心学习。她还喜欢女红，用白绫制衣如鹤氅（chǎng，外套）式，穿上礼佛敬香，宫中称这种衣服为"霓裳羽衣"，受到妃嫔和宫女们的赞扬。但是，如此贤惠的张皇后，在坤宁宫并不平安，未能躲过"三灾八难"。

水火不容，以正对邪。皇后张氏与乳媪（ǎo）客魏为天敌。客氏见天启帝宠爱中宫皇后，内心嫉妒，非常不悦，常诘问天启帝："陛下取少艾而忘我乎！"您娶了美貌少女而忘了我耶！客氏和魏忠贤勾结，引导天启帝疏离皇后，日夜淫乐。大臣谏言客氏出宫。客氏要出宫时，天启帝哭哭啼啼，不吃不喝。客氏过生日，天启帝亲往祝寿，酣饮三日，笙歌喧庆。但皇后千秋节（过生日），宫中冷清。客魏离间帝后之间关系，玩弄天启帝于掌上。

小人难防，以静制动。魏忠贤用万金招募一个大盗，潜入坤宁宫，夜里隐藏。漏数下，后关门，将就寝，对镜卸妆后，坐紫檀马桶上。突然听到声音，见贼影晃动，皇后一声喊，贼惊吓坠地。皇后惊起，呼召宫人，以绳缚贼，将奏交天启帝处置。魏忠贤害怕，请交他命锦衣卫杀之。

怀孕堕胎，失去元子。天启三年（1623 年），张皇后怀孕。客魏设法使皇后堕胎，天启帝竟然失去元子。魏忠贤更加张狂，矫诏杀杨涟、左光斗等。后闻之，上言天启帝，至于涕泣沾襟。后宫则裕妃张氏被赐死；慧妃范氏，成妃张氏，都遭斥责，打入冷宫。

躲过鸣镝，又遭暗箭。客魏设计陷害张皇后。时有河南人叫孙二，犯重罪，在狱中。魏忠贤以出狱和重金为诱饵，同孙二设计，编造说张皇后为自己所生，给张国纪为养女。客魏又在宫中散布流言，并对天启帝说：罪人孙二之女，不宜玷辱宫闱。天启帝曾怀疑，几次打算废后。天启帝到坤宁宫见皇后，又恋恋不舍，便开玩笑说："你是重犯孙二之女吗？"皇后颊晕微红，默然不应，良久，便答道："皇上若信浮言，妾岂敢久辱宫禁，愿早赐废斥。"帝谢之，后起入内室，帝复从而谢焉。手为整冠，后始强颜一笑。帝留与后对坐御膳，遂雍睦如初，对魏忠贤说："皇后朕所怜爱，浮言不足深究。"天启六年（1626年）秋，客魏百计倾陷，阴谋废后，大学士、礼部尚书李国楢说："君后，犹父母也，安有助父陷母者？"忠贤稍止。天启七年（1627年）二月，魏忠贤唆使其党梁柴梦疏劾张国纪。天启帝削国纪爵禄，放归故郡。皇后免冠去饰，诣帝拜谢，帝加慰劝。

皇后每日午后，必披鹤氅，礼佛讽经。帝问何自苦，对曰："为忠臣杨涟、左光斗等祈福耳。"又一日，帝幸后宫，后读书声达户外。帝问后读何书，答曰："赵高传也。"暗喻魏忠贤，天启帝默然。

正宫皇后，以正为先。张皇后面对皇帝、客魏、六宫的复杂关系，她怎么办呢？对皇帝"以诚恳结上宠"，对客魏阴谋"以澹静处之"，对妃嫔推荐侍寝，自己则"心地坦然"。张皇后的性格外刚内柔，天启帝说："汝性刚烈，不苟言笑。然吾见汝面，则怡然但觉妩媚可怜。"——性格刚烈而外貌柔美有什么表现呢？

泛舟水上，良言规劝。天启帝有时同张皇后到西苑荡桨泛舟，天启帝手操船桨，摇橹灵巧，去来便捷，要博得皇后一笑，但皇后正言规谏要览章奏，御讲筵，亲正士，戒小人。天启帝说："汝吾师也。"你是我的老师！但不久嬉游如故。魏忠贤在宫里演淫秽戏，淫乱庸俗，不堪入目。皇后实在看不下去，托词身体不适而离席。

拒看内操，严守宫范。还有一次，天启帝召皇后一同观看内操，就是太监和宫女共同操练——天启帝亲自为将，一列是宦官三百人，绘制龙旗，迎风招展，列队于左；另一列是宫女三百人，绘制凤旗，排列整齐，列队于右。皇后一看，说是有病，退席先回。天启帝只好命宫人中美丽丰满的替代皇后领操。

清静身心，自爱自重。天启帝常携带"房中药"（春药）到坤宁宫，

天启帝曾与张皇后在西苑（今中南海和北海）荡桨泛舟

皇后收起来投入井中。她劝天启帝说：圣上身体清弱，宜为宗社自爱。张皇后平时在宫中，虽然天气暑热，必正襟端坐，不施芳泽，不傅粉黛。有时清晨对镜理妆，天启帝从后面看，亲自为皇后画眉。天启帝又尝伺皇后于浴室，笑道："汝无瑕，如白玉，真所谓玉人也。"又说："汝臀肥大，必有后福，生子当不远矣。"

天启临终，以正相待。天启七年（1627年）五月初六日，天启帝病。至七月末，移居懋勤殿。每召皇后侍疾。魏忠贤进仙方灵露饮之，天启帝病日重。到八月十八日，病危。魏忠贤设计夺权。

设计掉包，魏氏摄政。魏忠贤抬出魏良卿对付危局。魏良卿是何许人？他是魏忠贤的侄子，在宁远大捷中毫无战功，却被封为肃宁伯，皇极殿建成晋升为肃宁侯，不久再晋为肃宁公，赐庄田1000顷，即10万亩。魏忠贤想了个主意：想让张皇后假装怀孕，取魏良卿的儿子为皇后的儿子，张皇后垂帘听政，立魏良卿为摄政，等其长大再立。这时张皇后年二十一。魏良卿私下对人说：我并不乐于当皇帝，因皇后张娘娘才德色兼茂，若同床共枕，虽死无憾矣！张皇后见生死安危都操纵在魏忠贤之手，便严肃地说：我从命也死，不从命也死，若不从而死，可以见列祖宗在天之灵！魏忠贤未敢轻举妄动。

劝立信王，稳定大局。天启帝病危时，张皇后劝帝立信王（朱由检）。天启帝说：“魏忠贤告诉我说，后宫怀孕的有两人，日后要是生男，就作为你的儿子，继承皇位，不也可以？”张皇后苦苦劝谏。天启帝明白，立即召信王朱由检入宫受遗命。信王朱由检先推辞，张皇后从屏风后面走出来，对信王说：“皇叔义不容让，且事急矣。恐有变，宜遽谢恩。”信王朱由检于是礼拜接受。天启帝勖勉信王要当尧舜之君，并说魏忠贤可以担当大任，又指皇后相托说：“中宫配朕七年，每正言匡谏，获益颇多。今年少嫠（lí，寡妇）居，良可矜悯，吾弟宜善视之。”信王点头。这时，皇后使人将信王隐匿在别的宫室。一会儿，皇帝崩。张皇后传遗诏，命英国公张维贤等迎立信王。信王朱由检即位，这就是崇祯帝。魏忠贤又设阴谋，在饮食中下毒药。张皇后预先告诫崇祯帝，要警惕饮食，勿食宫中食。

崇祯帝继位后，非常感激张皇后。崇祯元年（1628 年）正月，尊张皇后为懿安皇后，先居慈宁宫，又居慈庆宫，再居仁寿殿。

三　皇后悲局

崇祯帝继位后，碰到一个先朝天启帝张皇后的名分问题。按“父死子继”制，先帝皇后，新帝尊为皇太后；按“兄终弟及”制，先帝皇后不是太后，而是皇后，本朝又有皇后，名分怎样区分呢？明朝“兄终弟及”的皇帝两人：一位是嘉靖帝，将先朝正德帝夏皇后尊为“庄肃皇后”；另一位是崇祯帝，将先朝天启帝张皇后，尊为懿安皇后。这在当时是一件庄严隆重的大事：“壬午，上熹宗皇后张氏曰懿安皇后，仍居慈庆宫，颁诏于天下。”（《明崇祯实录》卷一）清朝“兄终弟及”的，只有光绪帝一位，他继位不久，同治帝皇后阿鲁特氏崩，到光绪帝大婚时，这个问题早已不存在。

崇祯帝登极后，拨乱反正，惩治客魏集团，安置魏忠贤到安徽凤阳守皇陵。六天后，魏忠贤在路上缢死。魏良卿、客氏都被诛杀。客魏虽死，张皇后的厄运并未结束。大太监陈德润又在施展鬼蜮伎俩。

夫死大悲，诡异计谋。天启帝23岁死，这年张皇后21岁。年轻美丽的张皇后，竟然被大太监陈德润觊觎着——想和张皇后成为"对食"。什么叫"对食"？明宫没有儿子的妃嫔、选侍等，思想空虚，生活孤寂，有的以太监为伴侣，叫做"对食"，也叫做"菜户"。她（他）们的财物相通，如同一家，相亲相爱，貌似夫妇。但皇后及贵妃地位尊贵，没有"对食"、"菜户"。然而，明朝在25岁以前死亡的皇帝，只有天启帝一人，天启帝之前皇后没有年少寡居的。懿安皇后居住在慈庆宫，既年轻，又漂亮，魏忠贤余党、总管太监

明代中后期，太监干政的现象日益严重，图为明代彩塑太监像

陈德润暗想：皇后既美，宝物必多，自我欣喜："此奇货也！"于是，贿赂皇后身边侍女，传话给张皇后说："皇后盛年，先帝故去，又无儿子，宫监陈德润，人品清雅，性情谨厚，皇后何不召之入侍，使为菜户，有所倚托？"一日，皇后晨起，宫人捧着盥洗用具奉侍，陈德润托言奏事，直到皇后室内。懿安皇后奏报崇祯帝，命贬陈德润到南京明孝陵去种菜。

崇祯十五年（1642年）七月，因崇祯帝太子将纳妃，改慈庆宫为端本宫，懿安皇后迁居仁寿殿。懿安皇后的生命结局如何？懿安皇后的命运，同明朝覆亡一样，都是悲剧结局。

崇祯十七年（1644年）三月十八日，李自成军队攻陷京师外城。当天，崇祯帝命周皇后自缢死。崇祯帝派宫人到懿安皇后居住的仁寿殿，逼懿安皇后自杀，但事出仓促，宫女心慌乱，信息未到达。懿安皇后也不知道宫外消息。十九日，天蒙蒙亮，望见火光。宫内传言，内城已陷。宫女哭声如雷，纷纷奔出宫门。懿安皇后要寻剑自刎，下不得手，改为

自缢。这时宫女数人，解救皇后，自杀未遂。懿安皇后说：你们好心，却是误我！于是，转移到侧室。

宫女等有的出走，有的投河，有的上吊，也有的被污。懿安皇后的结局呢？有不同说法：

突然变天，悲局谢幕。《明史·后妃传》记载："李自成陷都城，后自缢。"明朝历史给予懿安皇后的结局是：自缢而死。清顺治元年（1644年）十月，清顺治帝定鼎燕京，命将懿安皇后灵柩与天启帝合葬于明十三陵的德陵。这是正史的记载。另外还有三说[①]：

一说，懿安皇后逃到民间。相传有一宫嫔，青纱蒙头，徒步走出，进入成国公朱纯臣的府第。相传这位宫嫔就是懿安皇后。又传京师有旧宫人居住在民间，藏得懿安皇后凤鞋一只，长仅二寸许。又有懿安皇后小像一幅，出鬻于市，真不啻天仙也。这位宫人也是懿安皇后。

二说，懿安皇后随李自成西去。李自成撤出北京西走，有一人说："我先朝天启皇后也。"此人被携带西行。消息传布朝野，京城官民大惊，恨懿安皇后失节。太监有认识的，说："嘻，此非任妃邪？"后得知此人为天启帝的任妃，而不是懿安皇后。众人疑惑，逐渐释解。

三说，懿安皇后自缢。初，京师将破时，诸太监争着出城投降，报告后妃宫人的人数、名册等。李自成的军师李岩，河南举人，好仁义，见册中有张皇后，惊叹道："此吾同乡也，素有圣德，安可使争辱？"京城攻破，亟驰入宫，寻找懿安皇后。李岩找到皇后，命宫女扶皇后坐殿上，九拜而去。当夜，懿安皇后得以从容自缢而死，年三十八。李岩闻讯，置办棺椁，设灵殿上，拜哭而去。

明天启帝懿安皇后的一生，既是荣华富贵的一生，又是悲惨结局的一生。从 15 岁到 38 岁，作为皇后和懿安皇后，自然是享尽荣华富贵，却无法左右自己的命运。懿安皇后幼年凄苦，青年丧夫，盛年遭变，自缢身亡，在悲喜交织的命运中，度过了短暂的一生。

[①] 《明懿安皇后外传》，原载《纪晓岚文集》第三册，河北教育出版社，1991 年。

第三十七讲　坤宁萨满

　　清朝的宫廷，既天坛祭天，又堂子拜天，既汲取儒家文化，又崇奉萨满文化，在"神界天国"里，保持着以萨满文化为满洲的宗教文化，又同各民族不同宗教文化多元并存、协合共处的局面。这是清廷的高明之处，也是清朝定鼎中原统治长达268年之久的一大玄机。

第二十七讲　坤宁萨满

坤宁宫不仅是明清两朝皇后的正宫，而且是清廷萨满祭祀的宫殿。本讲的主要内容是：坤宁改建、坤宁神杆和坤宁祭祀。

一 坤 宁 改 建

坤宁宫作为皇后的正宫，历史久远，相沿不变。宫殿的设计与建造，都是围绕皇后正宫这个基本功能的。但是，清朝迁都北京后，将满洲的宗教传统、民族习俗，也带到北京紫禁城里的坤宁宫。为适应宫廷萨满祭祀的需要，对原明坤宁宫进行了重大的改建。

顺治十二年（1655 年），清朝按照盛京（沈阳）皇宫清宁宫的功能与格局，对原明坤宁宫加以改建，使其既适用于宫廷萨满祭祀，又具有皇后正宫的双重功能。具体说，有六点。

第一，正门东移一间。坤宁宫共有 9 个（实际 11 个）开间，其正门由明代居中而改在偏东一间。大家参观故宫，到交泰殿后、坤宁宫前，首先看到的是巨大条石铺设的甬道，在坤宁宫门前的正中。原坤宁宫的门有所变动，在偏东一间另开一个门。所以这个实际开关的门已不在正中，就是不在子午线即中轴线上。我们知道，永乐朝建紫禁城时，南北向主要宫殿殿门，都坐落在子午线即中轴线上。但现在看到的，只有坤宁宫的门不在子午线即中轴线上。

第二，祭祀活动场所。坤宁宫正门开在偏东一间，在宫内这个空间东北角隔出一小间，安设煮肉的三口大锅，用作煮祭肉；外设包锡大桌二张，用作杀猪、切肉，并设做供品打糕时的用具等；当中空地，为萨满祭祀时用。经测量：灶台长 602.5 厘米，宽 222 厘米，高 43 厘米；灶台上三口大锅——西锅内径 103.5 厘米、深 33.5 厘米，中锅内径 132.5 厘米、深 78 厘米，东锅内径 110.5 厘米、深 77 厘米；包锡大案长 140.5 厘米，宽 86.5 厘米，高 73 厘米。

第三，三面连通长炕。正门迤西三间，铺设西、北、南三面连通大炕，俗称"万字炕"。满洲习俗，西为上，北其次，南再次。关外时期，西炕不住人，墙上奉"祖宗板子"，供祭祀用。北炕为大，长辈睡北炕。这种连通大炕的烟道是连通的。关外冬天寒冷，为节省能源，用这种节能型连通火炕。朝祭在西炕，夕祭在北炕。祭毕，帝后召集满洲王公大臣等在南炕吃胙肉（祭神后的猪肉）。

第四，宫前设置神杆。坤宁宫门前东南向，安放石座（有孔），石座上插满洲祭神祭天的神杆。

第五，改变窗户装饰。按照关外习俗，窗纸糊在窗外。有句东北民谚："关外有三怪——窗户纸糊在外，十八岁的姑娘叼着大烟袋，生下孩子房梁吊起来。"可见坤宁宫的窗户纸糊在窗外是关外的习俗。同时坤宁宫后墙靠西，矗立烟囱，为宫内祭祀煮肉时走烟用。

第六，帝后大婚喜房。坤宁宫东边两间暖阁，称作东暖阁，为双层，是皇帝和皇后结婚的喜房，也就是民间所说的洞房。

总之，坤宁宫的内部，按其使用功能，分为三个区间：（1）东区，为皇后正宫，又作为帝后大婚喜房；（2）中区，为萨满祭祀杀猪、煮肉、打糕的操作间和萨满祭祀场所；（3）西区，为皇家吃胙肉的宴会厅等。因此，上述建筑改造，都具清代皇家宫廷特色：坤宁宫既是爱新觉罗氏皇家祭神祭天的场所，又是帝后大婚的喜房。

二　坤宁神杆

坤宁宫院子里东南有一个萨满祭祀的重要标志——"满洲神杆"，也叫"索罗杆子"。"索罗"是满语"杆子"的汉语音译。当年在翻译这个名词时，笔帖式（译者）很聪明，把满语的音译"索罗"和汉语的意译"杆子"结合起来，兼取其长，简明晓畅。

说满洲的神杆，要讲萨满文化。萨满教是满洲，也是女真的原始宗教。"萨满"是满语 Saman 的汉语音译。萨满是巫、祝，为萨满祭祀的主持者。萨满教历史久远，流行广泛。满洲的先人，商周的肃慎、秦汉的挹娄（yì lóu）、魏晋的勿吉、隋唐的靺鞨、辽金的女真，直到明清的满洲，都信奉萨满教。古代东北亚地区，包括中国东北，今俄国远东地区，日本、朝鲜等，也信奉萨满教。整个蒙古地区，西域地区等，古代也通行萨满教。关于我国萨满文化，《后汉书·东夷列传》记载：

> 常以五月田竟祭鬼神，昼夜酒会，群聚歌舞，舞辄数十人相随，蹋地为节。十月农功毕，亦复如之。诸国邑各以一人，主祭天神，号为天君，又立苏涂，建大木，以县铃鼓，事鬼神。

就是说，满洲先民在农历五月和十月，竖立大木，击鼓振铃，边歌边舞，祭神祭天。其实，更早的《史记》，也有类似的简略记载。

这种"神杆"，在清代，皇宫坤宁宫前有，在所有满洲人家庭院的东南角也有。索罗杆子祭祀的是什么神呢？有多种说法，如：有的说满洲重骑射，杆子像长矛，祭的是长矛；有的说满洲重采集人参，挖人参用棒槌，祭的是棒槌；有的说满洲重土地五谷，祭的是社稷；有的说杆子指向天，祭的是上天；有的说满洲迷信鬼神，祭的是各种神灵；还有的说满洲为森林文化，祭的神杆是树木等。虽都有道理，但我认为：满洲神杆祭祀的，主要是乌鹊，也有祭神树的意思。这里我重点讲祭祀乌鸦。为什么这样说呢？我先讲一个传说故事。

满洲流行一个传说，就是乌鹊搭救清太祖努尔哈赤的故事。传说努尔哈赤在逃难时，后面追兵快要赶上，危急时刻，路旁有棵大树，

神杆是萨满祭祀的重要标志，图为坤宁宫前的神杆基座

树上有个大洞，努尔哈赤急中生智，钻进树洞里，一群乌鸦落在树洞的边缘。追兵赶到树下，四下张望，不见努尔哈赤人影，怀疑是否藏在树洞里。但转念一想：不会！因为树洞四围落着许多乌鸦。追兵走后，努尔哈赤从树洞里出来，逃过一劫。努尔哈赤后来成了气候，为答谢乌鸦救命之恩，要后世子孙祭祀乌鸦。满洲先人视乌鹊为神鸟，为图腾，为吉祥鸟，为保护神。

从神杆上锡斗（也有木斗）的祭品来看，也是祭祀乌鸦。坤宁宫宰牲的猪肠、肚、骨等，剁碎，加上高粱、谷子等，放到神杆锡斗里，供飞来的乌鸦食用。故宫的乌鸦特别多，是否同祭祀乌鸦有关？清朝覆亡，神杆停祀，已经百年，为什么故宫还有那么多乌鸦？是不是乌鸦有信息遗传基因，就不得而知了。

满洲皇家祭祀神杆，地有多处，形式多样。其中，最主要的是两处：一是上文讲过的坤宁宫前的神杆，另一是堂子的神杆。我说一下满洲特有的堂子。

堂子，这是清朝北京特有的建筑和特有的祭祀场所。它从兴京（今辽宁省新宾满族自治县）赫图阿拉的堂色（堂子），到盛京（沈阳）的堂子，再到北京的堂子，一脉相承。北京的堂子，顺治元年（1644年）九月，建在玉河桥东南，今正义路北口路西，后迁到南河沿南口路东，今贵宾楼饭店所在地。

堂子建筑有享殿、八角亭式殿等，外有红色围墙。清宫的堂子祭祀，大年初一寅时（寅正4时），皇帝率领宗室王公、满洲一品文武官员等，先到堂子祭神祭天，然后才回到宫里奉先殿，再到太庙祭祖，

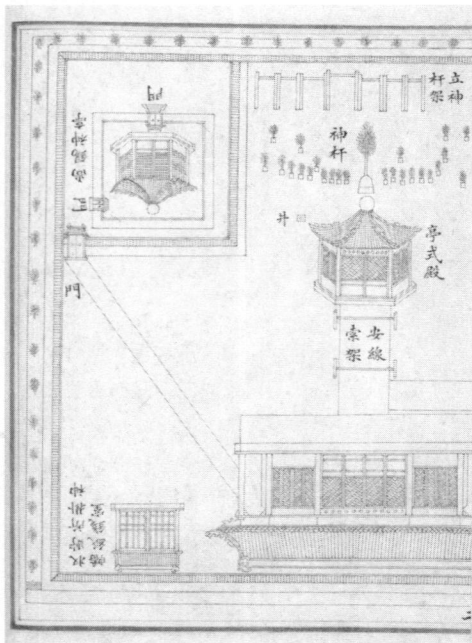

《钦定满洲祭神祭天典礼》中的"神树图"

而后到太和殿接受群臣朝拜。堂子祭祀，汉、蒙古官员是没有份儿的。堂子祭祀的神树，我这里有一幅《钦定满洲祭神祭天典礼》中的"神树图"，图中有几排树，当中是一棵最为高大的神树。这棵大树（神杆）从哪里来呢？每年春、秋二季，堂子有立杆大祭，所用的松木神杆，派官兵到今北京延庆县山中去砍伐。当时的生态环境好，山里老虎很多，砍伐之前，先要祭虎，然后会同地方官，砍取松树两棵：高二丈（约6米，相当于两层楼高），围径五寸，树梢留九节枝叶，制成神杆（一根堂子用，另一根坤宁宫用）。用黄布包裹，运至堂子、坤宁宫备用。立杆大祭前一天，将神杆立在堂子、坤宁宫的石座上。满洲祭祀神树是满洲及其先民森林文化的一个形象例证。

三　坤宁祭祀

坤宁宫的萨满祭祀，有过年大祭、春秋祭、四季祭、月祭和日祭（朝祭、夕祭），一年365天，天天都有祭祀。大祭时，在交泰殿后、坤宁宫前，东面为牛，西面为马，这重现了满洲亦耕亦战的遗风。祭祀后的马、牛，不宰杀，爱护耕牛、战马，交会计司卖出，所得银钱买猪，备以后再用。

常祭：西炕供朝祭神位，供奉释迦牟尼佛、观世音菩萨、关帝等，时间在寅（寅正4时）、卯（卯正6时）；北炕供夕祭神位，供奉穆哩罕神（满洲神）、画像神、蒙古神等，时间在未（未正14时）、申（申正18时），用猪，并设香碟、净水及黄米糕。祭祀时，萨满诵神歌，致祝词，奏三弦，弹琵琶，击手鼓，振腰铃。

坤宁宫的祭祀，将满洲萨满教原始、俚俗、粗犷、烦琐的祭祀礼仪，搬进皇家宫殿，戴上宫廷祭祀的桂冠。坤宁宫祭神时是宰猪、打糕、酿酒的场所。如祭祀用的活猪，抬到坤宁宫内炕沿旁，用热酒灌猪的两耳，猪被烫得嗷嗷叫，这就叫作"领牲"，就是神灵领受、知道了。同时，祝祷，奏乐。然后将活猪放在包锡的大案子上，宰杀，接血，去皮，节

萨满教是满洲原始宗教，图为萨满神衣

解，煮在大锅里；猪的头、蹄、尾燎去毛后，也煮在大锅里。将煮熟的猪肉，切成方块，叫作"胙肉"，摆上供桌，举行祭祀礼仪。坤宁宫祭祀用多少猪呢？平常每天朝祭用猪2头，年祭一次用39头猪，一年大约共用猪1000余头，每头猪银11两，合15000多两银子（《内务府奏销档》）。还有打糕，做酒用的黏米、黄米，每年约700余石。（《钦定总管内务府现行则例》）做祭酒、祭糕时，取用玉泉山的泉水。

坤宁宫大祭时，皇帝和皇后以及宗室王公、文武一品官员，还有蒙古贵族以及王、贝勒、大学士、六部尚书等，到坤宁宫吃祭神后的"胙肉"。诸大臣穿蟒袍补服，西向神幄，行一叩首礼，再向皇帝，行一叩首礼。而后，皇帝在南炕升座，大家坐在炕上，膳房大臣等捧着前肘、后肘等肉，分盛各盘，呈送上来。皇上自用御刀割肉，诸臣也自割肉。食毕，赐茶，各行一叩首礼。皇帝还宫，诸臣以次退出。当晚，各赐胙肉、打糕，携带回家。（《啸亭杂录》）皇后则于东暖阁率贵妃以下，同受胙肉，分别食用。

祭祀时，由女萨满主持。主祭女萨满，食三品俸，享受副部级待遇。每日清晨入神武门，到坤宁宫礼神。（《清宫词》注）

乾隆帝继位那年的腊八，在坤宁宫祭神。乾隆帝同王公大臣等参加祭祀，并进胙肉。这次早膳是怎样进行的呢？有档案，记如下。

用金锭膳桌，摆祭神肉一品，杂碎一品（大银盘），祭神肉片一品（银碗），肉丝汤一品（二号黄碗），银葵花盒小菜一品，小菜三品（银碟），粥菜四品（黄钟），金匙、箸、刀子、大银盘一件，

大故宫2

摆毕，呈进。随送粳米膳一品，腊八粥一品（俱三号黄碗），干湿点心二盒（俱赏食肉大人们）。王子大人食肉，俱用银盘乌木箸。皇后、妃、贵人等位，在东暖阁进肉，用照常膳桌，俱用粥菜位分碗。（《宫中乾隆元年至三年节次照常膳底档》）

参加坤宁宫萨满祭祀吃胙肉是一种资格和待遇。坤宁宫食肉，惟王、贝勒等及一品大臣，才有资格列名被请（个别单独奉派例外）。二品官及值南书房翰林有时也可能参与。如道光十二年（1832年），乾隆帝第八子仪亲王永璇，88岁，免其进坤宁宫吃胙肉，每次颁赐给胙肉一份。又如，阮元退休在籍（今江苏省扬州市仪征），道光帝派人送过年坤宁宫祭祀胙肉一方，阮元"谨叩头祗领"。再如曾国藩，同治九年（1870年）十月初一日，奉派入坤宁宫吃肉。寅正（4时）一刻入朝，卯正（6时）二刻传入乾清宫，与众王大臣站着等候。三刻入，到坤宁宫。皇帝已坐西南隅炕上，背靠南窗，北向而坐。各王大臣依次面向西墙神幔而坐。以南为上，第一排南首为惇王奕誴、恭王奕䜣，以次而北。第二排又自南而北，曾国藩坐第五排的南面第一位。初进小菜、酱瓜之类一碟，

坤宁宫北炕宝座是皇帝祭祀吃肉之处，只有王、贝勒、一品大臣等，才有资格到坤宁宫食肉，曾国藩曾享此殊荣

次进白肉一大银碟，次进肉丝泡饭一碗，次进酒一杯，次进奶茶一杯。约二刻许，退出。（《曾文正公大事记》）

满洲萨满祭祀习俗，士大夫之家岁末普遍举行，延请宾客吃胙肉。客到之后，在炕上设筵，摆着盐、酱、蒜、韭等作料，白肉切片，放在盘里，一道一道地进，客人以多食为吉（这不符合现代健康饮食）。通宵达旦，天明方散。

坤宁宫清廷萨满祭祀，延续到民初。光绪时，坤宁宫祭神完毕，慈禧太后坐北炕，光绪帝坐南炕。如慈禧太后不参加，则光绪帝坐北炕。被宣派的诸大臣鱼贯而入，光绪帝跪向慈禧太后前一叩首，诸位大臣再向光绪帝前一叩首，然后在炕上各就各位。内务府大臣捧盘肉，分到慈禧太后和光绪皇帝御案前进上，诸臣同时，行一叩礼。分给诸臣胙肉、咸菜和神糕，也都一叩首谢恩。然后，进奶茶。食完退出。

在坤宁宫里，还祭祀灶神。古代社会，男人主外，女人主内，乾坤二宫，也是如此。皇后虽然不做饭，但祭灶神还是在坤宁宫。每年腊月（十二月）二十三日，坤宁宫祭灶。是日，宫殿总太监率领各首领太监等，在坤宁宫设供案，奉神牌，备香烛、燎炉、拜褥，御茶房、御膳房设供献二十三品，黄羊一只。宫殿总太监奏请皇上到坤宁宫佛前、神前、灶君前，拈香行礼毕，再请皇后行礼毕，还宫。（《宫中现行则例》）

坤宁宫祭，逐渐松弛。雍正年间，有太监窃祭肉出卖的事情。清末更甚，太监偷出的祭肉，卖到西四饭馆。"砂锅居"的砂锅白肉，早年就是坤宁宫偷出卖掉的祭祀猪肉做的。民国年间，成为京城一道名菜，相沿至今，颇为有名。

总之，清朝的宫廷，既天坛祭天，又堂子拜天，既汲取儒家文化，又崇奉萨满文化，在"神界天国"里，保持着以萨满文化为满洲的宗教文化，又同各民族不同宗教文化多元并存、协合共处的局面。这是清廷的高明之处，也是清朝定鼎中原统治长达268年之久的一大玄机。

第三十八讲 养心帝居

雍正帝是一位勤政务实的君主，他不住乾清宫，而住养心殿——将养心殿作为理政和居住的宫殿，不仅表示孝心，而且讲究实用，这是雍正帝一个明智的选择。

第二十八讲　养心帝居

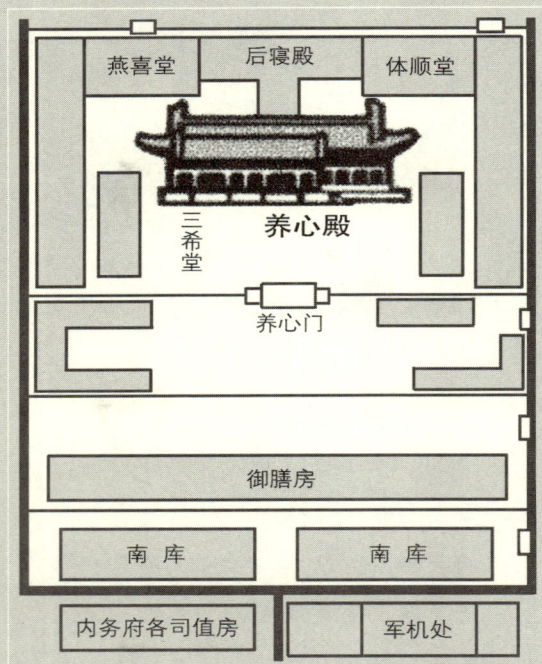

養心殿平面示意图

养心殿，不只是一座宫殿，而且是一个宫殿区。我曾多次去故宫参观、考察、学习和研究养心殿的建筑与布局，历史与人物，文物与故事，现把眼所见、耳所闻、手所量、心所想的内容，介绍给大家，同大家分享。

一　雍　正　搬　家

我脑子里长久以来有一个疑问：雍正帝为什么不从雍亲王府搬到乾清宫居住、生活和办公，而要搬到养心殿呢？

永乐帝肇建紫禁城后，明朝十四位皇帝，都是以乾清宫为正宫的。养心殿虽是一座独立封闭的庭院，但不是重要的宫院。《明史》里没有出现"养心殿"字样。在《明实录》中，《明世宗实录》仅出现有关修缮养心殿的两条简略工程记载，《明神宗实录》中也仅出现一条万历帝因乾清宫火灾而搬到养心殿暂住的记载。清朝的顺治帝和康熙帝，也都是以乾清宫为正宫的。清顺、康两朝的养心殿造办处曾设在这里。还有，康熙朝西方耶稣会士到皇宫，在南书房不行，因为那里属于内廷。康熙帝就选一个既在后宫范围，又离后宫不太远的地方安置这些耶稣会士，

自雍正起，养心殿成为清朝政治生活重心

即位前的雍亲王读书像

这个地方就是养心殿。

然而，唯独雍正皇帝，刚一上台就宣布他要搬到养心殿去住。在明清皇宫里的二十四位皇帝，从雍正帝开始，改在养心殿治理国家和日常起居，到宣统帝结束。清朝皇帝有个"家法"，也就是有个传统，不能轻易地改变祖制。但是，雍正帝一上任，就把他祖父顺治帝、父亲康熙帝的祖制和家法给改了！这是为什么呢？

问题的答案，有两个版本：

第一个是民间的山寨本。山寨本说：胤禛在他父亲康熙帝病重时，进了一碗含有毒药的人参汤。康熙帝在病榻上，把皇四子胤禛送来尽孝心的人参汤，咕咚咕咚地喝了，一会儿便从畅春园清溪书屋里，传出了哭喊声：上崩！当天夜里，京城九门、皇城七门、宫城四门全都戒严。胤禛从京城西郊的畅春园赶到城里，大行皇帝康熙帝的遗体，由畅春园清溪书屋，连夜运到紫禁城乾清宫，就停灵在这里。皇四子胤禛在灵前即位，这就是清朝的第五任皇帝——雍正帝。关于这天夜里发生的故事，戏曲、小说、评书、传闻、电影、电视剧，都在讲、也都在演。于是，一种说法广泛流传：雍正帝把他生身父亲康熙帝毒死，心里有愧，夜里怕鬼，所以不敢在乾清宫住，而搬到养心殿住。这个说法富于戏剧性，但没有史实依据。

第二个是朝廷的官方本。康熙帝宾天的这一夜，胤禛睡在哪里？我想：他肯定是彻夜未眠——是因悲痛，是因紧张，还是因繁忙？可能都有。这时，他的兄弟们，未得特许，禁入皇宫。然而，胤禛总要睡觉，总要休息，在什么地方呢？遵照古礼，双亲故去，胤禛要住在"苫(shān) 次"。"苫"是草席，"次"是地方。胤禛以时为造办处的养心殿为苫次，守孝二十七天后，应搬到乾清宫住，但他没有。雍正帝解释说：

"朕持服二十七日后，本应居乾清宫。朕思乾清宫乃皇考六十余年所御，朕即居住，心实不忍。朕意欲居于月华门外养心殿，著将殿内略为葺理，务令素朴，朕居养心殿内，守孝二十七个月，以尽朕心。"（《清世宗实录》卷一）到十二月初九日，雍正帝行完大祭礼，就从守丧的苦次，正式入住养心殿。

反过来说，如果雍正帝是因害死皇父康熙帝而不敢、不想在乾清宫住，而乾隆帝不存在这些纠结应搬回乾清宫住，但他也没有；同理，嘉、道、咸、同、光、宣六帝，也都没有搬回乾清宫住！

从此，养心殿就成为清朝定都北京后，十朝中有八朝的实际上政治和生活的重心。

雍正帝是一位勤政务实的君主，他不住乾清宫，而住养心殿——将养心殿作为理政和居住的宫殿，不仅表示孝心，而且讲究实用，这是雍正帝一个明智的选择。为什么这样说呢？我以养心殿格局为例，略作说明。

二　殿区格局

雍正帝之所以选择养心殿作为理政和居住的中心，因为它有优势和特点。

其一，位置适当。养心殿位于西六宫南面，乾清宫西面，一殿一宫，东西相对，其间隔着一条南北向的西一长街。养心殿与乾清宫，有乾清宫西墙的月华门，养心殿东墙的遵义门，东西相望，为养心殿与乾清宫出入的通道。遵义门外南侧，有军机处，再南有军机章京房，是辅弼皇帝理政的办事机关，还有御膳房，是帝后的厨房。这里适合作为皇帝理政与居住的宫殿。

其二，院落紧凑。对雍正帝的理政和居住来说，千重要，万重要，实用安全最重要。养心殿区比后三宫区，建筑更为紧凑，围以高墙，两重大门，防守严密，既实用，又安全。养心殿区面积不大，南北长63米，东西宽80米，共5040平方米。分为三个院落——外院、前院和后院。

外院，在遵义门里、养心门南，是一个南北约14米的东西狭长小院。宫廷侍卫，严加把守，比较静肃，也较安全。

前院，进了养心门，是养心殿庭院。院内主体建筑是养心殿，九间。

后院，主要是后寝殿和东西围房各六间。乾隆朝纂修的《日下旧闻考》记载："养心殿后为穿堂，为二层楼。"今已不见二层楼，因后来做了改建。养心殿区的前殿，其"办理庶政，召对引见，一如乾清宫"（《国朝宫史》卷十三），后殿又似后宫。似可以说，养心殿院区是紫禁城宫殿的一个缩影，或者说是一个袖珍的紫禁城。

其三，亦殿亦宫。养心殿区格局是前殿后宫，基座呈"工"字形。养心殿是皇帝处理政务的殿堂，后寝殿是帝后寝居的后宫。

养心殿的格局为前殿后宫，既是皇帝办公场所，也是寝居之处

养心殿坐北朝南，殿为九间，正中三间，当阳正座，上悬"中正仁和"匾额，为雍正帝御书。养心殿的殿名，含义丰富深刻。**君子养心，中正仁和。这既是雍正皇帝追求的理念，**也是中华传统文化的精髓。宝座的东、北、西三面，摆列书架、珍玩。正殿东壁为乾隆帝御制《养心殿铭》，西壁为御制《题董邦达溪山清晓图》。殿堂高雅、华贵、庄重、

静谧。正堂两侧，为东暖阁和西暖阁。东暖阁，后来是慈禧太后垂帘听政处，后面要讲；西暖阁匾额为"勤政亲贤"——这确是君王的为政之镜：既勤政，又亲贤——亲贤臣，退佞臣，道理简明，做到却难。再西为三希堂，下文会述及。殿前中西部，南窗外抱厦——夏季狂风骤雨，冬季朔风暴雪，都淋不湿也打不透窗户纸；还有，殿前侍卫值班，远离殿的门窗，更安全，更私密。这里有个小故事：乾隆朝，刘於义（江苏武进人），年七十余，到养心殿奏事，跪的时间久了，起立时误踩衣袂，摔倒遽死。（《清史稿·刘於义传》卷三百七）

后寝殿，坐北朝南，现在看到的格局是：中为五间，东次间、梢间五间，西次间、梢间也五间，合为十五间。养心殿和后寝殿，前后两殿间有一穿堂，四面围合，呈封闭式，在穿堂行走，夏不怕风雨暑热，冬不怕冰雪严寒，很方便，也安全。两殿之间距离，近到难以想象。第一次我请故宫的黄希明先生帮我量，回答是近5米，我不信。第二次我请故宫的刘素玲女士帮我量，回答是3.1米，我愕然！第三次是我亲自带卷尺和陈亮去故宫，刘素玲等陪我一同测量：前殿后墙与后殿前墙的距离是4.8米，穿堂内前殿后门到后殿前门的距离是3.1米。而后单霁翔院长等陪我再次实测，经过四次反复测量，最后确定：养心殿后门到后寝殿前门，实际距离是1.8米。特别是我亲自参与测量，我才相信这1.8米的距离是真的。这条穿堂，通俗地说，从"宿舍"到"办公室"的"路程"，往远里说是4.8米，往近里说是1.8米，皇帝"上下班"真是太近便了。这比从坤宁宫到乾清宫，从乾清宫到乾清门的距离真是近得太多了！

其四，阴阳失衡。养心殿原作为宫廷造办处，其建筑与结构是平衡的，而加以改建的后寝宫格局，作为朝廷中枢则是不平衡的。养心殿与后寝殿之间的距离太近，阴阳不平衡。我联想到后三宫，在乾清宫与坤宁宫之间，建一座交泰殿，这就平衡了后三宫中乾清宫与坤宁宫的阴阳关系。养心正殿九间与后寝殿十五间，也是"阴盛阳衰"，阴阳不平衡。所以，养心殿的正殿与后殿缺乏阴阳平衡关系。事实上，自雍正帝迁居养心殿后，出现皇子继位恐慌。雍正帝45岁继位后子嗣不旺，临终前有继位资格的只有皇四子弘历（乾隆帝）和皇五子弘昼二人。乾隆帝临终前有继位资格的只有三位皇子。嘉庆帝、道光帝儿子不多，咸丰帝只有一子，同、光、宣则无子女。而同、光、宣三朝，出现太后干政现象，也是阴阳不平衡。《周易》说："一阴一阳之为道，继之者善也。"（《易经·系辞上传》）养心殿改建后的建筑格局与实用功能，不相匹配，阴阳不和。这恐怕是雍正帝所没有想到的。

三　帝后寝宫

养心殿的后寝殿，实际上是雍、乾、嘉、道，咸、同、光、宣，八朝的后宫所在。养心殿后寝殿的东围房和西围房，某种意义上说，就像是后三宫两侧的东六宫和西六宫。

养心殿的后寝殿，五间，正中为大厅，设皇帝宝座。东暖阁和西暖阁，各为两间——分别相当于民居的一室一厅。东暖阁的卧室和西暖阁的卧室，各安龙床，晚上都放下帷幔，生人不知皇帝睡在哪张床上，以防不测，确保安全。

后寝殿的两侧为东耳房的体顺堂和西耳房的燕喜堂，东西对称，各为五间。在同治和光绪时期，因皇帝年幼，体顺堂住的是慈安太后，燕喜堂住的是慈禧太后。后寝殿的两厢是东围房和西围房，东西相对，各为六间。这六间的格局，很有意

养心殿体顺堂曾为慈安太后居所

思，用今天的话来说，就是每一室一厅（两间）为一套，东围房是三套房间，西围房也是三套房间，东西围房可以同时住六位妃嫔。

围房是做什么的？是妃嫔侍寝的值房。什么是侍寝？就是被皇帝晚上召来宠幸。有人问：电视剧里看到皇帝到妃嫔房间里过夜，干吗还要围房？实际上，清朝皇帝晚上是不到妃嫔宫里过夜的。为什么呢？为了安全。

妃嫔在自己的东西六宫，怎么到养心殿围房来的？一般地说，在晚饭后。晚饭在清宫一般在未时（下午两三点）。这个习惯可能同他们祖先关外渔猎生活有关。那时的女真人，上山狩猎或采集人参，天蒙蒙亮，吃过早饭，就上山打猎，或挖人参等，辛劳一天，过午回家，就吃晚饭。冬天关外黑得早，下午五六点钟就黑天了。他们辛勤劳作，习惯早睡早起。清帝晚上睡得早，早上也起得早。如康熙帝等早晨寅时，就是大约早上四点左右就起床，晚上也睡得很早。后妃起居，也要随同。

妃嫔侍寝，先被通知，梳妆打扮，来到围房，等待谕旨，前去同房。怎么确定谁侍寝呢？根据记载，皇帝晚饭后，太监将写有妃嫔名字的绿头牌，呈递到皇帝的面前。皇帝根据自己兴趣，将要侍寝妃嫔的绿头牌翻过来，表示要这位嫔妃来同房。

没被点到的妃嫔怎么办？只有在围房寂寞孤灯相伴，或者念经消磨时间。大家注意，每所围房都有佛龛，供妃嫔拜佛念经用。她们夜里在哪儿？史书没有明确记载，有人说回宫里自己房间过夜，有人认为晚间宫门已关，可能要到第二天早上才可以回宫。

《清朝野史大观》说：侍寝的妃嫔先沐浴，熏香，化妆，然后不穿衣服，用白绫裹着，由太监背到暖阁龙床上。有的先生在书中断言：这不可能！说不可能，也可能，因为谁也没有看到；说可能，也不可能，因为谁也没有看到。总之，宫中秘密，看到的人没写，写的人没有看到。都是以闻传闻，真假莫辨。

有人说：皇帝到后宫，有那么多宫女陪伴。其实，皇帝是难得见到宫女的。在皇帝身边的，都是太监，没有宫女。宫女只有偶然机会才可能被皇帝宠幸，没有怀孕，也就罢了；如果怀孕，生下子女，皇帝认账，才有名分。

有人说：皇帝看不到几个女人，周围都是太监和几个后妃，很可怜。

有人问：妃嫔整夜和皇帝睡在一起吗？不是的。妃嫔受宠幸后，就要离开。为什么？可能因为：第一，为了安全。如果皇帝睡了，而妃嫔没睡，起了歹意，谋害皇帝呢！第二，为了健康。妃嫔离开之后，皇帝可以安静地睡眠休息。第三，为了工作。皇帝要上早朝（懒惰皇帝除外），天亮四点左右要起床。妃嫔不离开，卿卿我我，缠缠绵绵，会误了早朝的。

有人问：雍正帝有个儿子叫弘瞻（yàn）吗？有的。弘瞻与允礼、妃子（甄嬛）、雍正帝之间的四角关系真实历史是怎么回事？是和电视剧里的弘瞻一样的吗？

先说允礼。果亲王允礼真有其人，是康熙帝第十七子，比雍正帝小十九岁。雍正帝 45 岁即位时，允礼 26 岁，为果郡王，管理藩院事（负责民族等事务）。两年后，谕旨："果郡王实心为国，操守清廉，宜给亲王俸。"享受亲王待遇，不久晋亲王。后管户部，兼管户部三库，是个肥缺。雍正帝临终前，遗诏果亲王辅政。乾隆帝即位后，命允礼总理事务，赐亲王双俸，免宴见叩拜。果亲王熟读诗书，擅长书法，其后裔爱新觉罗·启骧先生家藏果亲王的一幅录"元人句"的墨迹：

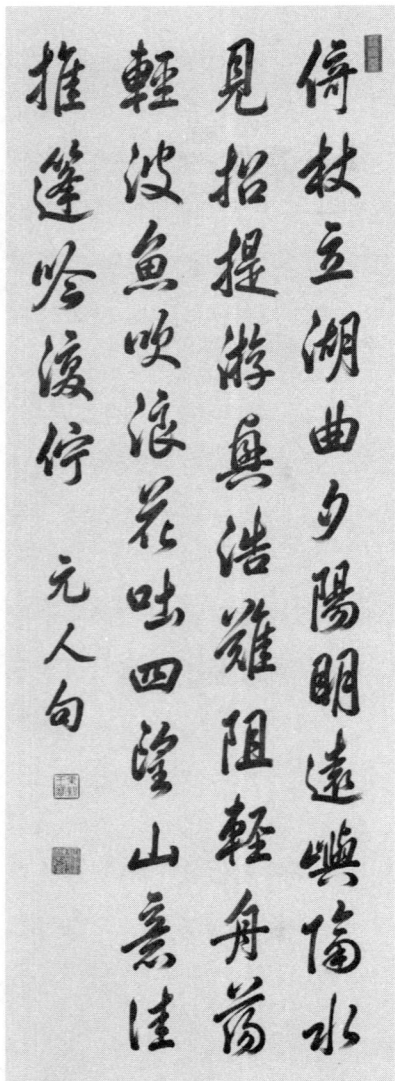

果亲王允礼墨迹

倚杖立湖曲，夕阳明远屿。

隔水见招堤，游兴浩难阻。

轻舟荡轻波，鱼吹浪花吐。

四望山意佳，推蓬吟复伫。

元人句　果亲王宝（印）

　　因允礼体弱多病，命在府邸办公。乾隆三年（1738 年）薨，四十二岁，乾隆帝亲临祭奠。允礼没有儿子，应十六阿哥庄亲王允禄等请求，以雍正帝第六子弘曕过继为后，主要为接续香火并解决郡王待遇问题。这个弘曕不可能是允礼与雍正帝妃嫔的私生子。

　　次说弘曕。弘曕在《清史稿·诸王传》里有记载，是雍正帝第六子，生于雍正十一年（1733 年），母为贵人刘氏，后晋谦妃。雍正帝死时，弘曕三岁。乾隆三年（1738 年），六岁的弘曕，出继给康熙帝第十七子果亲王允礼为后。弘曕比其四阿哥弘历小二十二岁。弘曕善诗词，雅好藏书。他对属下管教很严，经常晨起披衣巡视，遇不法者立杖之，故无敢为非者。节俭善居积。因圆明园九州清晏失火，弘曕后到，与诸皇子谈笑露齿，乾隆帝不高兴，定其罪，降为贝勒，免除一切差使，就是免去一切职务。从此以后，家居闭门，心里抑郁，两年后病重。乾隆帝到王府看望，弘曕在卧榻间叩头自责。乾隆帝握着他的手，沉痛地说：以你年少，所以稍加惩戒，哪能愧恧（nù，惭愧）至此呢！恢复郡王，不久即死。(唐邦治《清皇室四谱·皇子》卷三)

　　再说妃子。作为雍正皇帝妃子，同御医，或同小叔子允礼私通，绝不可能，绝无此事。御医给妃嫔看病，须两人同行，把脉时，隔着帷幔，不能用手直接把脉。据明清史的后妃传记载，明清两代没有后妃到尼姑庵去修行的事，这种曾是唐朝武则天的故事，移花接木，安到清朝，一笑而已，不必当真。皇帝的兄弟一般是见不到妃嫔的。

　　我总说，戏剧、电视剧是故事，求生动，讲热闹，不是历史。看历史电视剧可以增加历史知识，切不可把历史电视剧当作真实历史。

第
二
十
九
讲　
养
心
新
政

　　雍正帝十一道谕旨，主要指
向地方官吏，这是正确的、及时
的，但缺憾的是，雍正帝没有对
王公大臣，没有对军机大臣，没
有对内阁六部，没有对八旗官员
发布严谕，加以整饬。这给后来
上层昏庸腐败，留下了一道缝隙。
而后，乾隆朝出现和珅，晚清出
现奕劻，清朝政权从根上烂了，
无药可医，走向死亡。

第二十九讲　养心新政

从雍正元年（1723年），到宣统三年（1911年），近200年间，养心殿替代乾清宫，实际成为清朝最高权力中心——信息中心、决策中心、指挥中心。本讲重点是雍正帝的治官、集权和改革。

一 雍正风暴

雍正帝有一方寿山石闲章，上面刻着"为君难"三个篆字。寿山石因最早产自福建福州寿山地区而得名，是中国特有的名贵彩石，被誉为我国传统"四大印章石"之一。雍正帝这方"为君难"章，既道出其皇位得来之难，也道出其坐稳皇位之难，还道出其治国理政之难。总之，告诉人们一个信息，就是"为君难"！雍正帝冲破为君之难，推行改元新政，刮起吏治风暴。

雍正帝的寿山石闲章"为君难"，道出皇位得来之难，坐稳皇位之难，治国理政之难

整顿吏治。 雍正改元，政治一新。雍正帝在皇父死后七天，御太和殿，颁布即位诏书，正式行使皇帝职权，随后搬到养心殿居住。当时雍正帝四十五岁，正是人生的壮年，同时他学识广博、经历丰富，又性格坚毅、勤政任事，决心以刚猛的手段，振刷先皇六十余年积累的颓风。雍正元年（1723年）正月初一日，皇帝没有休假，不搞庆贺大典，却在

养心殿一连发出十一道治吏谕旨：一谕总督，二谕巡抚，三谕督学，四谕提督，五谕总兵官，六谕布政司，七谕按察司，八谕道员，九谕副将、参将、游击，十谕知府，十一谕知州、知县，从省到县各级官员，告诫他们：民惟邦本，本固邦宁。固邦本者，首在吏治。警告所有官员：民脂民膏，朘（juān）剥何堪！蔑视宪典，三尺具在！（《清世宗实录》卷三）

"三尺"是什么意思呢？有两种解释：一是指法律，"以三尺竹简书法律"；二是指刑具，"三尺木之刑"，就是夹棍，为最重之刑。雍正帝告诫官员：如果违法乱纪，有法律在，有严刑在！

其一，谕总督、巡抚：应以实心、行实政，但今之居官者，钓誉以为名，肥家以为实。今或以逢迎意旨为能，以沽名市誉为贤（就是作秀），甚至暗通贿赂，私受请托；朴素无华，敦尚实治者，反抑而不伸。藩库钱粮亏空，多至数十余万。属员缺出，巡抚操其权，下属钻营嘱托，以缺之美恶，定酬赂之重轻，情同行劫。而告休归田之官员，反徇私吹索，借端陵践。吏治不清，民何由安？

其二，谕布政司、按察司、督学：今钱粮火耗，日渐加增，重者每两加至四五钱，民脂民膏，朘剥何堪！各省库亏空，动盈千万，是侵是挪，总无完补。州县案件，多锻炼口供。至纳贿出入人罪，于法尤重。戕人之命，破人之家，以润屋奉身。今官员们名实兼收：所谓名者，官爵也；所谓实者，货财也。

雍正帝为勤政之君，图为养心殿西暖阁"勤政亲贤"匾

其三，谕提督、总兵官、副将等官：当兹海宇承平，士卒狃于宴安，不以兵革为事，相沿日久，营伍渐弛。虚名冒饷，侵渔扣克，久悬兵缺，以恣侵渔；克减额粮，以肥囊橐（tuó）。不肖将弁，不勤训练，冒虚粮而兵无实数，克月粮而兵有怨心，上亏天家之粮饷，下朘穷卒之脂膏。国法森严，不尔贷也！

　　其四，谕道员：各地专司道员，首当洁己惠民。**粮道**，扣克运费，苦累运丁，营私烦扰，贻害百姓，何所底止！**河道**，而于工程，漠不经意，一遇坍溃，谁之咎耶！**盐道**，需索商人，巧立名色，诛求无已！**驿道**，凡驿递马匹，假冒开销；岁修船只，虚浮不实——其或因循不改，朕必置之重法。

　　其五，谕知府、知州、知县：汉宣帝曰："太守，吏民之本也。"近闻州县火耗，任意加增，罔知顾忌。以小民之脂膏，饱贪吏之溪壑。州县官贤，民先受其利；州县官不肖，民先受其害。恃才而多事，谄媚上司以贪位，任纵胥吏以扰民！丝毫颗粒，皆百姓之脂膏。增一分，则民受一分之累；减一分，则民沾一分之泽。王法森严，决难轻贷！

　　雍正帝在新年元旦发出的十一道谕旨，标志着雍正朝出现新君新元新政的新局面。雍正帝还声明：他不能像皇父那样宽容，他要向贪官污吏开战，甚至对主持会考府的爱弟怡亲王允祥说："尔若不能清查，朕必另选大臣。若大臣再不能清查，朕必亲自查出。"雍正帝推行新政的决心，跃然纸上，铿锵有声。①

---

① 明清公文形式，主要有：（1）题本，向皇帝奏事的文书，通过通政使司进呈后，先经内阁拟出处理意见，如"该部知道"、"知道了"，经皇帝允准；内阁以红笔批于题本表面，各遵照执行。明中后期，此事渐由太监掌握，以致危及皇权，清末改题本为奏本，此制遂废。（2）奏本，明代规定：各衙门凡公事用题本，盖官印；个人私事用奏本，不盖印。清乾隆时奏本与题本合一。（3）奏折，始于康熙初，因文件用折叠形式上奏，故称奏折。有资格上奏折的官员开始人数很少，后大体省部级、军队军级、日讲起居注官、科道言官等才有资格。"奏折从缮写、装匣、传递、批阅、发还、回交，都有一定的程序。奏折写好后，装入封套，外包黄纸，置于匣内，匣外加铜锁，锁口贴封条；或置于奏夹内，奏夹两端系以细绳，再以黄绫包袱包裹；其折匣、铜锁、钥匙、奏夹、包袱等，均由内廷颁赐。"（冯明珠《清宫档案丛谈》）。由本官或差家人等直送奏事处，再由内奏事处太监进呈皇帝。皇帝阅后，做出红色批示即朱批奏折，交本官或有关机构办理。

追查亏空，雷厉风行。在中央特设专门衙门——会考府。这项清查，既不"以驿传谕旨而落实谕旨"，也不"以宣示谕旨而落实谕旨"，却是动真格的。雍正帝命怡亲王允祥等先从中央掌管财政和税务的户部查起，发现该部库银亏空二百五十余万两。（《清世宗实录》卷二十六）雍正帝令以前历任尚书、侍郎、司官、堂官，赔偿一百五十万两，另一百万两则由户部逐年弥补。在清查中发现有贵胄如康熙帝第十子敦郡王允䄉，康熙帝第十二子、履郡王允祹也涉及亏空案，雍正帝均不予宽贷，用变卖或充公他们家产来作赔偿，半点也不手软。

地方亏空，严肃清查。命将责任官员革职抄家补赔。命贪官不得留任原职分期补还亏空，因为这样他们会更加搜刮民脂民膏。命不准地方官与百姓代贪官清偿亏空，为防止贪官与绅衿勾结，等贪官复职后再合伙科敛。命将自杀身亡的贪官，由其子弟家人赔补，不能让贪官"以贪婪横取之赀财，肥身家以长子孙"，否则："国法何在？而人心何以示儆？"由于雍正帝的严猛作风，各衙门亏空逐渐补足。

对内务府的稽查与监督，雍正四年（1726 年），在内务府设监察御史，职责是稽查内务府所属七司三院暨上三旗佐领管下的事务。（《雍正大清会典》卷二百二十三）对内务府这个直属皇帝的特殊机构的特殊人员，加大

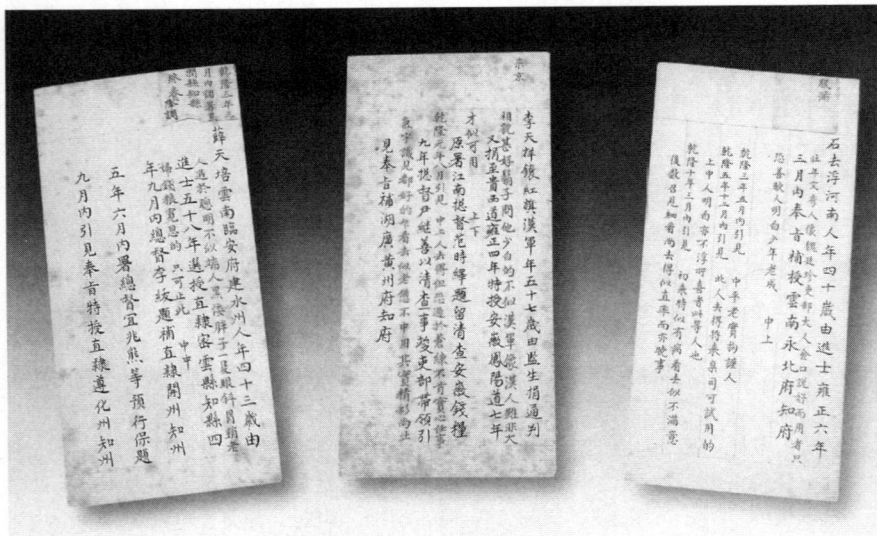

雍正帝积极整顿吏治，图为其朱批的官员履历片

督查力度，每月末都要进行奏报。该衙门设在西苑陟山门（今北海公园东门外）。

雍正帝对粉饰太平、拍马逢迎的官员加以指责。甘肃巡抚石文焯在旱灾期间偶逢小雨就上奏说"可望丰收，此皆我皇上敬天勤民之所致"云云；朱批道："经此一旱，何得可望丰收？似此粉饰之过言，朕实厌观！"

显著效果　上述十一道谕旨，有气势，有新意，有胆量，有魄力，可谓雷厉风行，震耳欲聋。颁布之后，所有官员，有所警醒，有所震动，一时吏风，敬谨勤慎，贪腐恶习，大为收敛。突出表现在：

第一，政治上，康熙帝晚期，强调做仁君，行仁政。但是，官员懒散，工作拖沓，不求进取，但求无过。这种颓风，得到扭转。

第二，财政上，扭转康熙晚期财政亏空局面，财政大有结余，为乾隆前期发展，打下很好基础。

第三，吏治上，雍正帝整饬官风，从朝廷到地方，从总督到知县，都不敢掉以轻心。

历史遗憾　雍正帝十一道谕旨，主要指向地方官吏，这是正确的、及时的，但缺憾的是，雍正帝没有对王公大臣，没有对军机大臣，没有对内阁六部，没有对八旗官员，发布严谕，加以整饬。这给后来上层昏庸腐败，留下一道缝隙。而后，乾隆朝出现和珅，晚清出现奕劻，清朝政权从根上烂了，无药可医，走向死亡。

雍正帝在养心殿理政，设立了一个重要机构，即军机处。

二　设军机处

作为改革君主的雍正帝，为加强皇权，采取许多措施，如惩治贪官，整肃吏治，清查仓库，摊丁入亩，改土归流，秘密立储等。其中，建立了一项前无古人的重要机构——军机处。

为什么要设立军机处呢？雍正四年（1726 年），因西北用兵，为紧急处理军务，考虑"以内阁在太和门外僄（bào）直（官吏连日值宿

军机处是雍正设立并直接指挥的重要机构，图为军机大臣值房

者多虑泄漏事机，始设军需房于隆宗门内"，选内阁中书之谨密者入直缮写，以期"入直承旨，办事速密"。以怡亲王允祥、张廷玉、蒋廷锡入值。后改名军机房，再改名军机处。军机处有官无吏，收发文件，登记档案，都由军机章京处理。皇帝召见军机大臣，太监不得在侧。他们办事的值房，严密防范，即使是诸王大臣，没有皇帝"特旨"也不准到军机处值房。值房的帘前、窗外、阶下，均不许闲人窥视。

张廷玉受命定军机处规制：诸臣陈奏，常事用疏，自通政司上，下内阁拟旨；要事用折，自奏事处上，下军机处拟旨，以朱笔批发。从此，内阁大权移到军机处，大学士必兼军机大臣，才能参与政事，日必召入对，承旨，平章政事，参与机密。（《清史稿·张廷玉传》卷二百八十八）因此，利用军机处，清朝皇帝得以轻而易举地控制中枢机要，不使皇权旁落，也杜绝了明朝宦官专权的弊端。

军机处是多大的机构呢？军机处设首席军机大臣一人，军机大臣一般5至7人，少时2人，多时9人。召见时，首席军机大臣以后，不分满汉，而按入值时序为先后。据《清代职官年表》统计，清朝军机大臣，共有147名，其中满63人，蒙古11人，汉73人。在内阁大学士、六部尚书、侍郎等中挑选。下设军机章京，规定满员16人、汉员20人，共36人，不设书吏等具体办事人员，以保证办事的机密。

军机处值房在隆宗门内迤北，俗称军机房，军机大臣在此办公。军机章京值房在隆宗门内迤南，满汉两班，同署办公，分居左右。每日寅（寅正 4 时）时，军机大臣及章京等依次入直。辰（辰正 8 时）刻，军机大臣始入见，或不待辰刻而先召见，每日一次或数次，军机章京随入。军机大臣到帝前，赐坐。承旨毕，退出，授军机章京书写。述旨完毕，内奏事太监传旨下达。军机处银印藏大内，印盒钥匙由领班军机大臣佩挂着。

军机处与内阁有什么不同呢？军机处与内阁，既有联系，又有区别。（1）军机处主管重大机密事务，内阁则办理日常行政事务。（2）内阁有衙门，下设六部，各置官署。军机处则为"四不"——不设衙门，不颁发关防，不独立发文，不直接指挥各级军政部门。（3）军机大臣兼大学士掌握军政实权。（4）清制，皇帝谕旨下达，分明寄和暗寄两种：明降谕旨，交内阁办，由内阁通过行政系统下达；暗降谕旨，如朱批奏折，由军机处密封后交兵部，传递到当事官员手里，不经中间环节，一竿子插到底。（5）军机处是一个行动的机构，皇帝走到哪里，军机处就跟到哪里。

明清两朝中枢机构有什么区别呢？明朝政府运作，皇帝之下，设立内阁。清朝皇帝之下，中枢机构，主要有三：

一是王大臣会议。始于清入关之前，有"八大贝勒共议国政"的制度。明藩王在外地，不预政。清诸王"内襄政本，外领师干"，所以清朝"亲贵用事，以摄政始，以摄政终"。（《清史稿·诸王传》卷二百十五）

二是内阁。皇太极借鉴明朝内阁制度，诸王议政与内阁制度并存，入关之后，延续下来，但王大臣议政逐渐淡化。清朝内阁，沿袭明制。设内阁大学士，一般 5 至 7 人，多兼六部尚书。官品屡有变化，一般为正一品。下设内阁学士（相当副部或司局级），编制 12 人，中书（相当于处级），编制为 143 人。内阁下有：分管不同文字的满本房、汉本房、蒙古本房等。

三是军机处。清代大学士 249 人，军机大臣 147 人，大学士兼军机大臣 73 人，实际为 359 人。军机处是一个力求准确贯彻皇帝旨意的御前机要处、秘书处。

清朝中枢机构演变轨迹表明：皇权在逐渐强化，满洲贵族权力实际也在强化——决策与执政体系日益闭塞僵化，这种体制可用于维持稳定，但用于创新以应对西方列强挑战，则是弊多利少。此期，一些西方国家在走向议会制，重民权，轻君权。清朝却在强化君权，弱化民权，这是清朝覆亡一个体制上的原因。

三　解　放　贱　民

雍正帝在养心殿理政，推行多项改革，其中一项是"废除贱籍"，就是解放贱民。

什么是"贱籍"呢？明清户籍一般分为四种：士、农、工、商。正常户籍之外，还有社会地位低下、受到社会歧视的人，被称为"贱籍"，就是下贱的、被歧视的社会群体。这种社会现象，古代印度也有。

古印度有四种等级，就是四大种姓——（1）婆罗门，是神职人员；（2）刹帝利，是国家保卫者；（3）吠舍，商人；（4）首陀罗，是工农劳动者。种姓之外，还有贱民，又称"不可接触者"。种姓之间，各种姓和贱民之间，等级森严，职业世袭，内部通婚，永不改变，甚至于不得交往、共食、并坐、同行。近代才宣布废除。

当时清朝存在历史遗留的"贱民"，包括乐户、堕民、伴当、世仆、蜑（dàn）户等。他们从事卑贱职业，不许参加科举考试，不许同外面人通婚，不许购置土地产业，不许改变世袭身份，是永无翻身之日的可怜人。

一说乐籍。乐籍是明朱棣起兵时，山、陕不肯附顺百姓的子女，编为乐籍，也称乐户，世世子孙，娶妇生女，被逼为娼，地方豪绅，凡有呼召，不敢不来，喝酒淫乐，百般贱辱。雍正元年（1723年）三月二十日，监察御史年熙上奏折，请销除乐籍。朱批："此奏甚善，该部议奏。"经礼部议覆，命销除乐籍，准其为良民。

二说堕民。浙江绍兴等地，有宋朝将领焦光瓒部众因叛宋被斥为堕民，后裔子孙，身份不变，他们穿的衣服、戴的帽子，妇女穿的裙子等，都不能同常人一样。他们以捕龟、捉蛙、逐鬼、演戏、抬轿等为业。这些人"丑秽不堪，辱贱已极"。废除乐籍三个月后，两浙御史噶尔泰也上奏折，请求废除绍兴地方堕民丐籍，但经礼部议驳。雍正帝认为给堕民丐户销籍，"此亦系好事"——这也是好事，命"将原本发回，著再议具奏"。随后就批准执行。

三说伴当。安徽省徽州府（今黄山市）有"伴当"，宁国府（今宣城）有"世仆"。经安徽巡抚魏廷珍调查，对年代久远，没有文契，或已赎身的伴当等，命将其身份改为良民。

四说丐户。江苏常熟等的丐户，闽赣的棚户等，也都被视为贱籍。雍正帝都下谕准许他们列入编户，恢复为良民。

五说蜑户。主要在广东等地方，《岭外代答》记载："以舟为室，视水为陆，浮生江海者，蜑也。"他们被视为贱民，不许登岸居住。雍正帝指出，蜑户本属良民，不可轻贱摒弃，而且蜑户输纳渔课，与齐民一体，不得使之飘荡靡宁。因此，雍正帝令广东督抚通行晓谕，凡无力之蜑户，

雍正帝受到佛家"众生平等"和儒家"仁爱"理念
的影响，图为其学佛时编印的《御选语录》

听其在船自便，不必强令登岸。如有力能建造房屋及搭棚栖身者，准其在近水村庄居住，与齐民一同编列甲户，不得借端欺凌驱逐，并令有司劝谕蜑户，开垦荒地，播种力田，共为务本之人。

雍正帝把乐籍、堕民、伴当、丐户、蜑户等，看作是良民。这说明雍正帝关怀社会弱势群体，有生民平等的观念。他为什么会有"生民平等"观念呢？因他在做雍亲王时，学过佛经，并编印《御选语录》，就是他学习和摘选的佛经语录，受了佛家"众生平等"理念的影响，也深受儒家"仁爱"理念的影响。

但是，贱民主要是受土豪劣绅控制与践踏的对象，雍正帝革除贱民贱籍，损害了不法豪绅的利益，他们中有人暗中阻挠，也有人公然反抗。雍正十二年（1734年）有个名叫葛遇的世仆，带领十多人到北京鸣冤告状，请求开户为民，在政府干预下，他们实现了心愿。

后来又规定，贱民入籍后，准其入学，入籍二十年以上，有田庐坟墓者，应准其各在居住州县一体考试。

雍正帝为什么要废除贱民呢？

一、雍正帝认为贱民存在是前朝弊政，他做出改革，显示新政新风，表明他是一位行"仁政"的君主。

二、贱民与豪强是对立的，雍正帝废除贱籍，让贱民感恩，也借以抑制乡绅豪强势力。

三、贱民因备受欺凌，有不满情绪，易引发社会问题，而不编保甲的贱民又不便稽查，雍正帝让他们成为编齐良民，利于社会治安。

雍正新政，雷厉风行。成绩显然，气象一新。前朝积弊，受到清刷。但是，八旗痼疾，未能改革，日积月累，汇成后患。

第三十讲　养心惩贪

乾隆惩贪的历史鉴戒：

一、盛世当用重刑。贪赃枉法，代价沉重：身陷极刑，家产籍没，妻妾为奴，殃及子孙。

二、贪官多为宠臣。怙宠乱政，民饥成乱。贪官多是宠臣，骚乱多因民怨。《水浒传》说"官逼民反"，为防止民反，必严惩贪官。

三、治贪从高端始。先清源泉，再理浊流。源清流不浊，源浊流不清。

第三十讲　养心惩贪

乾隆帝 25 岁继位，仍住养心殿，到他而立之时，清帝入主中原已近百年。中原地区，半个世纪，太平安定，没有战争。康熙晚期，吏治松弛，官员贪污，相当严重。雍正帝雷厉风行，严肃吏治，起到很好的效果。但雍正后期，身体欠佳，迷恋丹药，官员腐败。乾隆帝亲抓大案要案，惩治贪官，整顿吏治，态度鲜明，措施具体。

一　高　恒　之　案

　　在养心殿乾隆帝办的一件大案是高恒贪污案。

　　高恒，满洲镶黄旗人，高佳氏，大学士高斌之子。高斌官文渊阁大学士、军机大臣、内大臣、吏部尚书、直隶总督、南河（江南河务）总督等，女儿是乾隆帝慧贤皇贵妃。（《清史稿·后妃传》卷二百十四）高斌一生，勤奋兢业，以 73 岁高龄，累死在治河工地上，与靳辅等同受庙祀。（《清史稿·高斌传》卷三百十）高恒依恃乃父为高官，又是乾隆帝小舅子，没有经过科举考试，以国子监荫生，被授予户部主事。这自然比科举考试升官来得快，也来得容易。经外放，任肥差——山海关、淮安关、张家口关等税关的长官。不久，署理长芦盐政，接着任天津总兵。乾隆二十二年（1757 年），授两淮盐政。这两淮盐政既是贵差，又是肥差，当年康熙帝任命李煦担任。可见乾隆帝对高恒的信任和宠信。高恒官运亨通，二十九年（1764 年），奉调回京，任上驷院卿，主管天子马匹，仍兼领两淮盐政。三十年（1765 年），他因从兄（堂兄）高晋为两江总督，应当回避，不再管两淮盐政，署户部侍郎，相当于财政部副部长兼国家税务总局局长。不久，任总管内务府大臣，就是大内的总管。总管内务府大臣是至亲、至信、至重、至要的官缺。三十二年（1767 年），署吏部侍郎，任管干部和人事的副部长。这时，乾隆帝屡次南巡，两淮盐商在扬州迎驾，兴建行宫，大肆铺张，花费巨大。

　　高恒在任两淮盐政期间，令盐商每一引盐抽银三两为公家用钱，这

奏为

闸河工平稳妥澜仰慰

圣怀事窃照五月中旬黄运两河工涨水长各工俱获平
稳情形且于五月二十七日具招

奏明数日以来两河陵长之水势新消上下南北两岸
埽坝工程俱供各修防平稳共泽湖清水裕令于六
月初四日畅出清口自黄东注入海淮揽运河全行
清水黄运湖河统执会澜淮淮水正在日渐加长之
际高堰庙前水志已到八尺二寸山盱三滚坝水遇
水催徐一尺且现在加紧防御大势绿毫续急至于
东黄河北岸曹县地方埽工漫溢落二尺探保山
成星骑前挂就领徐州请练搭埽之河兵建注
编筹揭护令于初四日闸漫口已随淤闸傅曹县题
家集地方于二十二日隄工漫水龃正河甚邃水势
陡落逾难隄即据淤于二十五日已经断流大溜顺

凯安澜並奏坊碛目谨

闸工竣

圣怀再淮安地方六月初二初三两日大雨初四日天气
闷霉各处州长煌蚰巳生趱起旨东北向西
南星飞四散惟高邮地方款多其未产者俱随两息
现在南鹏膀若将束蚰子不复馈生蠖升

奏

闻统已

皇上圣鉴谨

乾隆四年六月

初五

日

江南河道总督臣高斌谨

高恒之父高斌以 73 岁高龄累死在治河工地上，图为其任河道总督时的奏折

笔银子他中饱私囊，没有报告户部。三十三年（1768 年），两淮盐政尤拔世，奏报高恒贪污弊端，乾隆帝命罢高恒官，并命江苏巡抚彰宝，会同尤拔世，联合查办此案。经过调查，诸盐商告发：高恒贪污连年上贡和准备南巡的银子 467 万余两。这个数字有多大呢？全国年征盐课银：康熙六十年（1721 年）为 377 万余两，雍正十二年（1734 年）为 399 万余两，高恒竟然贪 476 万余两！乾隆帝命刑部调查审理，事实清楚，证据充足。谕旨：高恒受盐商贿金，伏诛。（《清史稿·高恒传》卷三百三十九）相关官员，定罪有差。但在乾隆帝要定高恒死罪时，大学士傅恒为高恒求情：请皇上推慧贤皇贵妃恩，免其死。乾隆帝说：如果皇贵妃兄弟犯法免死，那么皇后兄弟犯法当奈何？这话是说给傅恒听的——傅恒的妹妹是乾隆帝孝贤纯皇后富察氏。傅恒一听，话外有音，这是"敲山震虎"，警告我的！由是战栗，不再敢言。

俗话说："福无双至，祸不单行。"高恒之子**高朴**，也不是科举正途出身，以祖、父、姑三重关系，初为员外郎，继为给事中，巡山东漕政，由处级升为局级。三十七年（1772 年），破格任左副都御史（副部级）。乾隆帝发现高朴要小聪明："朕前有意见长，退后辄图安逸。"吏部议免其官，命从宽，仍其职。迁为兵部右侍郎。乾隆帝秘密记录直省道台与知府的姓名、政绩和缺点，但被太监高云从泄露到外廷，致使左都御史观保等私下议论其事。高朴闻知，具疏报告。乾隆帝大怒，命诛高云从，

其他不问。乾隆帝表扬高朴说："诸大臣岂无见闻，独高朴为之陈奏，内省应自惭。"并指出："高朴若沾沾自喜，不知谨懔，转致妄为，则高云从即其前车，朕亦不能曲贷也。"四十一年（1776年），命高朴任新疆叶尔羌办事大臣。距叶尔羌四百余里有座密尔岱山，产美玉，已封禁。高朴到叶尔羌后，疏请开采，每年一次。两年后，新疆阿奇木伯克色提巴勒底，奏诉高朴役使回民三千人上山采玉，婪索金银，盗卖官玉。乾隆帝得到奏报，命将高朴夺官严鞫（jū）。经查，高朴在叶尔羌存银16000余两、黄金500余两，并将美玉寄回家。（《清史稿·高恒子朴传》卷三百三十九）乾隆帝谕曰："高朴贪婪无忌，罔顾法纪，较其父高恒尤甚，不能念为慧贤皇贵妃侄而稍矜宥也。"就是说，不能因高朴是皇贵妃的亲侄子，就可以免受处罚。乾隆帝命：杀高朴，籍其家。

高恒、高朴父子案刚结，王亶（dǎn）望案又起。

二　王亶望案

在养心殿乾隆帝办的另一件大案是王亶望贪污案。

王亶望，山西临汾人，江苏巡抚王师之子。亶望考取举人后，没有参加会试和殿试，虽没取得进士功名，但花钱买了个知县。先后任甘肃山丹、皋兰等县知县，后升为云南省武定府知府。乾隆帝引见后，命他仍然去甘肃，等待分配，后任宁夏府知府。再升任浙江布政使，就是副省级，并暂署巡抚，就是代省长。王亶望虽然学历不高，又不是正途，但会做官，官运亨通。王亶望喜欢拍马屁，却拍到马蹄子上。乾隆三十八年（1773年），乾隆帝到天津巡视，王亶望借机向乾隆帝献上金如意，金如意上嵌饰珠宝，非常贵重，但遭拒绝。一年后，王亶望由浙江布政使兼代理巡抚，调任甘肃布政使，这显然是明调暗降。

王亶望到甘肃就职后，做了一件事，令乾隆帝发怒。原来规定：允民用豆和麦，可捐纳国子监的生员，可以应试入官，这叫作"监粮"，乾隆帝曾下令废除。不久，乾隆帝又允肃州和安西，可以如旧例捐纳。

王亶望到甘肃任，向陕甘总督勒尔谨申请，以内地仓储未实为由，代为上疏申请甘肃省诸州县都可以收捐；随之，又请于勒尔谨，令民众改为输纳白银。王亶望又虚报旱灾，谎称以粟治赈，就是直接或变相贪污赈灾粮银，以饱私囊。他们做得很巧妙，自总督以下官员都有份，王亶望获取更多。议行半年多，王亶望疏报共收捐（卖名额或卖文凭）19017名，获得豆麦827500余石。（《清高宗实录》卷九百七十一）

乾隆帝在养心殿雷厉风行、严肃吏治，图为养心殿后殿

事发，乾隆帝说："甘肃民贫地瘠，安得有二万人捐监？又安得有如许余粮？今半年已得八十二万，年复一年，经久陈红（陈粮），又将安用？即云每岁借给民间，何如留于闾阎，听其自为流转？"（《清史稿·王亶望传》卷三百三十九）因发"四不可解"（《清高宗实录》卷九百七十一）诘问勒尔谨。勒尔谨巧辞回复。乾隆帝没有深究，只是告诫说："尔等既身任其事，勉力妥为之可也。"而后，王亶望升任浙江巡抚。

猴改不了爬树，狗改不了吃屎。王亶望任浙江巡抚后，迎驾乾隆帝南巡。王亶望在杭州迎驾，建造屋宇，点缀灯彩，华缛繁费，极为奢侈。

乾隆帝既喜欢豪华铺张，又不愿显得奢华，告诫下不为例。王亶望母亲死，请治丧百日后，留海塘工程效力，获准。但浙江巡抚李质颖入觐养心殿，顺便奏告王亶望不派妻孥等回乡治丧。乾隆帝借茬将王亶望免职，仍留海塘工程效力。

案子由突发事件引起。乾隆四十六年（1781 年），甘肃循化（今属青海）撒拉族苏四十三率众起事。陕甘总督勒尔谨督师兵败，被逮捕下狱。大学士阿桂、尚书和珅先后出师甘肃，因雨延期入境。乾隆帝因疑甘肃连年报告大旱不实，令调查具实奏闻。阿桂等上奏王亶望等卖官、虚报旱灾等罪。乾隆帝大怒，命逮捕陕甘总督勒尔谨、原巡抚王亶望、甘肃布政使王廷赞、兰州知府蒋全迪等下狱。此案受牵连的勒尔谨，满洲镶白旗人，乾隆初以翻译进士授刑部主事，迁员外郎。后升任陕甘总督。下刑部论斩，命改斩监候，死于狱中。此案也受牵连的陈辉祖，为两广总督陈大受之子，时任闽浙总督兼浙江巡抚，以查抄王亶望家时匿藏金玉器，后赐自裁，其子戍伊犁。（《清史稿·陈辉祖传》卷三百三十九）此案还牵连已故乾隆三年（1738 年）状元、军机大臣、文华殿大学士兼户部尚书、四库全书馆正总裁、上书房总师傅兼翰林院掌院学士于敏中，时敏中已死，并入祀贤良祠。乾隆帝命"于敏中著撤出贤良祠"，（《清史稿·于敏中传》卷三百十九）遭身后之辱。

经审：诸州县贿赂数以千万计；抄王亶望家得金银 100 余万两。审结：总督勒尔谨自裁（死于狱中），巡抚王亶望论斩，布政使王廷赞论绞，兰州知府蒋全迪斩首，州县官贪污赈济银二万两以上者 22 人俱斩首。还有，王亶望之子王裘发伊犁，幼子下狱到年满 12 岁时逐个流放。而后，又发现并诛杀闵鹓元等 11 人，获罪董熙等 6 人。

王亶望之案，总督勒尔谨、巡抚王亶望等贪污腐败，激发了甘肃苏四十三民变。此案杀总督勒尔谨和陈辉祖二人，巡抚王亶望一人，布政使王廷赞一人，知府和知县等 33 人，其他受处分官员多人。

此案，乾隆帝早有耳闻，派军机大臣、刑部尚书袁守侗，觉罗、刑部左侍郎阿扬阿前往，盘查甘肃监粮。不料，这位大司寇上奏称"仓粮系属实贮"。乾隆帝信以为真，不再追查。这次案发之后，乾隆帝在承德避暑山庄，问讯阿扬阿当年前往甘肃盘查粮仓之事，阿扬阿奏称："在甘省盘查时，逐一签量，按州核对，俱系实贮在仓，并无短缺。"乾隆帝对此毫不相信，他认为：此必当地官员一闻查仓之信，挪东掩西，为一时弥缝之计，其签量人役，均系地方官所管，易于通同弊混，而袁守侗、阿扬阿等受其欺蔽，率称并无亏短。为此，下谕：此等签量人役，即系地方官所管之人，阿扬阿当时"虽逐仓查验，亦止能签量廒口数尺之地，至里面进深处所，下面铺板，或掺和糠土，上面铺盖谷石，此等弊窦，阿扬阿能一一察出不受其蒙蔽乎？"乾隆帝此谕问得很好，把袁守侗、阿扬阿的受骗失职，实际情况，揭示清楚。在短时间内，他们开销监粮600余万石，又销去旧存常平仓130余万石，合计730余万石，为何并未察及——是官官相护，或是知情不举，或是敷衍塞责，或是确受蒙蔽？乾隆帝说：袁守侗、阿扬阿查办此案，均难辞咎，著交部严加议处。部议袁守侗夺官，命留任治河，两年后病死，阿扬阿革职。

王亶望之案审结后，又有国泰大案。

三　国　泰　之　案

在养心殿乾隆帝办的又一件大案是国泰贪污案。

国泰，满洲镶白旗人，富察氏，初官刑部主事，再迁郎中，后升任山东布政使。有一件事国泰给乾隆帝留下很深的印象。他父亲文绶任总督时，奉命查前四川总督阿尔泰放纵儿子明德布贪婪勒索属吏之案，因徇私而不如实陈奏，遣戍伊犁。国泰立即上疏谢罪，请求跟从父亲到伊犁戍所，并代父亲赎罪。乾隆帝谕道："汝无罪，何必惶惧？"四十二年（1777年），升山东巡抚。

国泰是纨绔子弟，家教不严。其父文绶，历官山西布政使、河南巡抚、署陕甘总督、湖广总督、四川总督，曾三次因徇庇贪污犯等罪而被免官，并发往军台或伊犁效力。（《清史稿·文绶传》卷三百三十二）文绶常年在京外做官，无暇严教儿子。国泰依仗出身上三旗，父亲又是高官，少年

养心殿留下了乾隆帝惩治巨贪的佳话，图为养心殿抱
厦旧影（1900 年）

得意，骄横跋扈。对待属吏，小不当意，便发脾气，加以呵斥。这里讲一个故事。身任山东布政使的于易简，见了山东巡抚国泰，竟然"长跪白事"，就是跪着说事。于易简是何许人？他是当朝大学士、军机大臣、头名状元于敏中的弟弟。大学士阿桂等曾以国泰骄横乖张，请改为在京做官。乾隆帝知道一点国泰骄横的劣迹，曾告诫国泰对待下属官吏"当宽严得中"，令他警惕改悔，但他还是执迷不悟。

　　乾隆四十七年（1782 年），御史钱沣劾奏山东巡抚国泰和布政使于易简吏治废弛，贪纵营私，贪婪无餍，搜刮百姓，州县库空。乾隆帝命尚书和珅、左都御史刘墉前往调查处理，并令钱沣同往。这三个人态度不同：刘墉（山东诸城人），主持正义，以国泰虐害其乡里，偏向钱沣；钱沣因揭发此案，坚持严查，不屈不挠；和珅虽"怵钱沣"，却暗里袒护国泰，事先透露消息，国泰已做准备——假借市银（市场流通银子）

111

补足库银亏空。和珅到济南后，立即盘查历城银库里的帑银，并令抽看库银数十封，足数无缺，立即起身，返回行馆。（《清史稿·和珅传》卷三百十九）这里有个故事："帑银以五十两为一铤，市银则否。"就是说帑银与市银的规格与包装不一样。有论者说刘墉先同钱沣商量，共同定下举措。于是，钱沣按计行事——请立即封库，第二天再查。第二天他们来到银库，发现库银为外借的市银充数。钱沣按问得实，召来商人，归还所借，银库为之一空。刘墉和钱沣再查章丘、东平、益都三州县的银库，全都亏缺。（《清史稿·钱沣传》卷三百二十二）经查，山东各州县银库亏二百多万两银子，都是国泰、于易简在官时的事。在审讯国泰时，国泰对钱沣骂道："汝何物，敢劾我耶！"刘墉大怒道："御史（钱沣）奉诏治汝，汝敢骂天使耶？"当即命人抽国泰的嘴巴。国泰害怕，跪在地上。和珅看着，也没办法。国泰等罪状属实，和珅也无法庇护。

此案经进一步审理，国泰承认贪婪索取其下属官员，数辄至千万。于易简诣媚国泰，督抚伙同贪婪。狱定，皆论斩，乾隆帝命改斩监候，下刑部狱。命国泰即在狱中自裁。（《清史稿·国泰传》卷三百三十九）此外，两年后，两江总督郝玉麟之子**郝硕**，官江西巡抚，被劾鞫实。乾隆帝命郝硕同国泰例，赐自裁，并通谕："诸直省督抚，当持名节，畏宪典，以国泰、郝硕为戒！"（《清史稿·郝硕传》卷三百三十九）

这里讲钱沣借钱的故事。钱沣在弹劾国泰前，自知凶多吉少，做被戍边准备——对好友邵南江翰林说："家有急用，需钱十千，可借乎？"邵答："钱可移用，将何事也？"钱说："子勿问何事。"借了钱，三天

璧被视为权力象征，图为养心门外大玉璧

大故宫2

后，钱沣上弹劾国泰的奏章。事后，邵问钱："子前告我需钱十千，岂为此事耶？"钱沣说：是，我想弹劾国泰必被谴戍，故预备点钱用。邵说：若有此事，十千钱不够用啊！钱说：我喜食牛肉，在路上可以不用仆从，以五千钱买牛肉，每天吃肉充饥，其余钱我自己预备，能到达戍地就行。听到这番话的人无不震惊。陈康祺对此说："乾隆至今，不少敢言之谏官，求如通政之廉俭为体，刚正为用，亦本朝有数直臣也。"（陈康祺《郎潜纪闻三笔》卷十一）乾隆六十年（1795 年），有书记载，和珅后来将钱沣毒死。做个言官，坚持正义，刚正直言，多么不易！

以上三个大案，事涉大学士一人，总督、巡抚、布政使八人。他们官不可谓不高，刑不可谓不重——主犯杀头，抄没家产，殃及子孙。《清史稿》第三百三十九卷为乾隆朝 18 位省部级贪官列传或附传，纂者最后论道："高宗谴诸贪吏，身大辟，家籍没，僇（lù）及于子孙。凡所连染，穷治不稍贷，可谓严矣！"但是，为什么贪污之风屡禁不止，且愈演愈烈呢？《清史稿》本卷纂者又评论："乃营私骫（wěi）法，前后相望，岂以执政者尚贪侈，源浊流不能清欤？抑以坐苞苴败者，亦或论才宥罪，执法未尝无挠欤？"（《清史稿》卷三百三十九）就是说，其一，源浊流不能清；其二，执法受到干扰。不过，历史经验，可以总结。①

乾隆惩贪的历史鉴戒：

一、**盛世当用重刑**。贪赃枉法，代价沉重：身陷极刑，家产籍没，妻妾为奴，殃及子孙。"观其所诛殛，要可以鉴矣！"

二、**贪官多为宠臣**。怙宠乱政，民饥成乱。贪官多是宠臣，骚乱多因民怨。《水浒传》说"官逼民反"，为防止民反，必严惩贪官。

三、**治贪从高端始**。先清源泉，再理浊流。源清流不浊，源浊流不清。乾隆帝惩贪重点是总督、巡抚、布政使，结果却漏掉了更大的贪官，如和珅。

---

① 佛家首戒贪，戒贪在知足。胤禛《悦心集》载录无名氏《不知足诗》：终日奔波只为饥，才方一饱便思衣。衣食两般皆具足，又想娇容美貌妻。娶得美妻生下子，恨无田地少根基。买得田园多广润，出入无船少马骑。槽头结了骡和马，叹无官职被人欺。县丞主簿还嫌小，又要朝中挂紫衣。若要世人心里足，除是南柯一梦回。

第三十一讲 养心三希

一个堂堂大清帝国的乾隆皇帝，在只有4.8平方米的低矮、狭小殿堂里读书写字，若不是有实物在，亲眼看到实景，令人难以相信。参观故宫的人，在"三希堂"窗外一窥，联想到那些大办公室和大班桌之大，相比之下，感慨万千！

第三十一讲　养心三希

乾隆帝在养心殿里生活了六十四年，他同养心殿"三希堂"，演绎出不少文化佳话。

一 堂名三希

养心殿西暖阁，隔成若干小间。西间前室的殿额，原是"为君难"，后换为"勤政亲贤"，都是雍正帝御书。作为国君来说，其"难"在于"勤政亲贤"：勤于政或荒于嬉，亲贤良或昵奸佞，确实是明君与昏君的一块界石。额两边联曰："惟以一人治天下，岂为天下奉一人。"在养心殿西暖阁的西头，隔出一个小间，精巧别致，幽雅清静，采光充足，冬天温暖，称养心殿温室，为皇帝读书处。乾隆十一年（1746年），乾隆帝将王羲之《快雪时晴帖》（简称《快雪帖》）、王献之《中秋帖》、王珣《伯远帖》，视为三件稀世之珍，收藏在这里，将温室改名为"三希堂"，并亲书堂额。

"三希堂"，屋子极小，经我实测：东西长210厘米，南北宽228厘米，面积4.8平方米，屋高（地面到顶棚）197厘米（今普通楼房住宅约260厘米）。屋里一半为炕，长210厘米，宽114厘米，面积2.4平方米，比一般住家户的双人床还小。[1] 炕上

大清帝国的乾隆皇帝，却在只有4.8平方米的"三希堂"里读书写字

---

[1] "三希堂"外间，长363厘米，宽210厘米，面积7.62平方米，以蓝白两色几何纹图案方瓷砖铺地。

东墙，挂"三希堂"额，两侧联曰："怀抱观古今，深心托毫素。"乾隆御题，保存至今。西墙，有郎世宁和金廷标合画《人物观花图》贴落一幅，长95厘米，宽95厘米。贴落是宫内墙上或门上贴的字画。炕东头安放靠背、坐垫和迎手一组，摆放玉如意一件，痰盂一件。坐垫前为书桌，长70厘米，宽31厘米，面积0.22平方米，高38厘米。书桌上摆放玉笔筒（内装毛笔数支）、玉笔山（笔架）、砚台各一件。炕西头摆放双层炕几一张，长96厘米，宽27厘米，面积0.26平方米，高38厘米。炕南窗的窗台上，摆放玉羊、玉山、玉冠架、玉璧和玉角杯各一件。窗台左右立面，各挂一件壁瓶。

屋里另一半为地，其面积和炕的面积一样大。东墙：壁瓶11个，有序摆挂，华贵雅素。壁瓶下面的地上，摆放三希堂法帖楠木盒，每个长19厘米，宽11厘米，高11厘米，八盒，每摞两盒，共四摞。西墙：是一面从上到下的大镜子。镜子正对东墙的壁瓶，使房间在视觉上显得宽阔了不少。据郑欣淼先生统计，三希堂共陈设有110件文物。整个屋子巧妙地将室内装修、墙面、地面、顶棚、文具、文物、玩品与建筑融为一体。

"三希堂"不是比较小，而是特别小。一个堂堂大清帝国的乾隆皇帝，在只有4.8平方米的低矮、狭小殿堂里读书写字，若不是有实物在，亲眼看到实景，令人难以相信。参观故宫的人，在"三希堂"窗外一窥，联想到那些大办公室和大班桌之大，相比之下，感慨万千！

这么一间小屋，二百多年以来，名扬天下，是为什么？唐刘禹锡《陋室铭》说："山不在高，有仙则名；水不在深，有龙则灵。"引申开来，室不在大，有宝则名。三希堂里，既无仙，也无龙，但有三件稀世珍宝。乾隆帝作《三希堂记》说："内府秘笈王羲之《快雪帖》、王献之《中秋帖》，近又得王珣《伯远帖》，皆希世之珍也。因就养心殿温室易其名曰'三希堂'以藏之。"这里的"希"字，是稀少的意思，所以就命名为"三希堂"。"三希堂"名称的来源，还有伦理与哲学的含义："士希贤，贤希圣，圣希天。"[1]（弘历《三希堂记》）这里的"希"字，是仰

---

① 乾隆帝："士希贤，贤希圣，圣希天。"周敦颐原话为："圣希天，贤希圣，士希贤。"

慕的意思，士人仰慕"贤"的境界，贤人仰慕"圣"的境界，圣人则仰慕"天"——"天人合一"的最高境界。不懈追求，自强不息。

二　书坛三杰

"三希堂"里《快雪帖》作者王羲之、《中秋帖》作者王献之和《伯远帖》作者王珣三位是"同族、同时，为江左风流冠冕"的大书法家。

王羲之，字逸少，东晋琅邪临沂（今属山东）人。他的生卒年有多种说法。出身于高官显宦之家，祖父为尚书郎，伯父为司徒王导，父亲为淮南太守。王羲之官至右军将军、会稽内史，然而他最突出的特点是工书法，有"书圣"之誉。

他博采众长，精研体势，推陈出新，一变汉、魏以来质朴书风，创出妍美流丽的书法新体。

王羲之幼小时，比较腼腆，不爱说话，人们并没觉得他有奇异之才。十三岁时，书法受到社会名流的器重，开始知名。渐长，尤善隶书，为古今之冠，论者称其笔势，以为"飘若浮云，矫若惊龙"（《晋书·王羲之传》卷八十），特别受到伯父王导的器重。当时太尉郗鉴想为女儿选女婿，王导就让其在家族"海选"众多子弟。"海选者"回复王鉴说："王氏诸少年都不错，听到信息，赶过来了，都自矜持。只有一人，在东床边，祖露肚子，在吃东西，若无其事。"郗鉴说："这就是我的佳婿呀！"太尉郗鉴就把女儿嫁给这位少年即王羲之为妻。

王羲之性爱鹅。有位孤居老人养一只鹅，善鸣，到市上去卖，没有人买。王羲之听说后，同亲友前去看鹅。老妇听说王羲之要到家里来，就杀鹅招待王羲之。王羲之本来要看鹅，却看不到鹅，非常遗憾。

王羲之还听说附近有一位道士好养鹅，就去观看。他看了鹅，很高兴，想买这只鹅。道士说："为我写《道德经》，我就将这一群鹅相赠。"王羲之欣然写完《道德经》，把鹅装在笼子里，高兴地回家。

王羲之还曾见一位老妇，正在卖竹扇，就在每把扇子上各写五个字。

老妇流露出满脸的不高兴。王羲之对老妇说："你就说这是王右军的书法，要一百钱才卖。"老妇果然照办，人们竞相购买老妇的扇子。几天后，老妇又拿扇子来，让王羲之在扇子上写字，羲之笑而不答。

王羲之写字成癖，一次他到学生家，见几案滑净，就在上面写字。后被其父误将几案上字刮了去，学生很惊讶，惋惜好几天。他曾跟人说："张芝临池学书，池水尽黑！"很赞佩这种刻苦精神。及到晚年，书法更妙。人们称赞王羲之书法"焕若神明"。

王羲之颇有美誉，朝廷公卿，社会名流，都爱其才器，多次召他做官。王羲之坦然表示："吾素自无廊庙志！"我根本没有在朝做官的志趣。朝廷授他护军将军，推辞不拜，后授他为右军将军。所以人们称王羲之为王右军。王羲之做官，重生计，恤民生：地方闹饥荒，他开仓赈灾；朝廷重赋役，他力争减赋。

王羲之喜爱会稽即今浙江绍兴的青山绿水，名士雅居，尤其是会稽山阴的兰亭（现存后建王右军祠）。因与王述（曾官尚书令、建威将军、会稽内史）不和，辞去官职，定居在会稽山阴（今绍兴），曾与谢安（官至宰相，督扬州等十五州军事，后指挥取得"淝水之战"胜利）等好友集兰亭，相传在永和九年（353年）三月三日，写下著名的《兰亭序》①：**永和九年，岁在癸丑，暮春之初，会于会稽山阴之兰亭，修禊**

---

① 《兰亭序》（唐冯承素摹本28行，324字）：

永和九年，岁在癸丑，暮春之初，会于会稽山阴之兰亭，修禊事也。群贤毕至，少长咸集。此地有崇山峻岭，茂林修竹，又有清流激湍，映带左右，引以为流觞曲水，列坐其次。虽无丝竹管弦之盛，一觞一咏，亦足以畅叙幽情。

是日也，天朗气清，惠风和畅，仰观宇宙之大，俯察品类之盛，所以游目骋怀，足以极视听之娱，信可乐也。

夫人之相与，俯仰一世：或取诸怀抱，悟言一室之内；或因寄所托，放浪形骸之外。虽趣舍万殊，静躁不同，当其欣于所遇，暂得于己，快然自足，不知老之将至。及其所之既倦，情随事迁，感慨系之矣。向之所欣，俯仰之间，已为陈迹，犹不能不以之兴怀。况修短随化，终期于尽。古人云，死生亦大矣，岂不痛哉！

每览昔人兴感之由，若合一契，未尝不临文嗟悼，不能喻之于怀。固知一死生为虚诞，齐彭殇为妄作，后之视今，亦犹今之视昔，悲夫！故列叙时人，录其所述，虽世殊事异，所以兴怀，其致一也。后之览者，亦将有感于斯文。（据元陆继善《双钩兰亭序》）

大故宫 2

（xì）事也。群贤毕至，少长咸集。此地有崇山峻岭，茂林修竹，又有清流激湍，映带左右，引以为流觞曲水，列坐其次。虽无丝竹管弦之盛，一觞一咏，亦足以畅叙幽情……

"书圣"王羲之的《兰亭序帖》（唐代冯承素摹本）

王羲之既辞去官职，与人游览山水，饮酒流觞，垂钓为乐。又与道士交往，修心养性，年五十九卒。朝廷赠金紫光禄大夫，他儿子们以父有遗言，辞让不受。他有七子，知名者五人，其中之一便是王献之。

王献之（344—386 年），字子敬，王羲之第七子。与其父被称为"东晋二王"。献之官拜中书令，就是宰相，又称"王大令"，尚新安公主，就是做了驸马。

王献之年少有名，非常清高，虽在家无事，却衣冠严整，风流倜傥，为一时冠。曾与其兄长到宰相谢安府答谢，两位兄长多谈俗事，献之只寒暄几句。他们走后，客人问谢安——王氏兄弟优劣，谢安说："小者佳。"客问其故，回答说："吉人之辞寡，以其少言，故知之。"

王献之有个小故事。一天夜里，王献之在斋中睡觉。有几个小偷进来，把东西搜掠殆尽。王献之慢腾腾地说："偷儿，那件青毡是我家的旧物，你可以把这件旧物放下。"几个小偷，闻听之后，放下东西，惊慌逃走。

王献之有魏晋士人风骨。一次，王献之经过吴郡，听说顾辟强家有名园，与顾并不相识，便乘坐肩舆，不打招呼，径直进入。时顾辟强正在同宾友聚会，而献之四处游历，旁若无人。辟强勃然数之道："傲主人，非礼也。以贵骄士，非道也。失是二者，不足齿之伧（读作 cāng 或

chen，吴中骂人语）耳。"王献之傲态如此。还有一次，谢安新建太极殿，想请献之题额，作为万代之宝，但难于启齿，便试探说：魏时陵云殿建完，匾额未题，而工匠误将匾钉上，取不下来了，便使韦仲将登悬梯在高处书写。写完，对他的子弟说，以后不能这样做。王献之明白这话的含义，说："仲将，魏之大臣，宁有此事！使其若此，有以知魏德之不长。"谢安不再逼他写匾。（《晋书·王献之传》卷八十）

王献之工草隶，善丹青。七八岁时学书，王羲之偷偷从背后拔其笔，拔不下来，叹道："此儿后当复有大名。"王献之小小年纪，曾在墙壁上书写一丈见方的大字。有数百人观看，王羲之很赞赏。一天，驸马、权臣、大司马桓温要献之写扇面，不小心，笔误落，因画作黑带白点的母牛，灵活机变，非常巧妙。献之死后，他的哥哥徽之，"奔丧不哭，直坐灵床上，取献之琴弹之，久而不调，叹曰：呜呼子敬，人琴俱亡！"月余，也亡。（《晋书·王徽之传》卷八十）

王珣（350—401年），字元琳，小名法护，东晋著名书法家、丞相王导之孙，王洽之子，王羲之从侄（堂侄）。早年为桓温的下属。时桓温经略中夏，竟无宁岁，军中机务，委托王珣，文武数万人，珣都识其面。后任征虏将军、中军长史，官尚书令。

珣兄弟都是谢（安）氏女婿，以猜嫌致隙。太傅谢安既与珣绝婚，又离珉（珣弟）妻，谢、王二族，遂成仇衅。王珣有心量，他既与谢安有隙，闻谢安死，不顾族人劝阻，直到谢安灵前，哀哭甚恸。

晋帝雅好典籍，王珣陪侍左右。

王家长书法，但短寿——珣五十二岁、弟珉三十八岁、父洽三十六岁。珣生五子，都有高名。《晋书·王珣传》评论曰："珣神情朗悟，经史明彻，风流之美，公私所寄。"

三　法书三绝

在《快雪帖》、《中秋帖》和《伯远帖》法书"三绝"中，以《快雪帖》最负盛名。

《快雪帖》 　王羲之写，是一件尺牍，纸本，纵23厘米，横14.8厘米，不足一平尺，三行，二十四字。原文为："羲之顿首，快雪时晴，佳想安善，未果为结，力不次。王羲之顿首。"

帖后有"山阴张侯"一行四字，仿右军书，不知为何许人。左下角有"君倩"二字题名。帖上所钤鉴藏印章很多。有南宋"希世藏"、"绍兴"诸印，贾似道"秋壑珍玩"印，金"明昌御览"印，元张德谦、张晏父子"张氏珍玩"印，明冯铨、吴廷、王延世诸家之印，清乾隆、嘉庆、宣统"御览之宝"及内府诸印。此帖题跋之多，实属历史罕见。先后有元赵孟頫、刘赓，明刘承禧、王穉登，清弘历、梁诗正等跋。《快雪帖》册前有乾隆帝亲笔绘制的《云林小景》，册前和册末分别有董邦达、张若霭奉乾隆帝之命所作《晴雪图》和《雪梅图》。这幅宝帖，前有"快雪时晴帖，晋右将军、会稽内史王羲之真迹"。乾隆帝题跋款一行小字，题款前空行顺序有"神品"、"鉴古"、懋勤殿鉴定章、王延世鉴赏之章等八方印章。帖后有赵孟頫、乾隆帝等的题跋。有人统计总共有大小约一百九十五方印章。

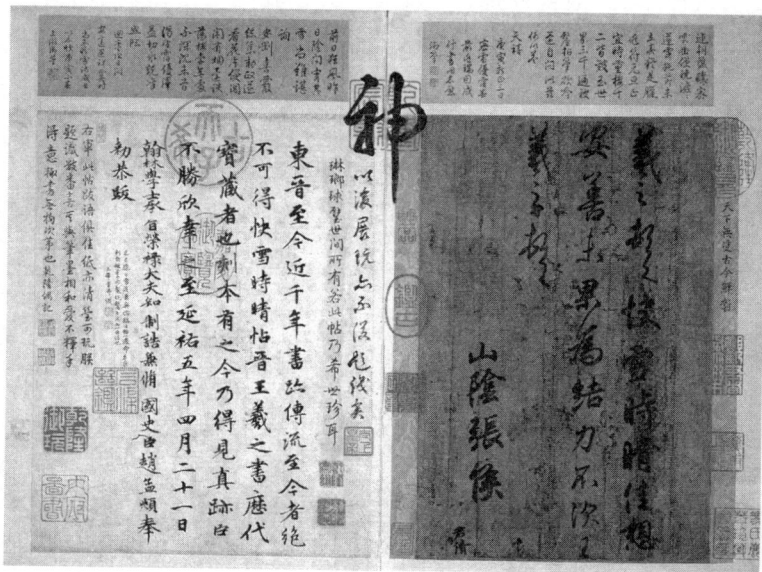

乾隆帝极爱王羲之《快雪时晴帖》，五十余年里在帖上共题了七十多处（现藏台北故宫博物院）

乾隆皇帝太喜爱《快雪帖》了。他在五十余年间，在帖上共题了七十多处，每逢岁暮天寒，或雪花纷飞之时，"得意辄书，无拘次第"，最多一年竟题六次。乾隆帝到了晚年，视力不济，题诗由董诰代书："予八十有三不用眼镜，今岁诗字多艰于细书，命董诰代写，亦佳话也。"他归政之后，还在帖上题"以后展玩亦不复题识矣"。乾隆帝还说，"王右军《快雪时晴帖》为千古妙迹，收入大内养心殿有年矣。予几暇临仿，不止数十百遍，而赏玩未已。因合子敬《中秋》、元琳《伯远》二帖，贮之温室中，颜曰三希堂，以志盛世神物"云云。

《快雪帖》是真迹吗？赵孟頫认为是真迹，他的跋语："东晋至今近千年，书迹传流至今者绝不可得。《快雪时晴帖》晋王羲之书，历代宝藏者也。刻本有之，今乃得见真迹，臣不胜欣幸之至。"但有的学者仍存异议。这留待专家去研究。但此本流传久远，递藏有绪，不失为"千古妙迹"。帖书行笔流畅，遒劲秀美，轩昂雄健，气韵贯通。帖中或行或草，或流或止，或轻或重，缓急和疏密聚散，体现王羲之书法"中正和美"的艺术佳境。古人誉为"天下法书第一"。赵孟頫云："右军人品甚高，故书入神品。"他批评道，"奴隶小夫，乳臭之子，朝学执笔，暮已自夸"云云。清梁诗正、张若霭等跋谓："神采耀发""美擅千古"。此帖被公誉为"神品""稀世珍宝"。

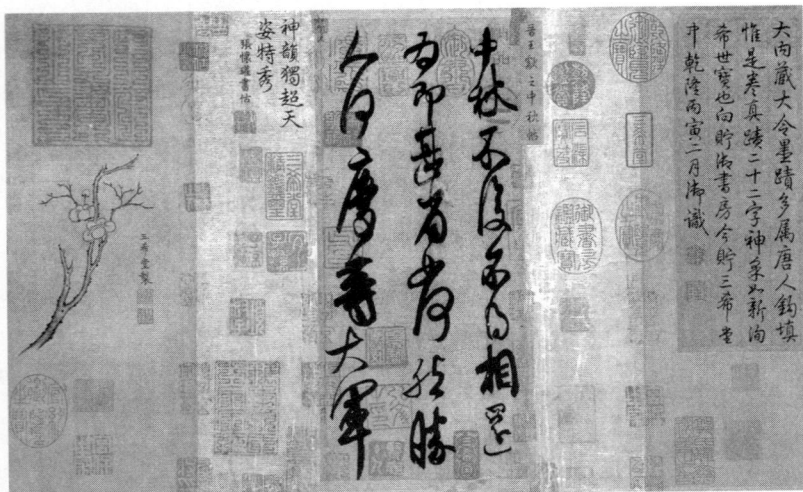

被米芾赞为"天下第一"的王献之《中秋帖》

大故宫
2

《中秋帖》 王献之写，二十二个字，米芾赞其为"天下第一"。此帖，前缺，后缺，中间存纵八寸四分，横三寸六分，行书三行。因有人"割剪一二字售诸好事者"（董其昌语）。乾隆帝赞为"神韵独超，天姿特秀"，"大内藏大令（王献之）墨迹，多属唐人钩填，惟是卷真迹，二十二字，神采如新，洵希世宝也。向贮御书房，今贮三希堂中"。晋人认为王羲之、王献之父子书法为天下第一。谢安问王献之曰："君书何如君家尊？"答曰："故当不同。"安曰："外论不尔。"答曰："人那得知！"王献之《中秋帖》书法，比乃父王羲之书法，隽美，而更有逸气，但骨力不及其父。

王献之的书法，诸体兼精，尤擅行草，世传墨迹有行书《鸭头丸帖》，现藏上海博物馆。另有小楷刻帖本《洛神赋十三行》。

《伯远帖》 王珣写，五行，四十七字（一说为五十五字），纸本，行书，纵25.1厘米，横17.2厘米，以帖中首句有"伯远"二字，故称《伯远帖》。王氏一门多是书法家。王珣幼承家学，刻苦擅书，聪明俊秀，博学多才。王珣的书艺，遒劲飘逸，笔法古朴。王珣书法真迹，传世极少，墨迹只此一件，结体严谨，行笔逸畅，抑扬顿挫，浑然自如，锋棱毕现，书势险峻。明代著名书法大家董其昌评其书云："潇洒古澹，东晋风流，宛然在眼。"此帖曾为北宋内府收藏，并著录于《宣和书谱》。明时为董其昌收藏。清乾隆年间收入内府。卷中有明董其昌、清乾隆帝题记，清内府藏印10余方及卷尾董邦达绘山水一段。

三希堂的"三希"珍宝，有曲折流传的故事。民国初年，宣统皇帝逊位后，仍居住在紫禁城里。他暗里典卖宫中"三希"等国宝。王羲之的《快雪帖》，因已装裱成巨册，不便携带出宫。溥仪曾于1924年，拟将王羲之的《快雪帖》作价40万元抵押给美国花旗银行，后来未果。溥仪出宫后，此帖归故宫博物院收藏。1933年《快雪帖》随同其他文物南迁，转移川西，抗战胜利后运回南京，后运往台湾，现藏台北故宫博物院。我曾有幸在台北一睹真迹。王献之《中秋帖》和王珣《伯远帖》，因是小卷轴，便于携带，由瑾贵妃西林觉罗氏（十七岁进宫为同治瑾贵人，后为瑾嫔，光绪尊封瑾妃，宣统尊封瑾贵妃）带出紫禁城，为北京

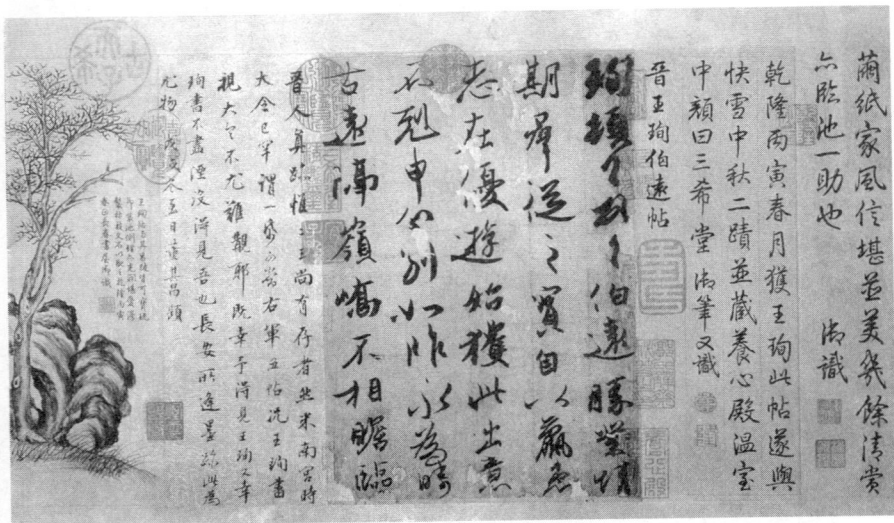

王珣《伯远帖》，以帖中首句有"伯远"二字因而得名

收藏家郭葆昌购得。郭去世后，由其子郭昭俊继藏。20世纪50年代初，郭昭俊携"二希"与台北故宫博物院相商，因价钱悬殊未果。后转到香港，以此"二希"作抵押向某银行贷款，抵押期限届满而无力赎回。1951年，国家文物部门获此信息后，急报周恩来总理。周总理批示："要买真正的文物，不要古玩。"并指派文化部社会文化事业管理局副局长王冶秋、故宫博物院院长马衡和上海文物管理委员会副主任委员徐森玉，到香港鉴别"二希"的真伪和洽购。经确定是"二希"原件后，以港币45万元收购。于是，《中秋帖》和《伯远帖》重回北京，归于故宫博物院收藏。

综上，养心殿三希堂珍藏的王羲之《快雪帖》、王献之《中秋帖》、王珣《伯远帖》是中华书法史上划时代的里程碑。"三王"之所以成为大书法家，由于他们有共同的因缘——风涛的时代，风光的家族，风云的阅历，风节的品格，风韵的豪情，风采的书艺。

第三十二讲　养心挽歌

历史因缘，六始六终，轮回巧合，令人遐思：顺治六岁始，宣统六岁终；睿王摄政始，醇王摄政终；孝庄懿政始，隆裕懿政终；皇后叶赫始，皇后叶赫终；八王议政始，御前会议终；太祖抚顺起兵始，末帝抚顺监狱终。

养心殿里奏响了大清皇朝寿终正寝的挽歌。

第三十二讲　养心挽歌

清朝在养心殿里发生了三场多幕悲局，这就是四位幼帝——顺治帝、同治帝、光绪帝和宣统帝，三位太后——慈安太后、慈禧太后和隆裕太后，三位亲王——恭亲王奕訢，醇亲王奕譞和载沣，将大清轮船驶向沉没的悲局。本讲就介绍这三场九幕历史人物的历史悲剧。

　　悲剧发生的场景，主要在养心殿东暖阁和后寝殿。养心殿东暖阁，东西分为东次间和梢间，南北分为前室和后室。前室靠窗为炕，因有御书"明窗"匾而得名。雍正时宫里有了进口玻璃。在窗当中安一小块方玻璃，其余糊高丽纸。这块小玻璃透明，从屋里能看到外面，称作"玻璃眼"。雍正帝开始，皇帝元旦在这里新春开笔，书写"福""吉祥"，赐字时从上拖到下，象征受赐的人全身都是福，全身都吉祥。东墙朝西设前后宝座，以黄纱帘相隔，为垂帘听政之处——帘前宝座上先后坐过同治帝、光绪帝，帘后宝座上坐的是慈安太后、慈禧太后。现仍保留着慈禧垂帘听政的原状。这里有康熙帝训诫子孙的语录：**"不可为近名邀利之举，不可用一己偏执之见"**；**"采群言以广益，合众志以成城"**。后寝殿的体顺堂因住慈安太后，燕喜堂因住慈禧太后而著名，自然也会引游人凭窗一窥。

养心殿东暖阁的东墙朝西设前后宝座，以黄纱帘相隔，即为垂帘听政处

一　四位幼帝

在养心殿的东暖阁，先后有清朝五位幼帝中的四位幼帝——除康熙帝之外的顺治帝、同治帝、光绪帝和宣统帝，在这里演出了悲剧。其中顺治帝和同治帝都因天花死在养心殿东暖阁里间的龙床上。

死在养心殿东暖阁的顺治帝和同治帝很有意思，他们有八个共同点：都是六岁登极，皇叔亲王摄政，少年任性，怠于学习，患上天花，青年离世，死在养心殿，也都是悲剧结局。

我算了一下：清朝在北京十位皇帝，有七位死在皇宫以外——康熙帝死在畅春园清溪书屋，雍正帝死在圆明园，嘉庆帝死在承德避暑山庄烟波致爽殿，道光帝死在圆明园慎德堂，咸丰帝死在承德避暑山庄烟波致爽殿，光绪帝死在西苑（今中南海）瀛台涵元殿，宣统帝后为平民则死在北京医院。其余三位——顺治帝、乾隆帝和同治帝都死在养心殿。

嘉庆、咸丰都在避暑山庄烟波致爽殿驾崩

顺治帝是清入关后第一位皇帝，定鼎中原，奄有天下，其功过得失，我在《正说清朝十二帝》里讲过。但是，近八年来，我无论走到哪里，在南方或北方，在大陆或台湾，在国内或国外，都经常被同样的一个问题提问：顺治帝是得天花死了，还是出家了？

我可以肯定地说：顺治帝是在养心殿里因天花病死的。还是有人不信，我就列举史实，略作说明。

为什么广大读者普遍认为顺治帝出家了呢？这同他信佛有关：顺治十四年（1657 年），在太监的精心安排下，20 岁的顺治帝在京师宣武门内海会寺，同憨璞聪和尚见面，两人悟谈，禅心相印。随后顺治帝召憨璞聪入宫。顺治帝又在西苑（今中南海）万善殿，召见憨璞聪和尚，请教佛法，并赐以"明觉禅师"封号。顺治帝对佛法愈修愈虔，愈信愈诚。他还召见玉林琇、木陈忞、（苐，áng）溪森等和尚，让他们在宫里讲经说法。顺治帝请玉林琇为他起法名，他选了个"痴"字，于是取法名"行痴"、法号"痴道人"。玉林琇称赞顺治帝是"佛心天子"，顺治在这些和尚面前自称弟子。

顺治帝有剃度出家的念头。有一次他对木陈忞说，朕想前身一定是僧人，所以一到佛寺，见僧家窗明几净，就不愿再回宫里。要不是怕皇太后挂念，我就要出家了！在爱妃董鄂氏死后，他万念俱灰，要遁入空门。有记载统计，他在两个月里，先后38次到高僧禅舍，相访论禅，彻夜交谈，沉迷于佛的世界。顺治帝命苐溪森和尚为自己净发，要放弃皇位，身披袈裟，孑身修行。苐溪森开始劝阻，顺治帝不听，只好为他剃

西苑万善殿内佛塔（1900 年）

顺治帝笃信佛教，图为顺治时期的西藏金嵌松石珊瑚坛城（现藏台北故宫博物院）

发。这一下皇太后着急了，火速叫人把茆溪森的师父玉林琇召到京城。玉林琇到北京后见到弟子茆溪森为当今皇上剃发，立即命人架起柴堆，要烧死茆溪森。顺治帝见此情景，万般无奈，表示不出家了。

顺治帝是个任性、脆弱、多情、善愁的少年天子。他接连受到悲情打击——爱子夭折，爱妃死亡，乳母病故，自杀不成，出家也不成，极度忧伤下精神备受折磨，他骨瘦如柴的身体骤然垮了！董鄂妃死后刚过百天，"痴情天子"顺治帝，因患天花，医治无效，崩于养心殿。据有的书记载，顺治帝就是死在养心殿东暖阁里间挂帷帐的龙床上。顺治帝是死于天花，不是出家了，这有根据吗？有。

第一，正史记载。顺治十八年（1661 年）正月"丁巳（初七日）夜子刻，上崩于养心殿。"（《清世祖实录》卷一四四）

第二，宫廷佐证。因顺治帝患天花，清廷禁止民间炒豆。

第三，直接笔证。顺治帝病危时，翰林院掌院学士王熙起草《遗诏》。《王熙自定年谱》记载了这件事情：顺治十八年正月初二日，顺治帝突然病倒，病情严重。第二天，召王熙到养心殿。初六日子夜，又召王熙到养心殿，说："朕患痘，势将不起。尔可详听朕言，速撰诏书。"王熙退到乾清门下西围屏内，根据顺治帝的口授撰写《遗诏》，写完一条，立即呈送。一天一夜，三次进览，三蒙钦定。《遗诏》到初七日傍晚撰写并修改完毕。当夜，顺治帝就去世了。

第四，遗体火化。顺治帝临终谕将火化遗体："祖制火浴，朕今留心禅理，须得秉炬法语……"茚溪森和尚圆寂前作偈语说："大清国里度天子，金銮殿上说禅道！"

第五，景山秉炬。顺治帝死后遗体被火化，由茚溪森和尚主持。四月十七日，茚溪森和尚在景山寿皇殿，为顺治帝遗体秉炬火化。茚溪森圆寂后，其门人超德等编《明道正觉茚溪森禅师语录》记载了有关的事。

第六，典籍记述。《五灯全书》引茚溪森语录云：世祖遗诏，召师（茚溪森）至景山寿皇殿秉炬，曰：释迦涅槃，人天齐悟。先帝火化，更进一步。顾左右曰：寿皇殿前，官马大路。遂进炬。

第七，《遗诏》为证。顺治帝的《遗诏》十四条，像临危病人的遗言，而不像出家前的留言。

第八，五台反证。康熙帝奉孝庄太皇太后到五台山，是在康熙二十二年（1683年），他先去探路，后奉太皇太后前去，但"太皇太后以道险回銮"，康熙帝登上五台山。这启发人们思考：母亲看儿子、儿子看父亲，怎么会是在顺治帝"出家"22年后才去呢？显然不近情理。

不仅顺治帝死于天花，同治帝也死于天花。同治帝6岁继承皇位，18岁亲政，第二年就死在养心殿东暖阁里间的龙床上，年19岁。继位的是四岁的载湉，就是光绪皇帝。

此外，还有一位幼帝就是宣统皇帝溥仪。3岁登极，太后和亲王辅政。于是，晚清出现著名的三位太后。

二 三 位 太 后

养心殿东暖阁是晚清半个世纪朝廷权力中心。养心殿东暖阁发生清宫慈安太后、慈禧太后和隆裕太后的故事。

咸丰十一年（1861年），咸丰帝在避暑山庄烟波致爽殿病死，六岁的载淳即位，就是同治帝。皇后钮祜禄氏和懿贵妃叶赫那拉氏并尊为皇太后，就是慈安皇太后和慈禧皇太后，俗称东太后和西太后。这时慈安太后25岁，慈禧太后27岁，恭亲王奕訢30岁。慈安太后、慈禧太后与恭亲王奕訢共同发动宫廷政变，处置顾命八大臣，夺取政权，因是辛酉年在京发生的政变，所以史称"辛酉政变"或"北京政变"。通过政变夺得政权，实行两宫太后垂帘听政之制。但是，清朝宫廷规定，后宫不能干政。孝庄太后那么老的资格（五朝），那么高的地位，也只是在慈宁宫训政，而没有在前台执政。两宫太后不顾祖制，在养心殿垂帘听政。虽然垂帘听政曾有历史先例，但这在清朝是改变祖制的大事。

垂帘听政是新事物，两宫太后也在学习。如慈安、慈禧两太后命南书房、上书房的翰林，将历代帝王执政及前史垂帘的事迹，选取可为法戒的内容，简明注释，汇册进呈。于是礼部侍郎张之万等汇纂成书，赐名《治平宝鉴》。（《清穆宗实录》卷二十三）翁同龢在帘前向两宫太后讲《治平宝鉴》。光绪年间，南书房翰林编撰《书经图说》，将《尚书》编成图文并茂的书，排日进讲，书成颁行。

垂帘听政，就是小皇帝同治或光绪，被抱在养心殿的宝座上，像个木偶似的坐着，后面坐着慈安太后和慈禧太后（慈安太后死后为慈禧太后一人），皇帝和太后之间，被一道黄色帘子隔着，大臣们启奏军政国事，太后隔着帘子发布指示，就是懿旨，议政大臣或摄政大臣、军机大臣或大学士，则聆听太后的训示。

从此，每日召见议政王、军机大臣，内外章奏，太后览阅，大臣拟旨，翌日进呈，以帝名义，颁示中外。两太后垂帘听政12年，后归政同治帝，但同治帝亲政一年即病死。又以同治帝堂弟、慈禧太后内侄、4岁的载湉继承皇位，这就是光绪帝。于是，两太后继续垂帘听政。光绪七年（1881年），慈安太后死，慈禧太后独揽朝纲。慈禧太后从咸丰十一年（1861年）垂帘听政，到光绪三十四年（1908年）死去，实际总揽清朝政权达 48 年之久。

在中国近代史上，在晚清半个世纪里，主要是慈禧太后掌控朝纲，主宰大清国运，这不仅是清朝的一场悲剧，而且是中华的一场悲剧。

慈禧太后当权半个世纪，清朝对外签约、割地、赔款、屈辱，对内压迫、搜刮、专制、屠杀——中国陷入五千年文明史上最黑暗的深渊。影响中国近代历史进程的许多重要人物、重大事件，几乎都与养心殿、西太后有直接或间接的联系。具体说来，慈禧有"八个不该"。

慈禧"八个不该"是：（1）不该对议政王奕䜣用之招来，否则弃去；（2）不该对同治帝过于放纵，恋权不交；（3）不该选择 4 岁载湉继位，重血缘而轻社稷；（4）不该一再推迟光绪帝大婚，恋权而不还政；（5）不该发动戊戌政变囚禁光绪帝，影响近代化进程；（6）不该用义和拳反洋人，酿成八国联军入侵大祸；（7）不该"量中华之物力，结与国之欢心"；（《清德宗实录》卷四百七十七）（8）不该懿旨 3 岁的幼帝溥仪为国主，而无视世界民主的潮流——总之，以慈禧太后为代表的清廷保守顽固腐朽势力，拒绝政体改革，加速清朝覆亡。满洲特权贵族一伙是阻挡中华历史车轮前进的罪人！

皇帝寝宫在养心殿后殿，东西五间，一字排开。寝宫的陈设，在同治帝时多至 724 件，富丽堂皇，奢靡豪华。寝宫的正间，设坐炕一铺，中为桌案，两侧设座椅。皇帝的"龙床"，分置在东西两梢间：一在东梢间，屋里通体镶嵌着玻璃水银镜；另一在西梢间，屋内安着碧纱槅扇——夜间两屋的床幔同时放下，以防不测。寝宫东侧的体顺堂，是皇后在养心殿和皇帝共同生活的寝室，慈安太后在此居住过；西侧的燕喜堂，是妃嫔侍寝的卧室，慈禧太后在此居住过。一般妃嫔侍寝的值房，在体顺堂和燕喜堂的东西围房。

清宫最后一位皇太后是隆裕太后，她的悲剧不仅表现在婚姻不如意，中年守寡，而且表现在抚育幼帝，签署《逊位诏书》。

前述四位幼帝，三位太后，必然出现三位亲王辅政。

三 两位亲王

养心殿东暖阁是清末两位亲王辅政悲剧的历史见证。养心殿见证了清朝嘉（庆）、道（光）、咸（丰）衰落，同（治）、光（绪）、宣（统）覆亡的历史，隆裕太后《逊位诏书》，则是在养心殿签署的。

咸丰帝31岁病死，其后三帝——同治帝6岁、光绪帝4岁、宣统帝3岁做大清的国主，三位寡妇——慈安、慈禧、隆裕做大清的主宰，三位亲王辅政，其中恭亲王奕䜣下文会详细介绍。另两位窝囊亲王——醇亲王奕𫍣和他的儿子醇亲王载沣执掌大清的朝纲，皇权掌握在这三个孩童、三个寡妇、两个亲王手里，这就表明：清朝气数已尽，清廷大厦倾覆，清帝皇权结束，已为历史定数。在清末民初的日历上，有三个重要的日子：

宣统三年八月十九日（1911年10月10日），同盟会组织武昌新军起义，起义军成立湖北军政府，黎元洪为都督。随之，湖南等十三省相继响应，宣布独立，清政府迅速解体。不久，各省代表到南京开会，推选孙中山为临时大总统，决议改用公历纪年。本年为辛亥年，史称这年的鼎革之变为辛亥革命。辛亥革命敲响了清王朝的丧钟。

宣统三年十一月十三日（1912年1月1日），孙中山在南京就任中华民国临时大总统，宣告中华民国成立。此间，袁世凯与孙中山密商，孙中山许袁世凯继任大总统。

宣统三年十二月二十五日（1912年2月12日），以宣统帝奉隆裕太后懿旨的名义，颁

清代皇帝御用朝冠（现藏台北故宫博物院）

大故宫
2

布宣统皇帝逊位诏书，宣告清朝退出历史舞台。从此，结束了 268 年的清朝统治，也结束了中国两千多年的帝制。[①]

《逊位诏书》由张謇幕僚杨廷栋提刀（或说张謇、杨度、雷季馨起草）。杨廷栋，清末举人，曾留学日本。归国之后，以其知识渊博、思维敏捷、文笔流畅、胸有城府，而为张謇所器重。廷栋受命起草诏文后，经张謇润色，袁世凯审阅，隆裕太后发布。《逊位诏书》最后说："予与皇帝得以退处宽闲，优游岁月，长受国民之优礼，亲见郅治之告成，岂不懿欤！"一代皇朝之终结，中华两千年帝制之总结，32 个字，说得如此之轻松，如此之清雅，极致文思，颇为得体，可谓大格局，亦为大手笔！清廷和民国各做妥协，和平协商，实现过渡，是有利于中华的善举，也是值得肯定的智慧。

覆巢之下，没有完卵。同、光、宣三皇帝，慈安、慈禧、隆裕三太后，恭亲王奕䜣、醇亲王奕譞、醇亲王载沣三亲王，都是养心殿挽歌的作者、悲剧表演者，也都是大清朝的殉葬品。清末最高执政层有五个特点：一是君主 6 岁无知孩童；二是摄政王载沣庸懦；三是皇太后柔弱；四是宣统三年（1911 年）军机大臣 4 人、立宪内阁 4 人，其中各有 3 人为满洲贵族；五是庆亲王、首席军机大臣、内阁总理大臣奕劻，为乾隆帝第十七子永璘后裔，奸猾无能，贪婪纳贿，奢侈挥霍、渔色无度，过生日时收某人贿银 10 万卖官，将私产 120 万交东交民巷英国汇丰银行收存（《清史稿》卷二百二十一）；六是皇家载沣、载洵、载涛等庸辈掌控实权。

---

① 宣统皇帝《逊位诏书》文曰：前因民军起事，各省响应，九夏沸腾，生灵涂炭。特命袁世凯遣员，与民军代表，讨论大局。议开国会，公决政体。两月以来，尚无确当办法。南北睽隔，彼此相持。商辍于途，士露于野。徒以国体一日不决，故民生一日不安。今全国人民心理，多倾向共和。南中各省，既倡议于前，北方诸将，亦主张于后。人心所向，天命可知。予亦何忍因一姓之尊荣，拂兆民之好恶。是用外观大势，内审舆情，特率皇帝将统治权公诸全国，定为立宪共和国体。近慰海内厌乱望治之心，远协古圣天下为公之义。袁世凯前经资政院选为总理大臣，当兹新旧代谢之际，宜有南北统一之方，即由袁世凯以全权组织临时共和政府，与民军协商统一办法。总期人民安堵，海宇义安。仍合满、汉、蒙、回、藏五族完全领土为一大中华民国。予与皇帝得以退处宽闲，优游岁月，长受国民之优礼，亲见郅治之告成，岂不懿欤！

清帝退位诏书

这样一个大清枢密核心，不可能进行体制改革，也不可能走向共和，只有一条路可走——清朝灭亡，结束帝制。

这个历史教训，就是"率祖旧章"，通俗地说就是"祖宗之法不可变"。当年清朝"二祖一宗"——清太祖努尔哈赤、太宗皇太极、世祖福临，靠八旗制度打天下，这是其成功的枢机，也是其胜利的保证。基本历史经验正如《周易》所说：天行健，君子以自强不息；地势坤，君子以厚德载物。晚清，他们既忘天，也忘地。为什么说忘了天呢？清朝开国两位君主的年号不是"天命"、"天聪"吗？这个"天"，今人理解，就是司马迁"究天人之际，通古今之变"的"天时"，就是《老子》所说"动善时"的"天时"，也就是当下所说的"与时俱进"的"天时"。他们却故步自封，不求图新。为什么说忘了地呢？清朝末世的四位君主、三位太后、三位亲王，没有"厚德载物"，只考虑爱新觉罗宗室与贵族的利益，而不顾及四万万民众的利益。水能载舟，也能覆舟。最后，他们因不能与时俱进，不能弃旧图新，不能改革八旗制度，不能割舍贵胄特权，而被历史抛弃，被天地抛弃，被民众抛弃，被时代抛弃。

历史因缘，六始六终，轮回巧合，令人遐思：顺治六岁始，宣统六岁终；睿王摄政始，醇王摄政终；孝庄懿政始，隆裕懿政终；皇后叶赫始，皇后叶赫终；八王议政始，御前会议终；太祖抚顺起兵始，末帝抚顺监狱终。

养心殿里奏响了大清皇朝寿终正寝的挽歌。

第三十三讲　东西六宫

以后三宫为主体、东六宫和西六宫为两翼的帝后生活区，众多后妃、太监、宫女，她（他）们生命的圭臬是：惟以一人治六宫，皆以六宫奉一人。嘉靖帝祖母兴献后说："女子入宫，无生人乐。"在这里上演了一幕幕后宫的悲喜剧——虽有后妃的丰衣足食，更有她们的孤灯长夜；虽有妃嫔短暂的青春欢笑，更有她们无尽的悲苦泪水。东西六宫既是帝制时代君主的天堂，更是高墙之内妃嫔的炼狱。

第三十三讲　东西六宫

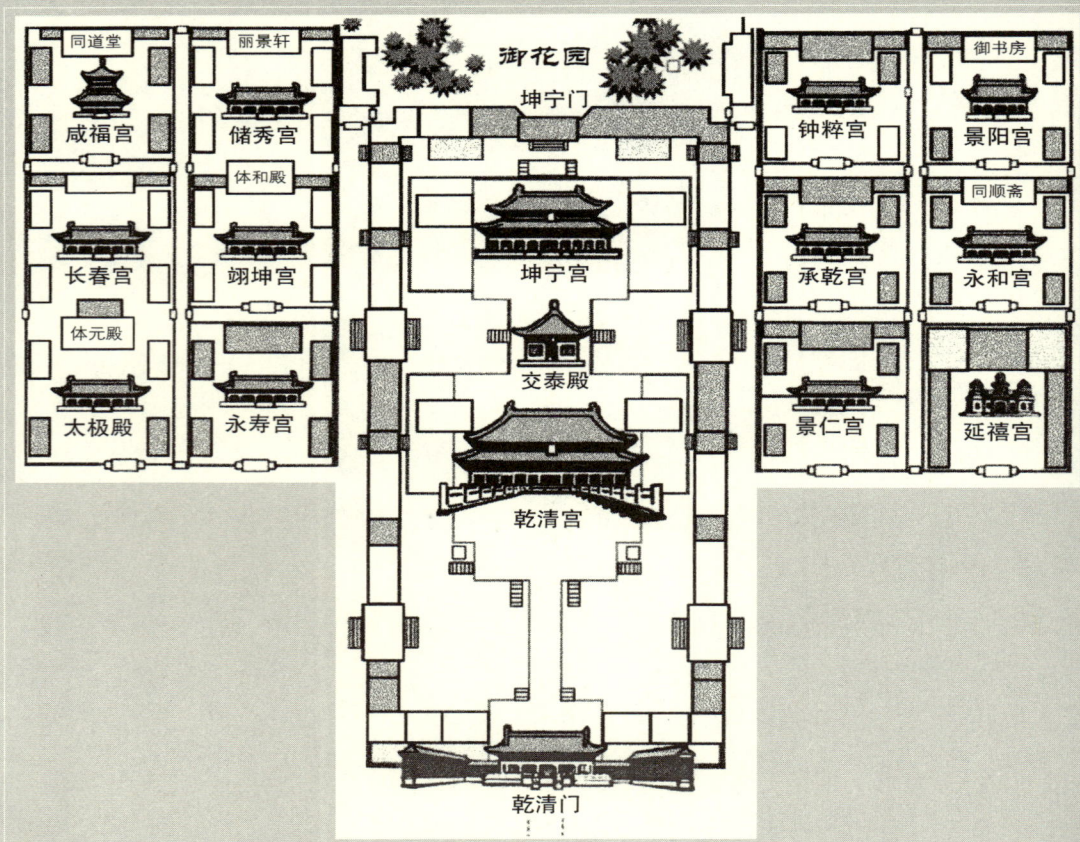

后三宫及东西六宫平面示意图

明清皇宫的后宫，最尊贵的部分是位于中轴线上的后三宫，即乾清宫、交泰殿和坤宁宫。明朝皇帝住乾清宫，皇后住坤宁宫，但清朝从雍正帝开始住养心殿，而皇后只在大婚时住坤宁宫三天，其余时间也不住坤宁宫。清朝皇后住在哪里？明清皇帝众多妃嫔住在哪里？主要是住在东西六宫。《清宫词》说："长街深邃列西东，绮馆椒庭署后宫。答应更兼常在号，汉家增级位须同。"本讲从东西六宫布局开始介绍。

一　六宫布局

　　打开故宫平面图，可以清晰地看到，在后三宫的东西两侧，各有六组宫院，像棋盘格一样，左右对称，整齐排列，彼此封闭，自成院落。这十二组宫院，没建在高台上，所以比后三宫低矮，各宫院建筑体量，

东二长街是后三宫东侧一条南北走向的长街，光绪帝幼时曾在此学骑马

也明显小于后三宫。这十二组宫院就是东六宫和西六宫。

东六宫的格局：在后三宫的东侧，有一条南北走向的长街，因在东面第一街，故称为东一长街，长街东侧，由南而北，布列着三组院落，即景仁宫、承乾宫、钟粹宫。再往东，又有一条南北走向的长街，称东二长街（光绪帝少时曾在长街学骑马），长街东侧，由南而北，也布列着三组院落，即延禧宫、永和宫、景阳宫。合起来东边共有六座宫院，就是东六宫。

西六宫的格局：在后三宫的西侧，同样有一条南北走向的长街，因在西面第一街，故称为西一长街，长街西侧，由南而北，布列着三组院落，即永寿宫、翊坤宫、储秀宫。再往西，又有一条南北走向的长街，称西二长街，长街西侧，由南而北，也布列着三组院落，即太极殿（启祥宫）、长春宫、咸福宫。合起来西边共有六座宫院，就是西六宫。西六宫院，清既承明制，又有所改动。如储秀宫和翊坤宫，前后院开通，拆除储秀门，改建体和殿。又如启祥宫改为太极殿，长春宫和太极殿，也前后开通，拆除长春门，改建体元殿。

东西六宫的名称，自明永乐年间确定后，在嘉靖朝做过改变，后来鲜有改变，清朝沿袭了明朝后期的宫名。

东西六宫，建筑格局，占地面积，大体相同。每座宫院，占地深广各 50 米，面积约 2500 平方米，四围院墙，形成四合院落。院内格局，宫门居中，分前后两进院——前院，正殿面阔五间（景阳宫和咸福宫各减为三间），黄琉璃瓦歇山式顶，东西各有配殿，均为三间。两山设卡墙便门通往后院。后院，后殿面阔五间，两侧有耳房，东西配殿，也各三间，均为黄琉璃瓦硬山式顶。院里有井一眼、井亭一座。

东西六宫有两个特点：一是向心性强。东西六宫十二座宫院重心都朝着一个方向，就是后三宫。二是宫禁森严。墙院高深，各自独立，庭院深深，门户重重，彼此隔离，私密性强。我数了一下：东西六宫主要的门现有 41 座，夜间每座宫门、每道长街门是关闭的。门的名称，寄托着皇家的期待：有祈子的，如百子门、千婴门、螽（zhōng）斯门；有祈福的，如长康门、迎祥门、增瑞门等。

大故宫
2

东西六宫墙院高深、各自独立、门户重重、彼此隔离、私密性强，图为西六宫

东西六宫除建筑布局之外，还有四个"统一"。

其一，统一匾额。乾隆六年（1741年），乾隆帝为这十二座宫院题写匾额，并颁谕旨："御笔匾十一面，著挂于十二宫。其永寿宫现在有匾。此十一面匾，俱照永寿宫式样制造。自挂之后，千万年不可擅动，即或嫔妃移住别宫，亦不可带往更换。"

其二，统一家具。十二座宫院，各设三屏峰照壁一座（紫檀木边座漆心染牙竹林飞鸟五屏风），地平一分，随毡宝座一分（紫檀雕花宝座），随褥铜炉瓶一分，随香几一对（紫檀），铜角端炉一对，随香几一对，铜垂恩香筒一对（珐琅亭式香筒），铜火盆一对，大柜一对，大案一对，随陈设六件。（《钦定官中现行则例》）又谕旨：十二宫陈设器皿等件，布置停妥，永远不许移动，亦不许收贮。

其三，统配门神。塑造将军或福判、仙童、钟馗各成对偶，高二尺许，用金彩装画如门神，黑面黑手，名曰"彩妆"。每年于十二月二十四日，安于宫殿各门两旁，至次年二月初二日抬回本厂，修补装新，明年再用。魏忠贤擅政时，各增大到八九尺或丈余，穿上真正绫罗绸绢，佩带真正弓矢，须眉直竖，猛恶如生，所费昂贵。

其四，统发《宫训图》。乾隆间，以古代著名后妃美德为范本，绘《宫训图》十二幅，遇年节张挂，事毕收藏于景阳宫的学诗堂。(《养吉斋丛录》)。配赞四言十二句，赞扬榜样，告诫后妃永远效法。《清宫词》云："瑶星坤极霭祥光，宫训图成十二章。岁岁春朝重展现，云缣深护学诗堂。"[1]

明清 500 年间，在进入东西六宫之前，后妃们是怎样被选进宫里的呢?

二 选 妃 选 秀

明代后妃的挑选分两种情况。其一，太子或皇子选妃，由皇后或太后在官员或其他殷实家庭中选择，为嫡妃或侧妃，太子或皇子继承皇位后即册封为皇后或贵妃或妃嫔。其二，皇帝后妃的选择，在贵族或官员或殷实家庭中选择，册立为皇后、妃、嫔等。而后，妃嫔的选择，不定期地由贵族、官员、殷实人家的淑女中挑选，也在宫女中挑选。如嘉靖帝的"九嫔"就是从各地淑女海选中，层层挑选，最后由皇太后和皇帝确定的。(《明世宗实录》卷一百二十二)

明朝皇帝为"慎选淑女，以求广嗣"，在全国广泛选择淑女，以备充实后宫。如明嘉靖朝，在九年（1530 年）十一月，奉旨"采选淑女于京城内外，得一千二百五十八人"（《明世宗实录》卷一百十九）；十五年

---

① 《十二宫训图》及其宣扬的女性美德是：（1）景仁宫《燕姞梦兰图》（愿景），（2）承乾宫《徐妃直谏图》（忠直），（3）钟粹宫《许后奉案图》（尊老），（4）延禧宫《曹后重农图》（勤劳），（5）永和宫《樊姬谏猎图》（劝谏），（6）景阳宫《马后练衣图》（节俭），（7）永寿宫《班姬辞辇图》（知礼），（8）翊坤宫《昭容评诗图》（读书），（9）储秀宫《西陵教蚕图》（创新），（10）启祥宫《姜后脱簪图》（相夫），（11）长春宫《太姒诲子图》（教子），（12）咸福宫《婕妤当熊图》（勇敢）。

（1536年）五月，户部主事贾士允等奉命"还取山东、河南、北直隶（今河北一带）等地方淑女刘氏等八十八人到京，诏由东华门引入大内"（《明世宗实录》卷一百八十七）；十九年（1540年）五月，"诏选京城内外淑女一百名"（《明世宗实录》卷二百三十七）。仅以上三次，共选取淑女1446人。这些人进入皇宫再经过严格挑选后，有的明确记载成为嫔，其余是留在宫里做宫女，还是发送回家，史料记载不详。又据载：嘉靖三十一年（1552年）冬，命京师内外选女八岁至十四岁者三百人入宫。（沈德符《万历野获编》）做什么呢？嘉靖帝信方术，为采经血，炼丹药，求长生而用。

再举天启帝选淑女的事例。据史书记载：天启元年，天启帝将举行大婚，先期选天下淑女十三岁至十六岁者，集京师者五千人。他们经过严格筛选：先是，分遣太监初选，每百人一组，内监观察其高、矮、胖、瘦，遣归者千人；继是，太监察视淑女的耳、目、口、鼻、发、肤、腰、领、肩、背等，有一项不合法相者去之，去者复二千人；又是，由太监拿量器，测量女子的手足，量毕复使周行数十步，以观其丰度等，淘汰者复千人。再是，遣老宫娥引淑女到密室，探其乳，嗅其腋，扪其肌理，入选者得三百人。后是，在宫中考察其性情、诗书、修养等，入选者仅五十人。（纪昀《明懿安皇后外传》）从海选得到的五千人，再经过多次筛选，最后选中五十人，真可谓百里挑一。

清朝后妃的选择，也是有两种情形。其一，皇子的嫡福晋和侧福晋，由皇帝和皇后、皇太后指定，皇子继承皇位后，嫡福晋册为皇后，侧福晋册为妃。其二，原是幼帝的如顺治、康熙、同治、光绪、宣统，其大婚的后妃是由皇太后或太皇太后在贵族和官员女儿中挑选的。而后，妃嫔的主要来源是秀女。皇帝选看秀女的规定，分为两类：

一类是，每三年一次，按例引看八旗秀女，经奏准钦定选看秀女的时间和地点。届时，由宫殿大太监率领各处太监，引领秀女，进行选看，然后引出，分别赏给饭食和车马银。所选取的八旗秀女，分别作为妃、嫔、贵人等的候选人，或者给近支宗室子弟指婚。

二类是，每年一次，按例引看内务府所属内佐领下的秀女，经奏准

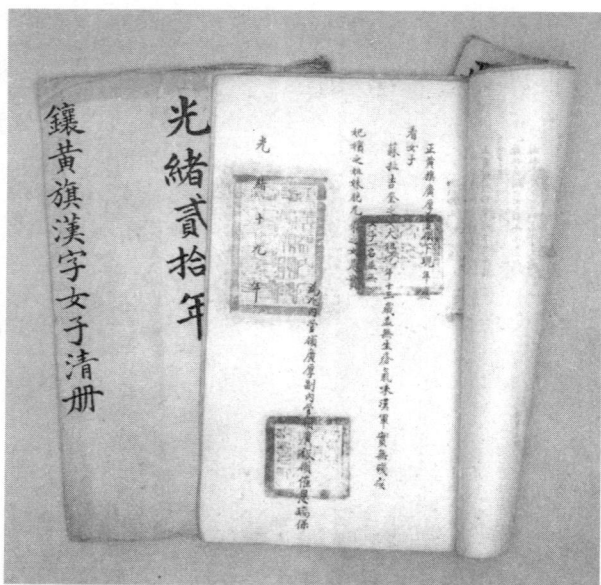

光绪十九、二十年选宫女的清册

钦定选看秀女的时间和地点。届时，由宫殿大太监率领各处太监，引领秀女，进行选看，然后引出，分别赏给饭食和车马银。每年一次所选内务府所属的秀女，则补充为内廷各主位下随侍的宫女。宫女到 25 岁遣还本家，任凭婚嫁。以上两方面 13 岁以上秀女，经选验未中者可聘嫁，未经选阅者一律不准私自婚聘，违者严加议处。

后妃选入宫中，入住东西六宫。庞大复杂的后宫，是怎样管理的呢？

三 后 妃 管 理

中国历代帝王，规定后妃管理制度，大体相同，各有差异。自秦到清，历代君王，通过迎娶人数众多的嫔妃，既为了满足皇帝淫欲，也为了繁盛子孙，于是有三宫六院七十二妃的说法，并有后宫佳丽三千的传说。皇帝后妃到底有多少人？是怎样管理的？

明太祖朱元璋当上皇帝后，要大臣研究历代后宫制度。大臣奏报

大故宫
2

说："周制，后宫设内官以赞内治。汉设内官一十四等，凡数百人。唐设六局二十四司，官凡一百九十人，女史五十余人，皆选良家女充之。"（《明史·后妃传》卷一百一十三）朱元璋认为上述人数太多，当朝应比唐朝减少一百四十余人。实际上后宫妃嫔有多少，谁也说不清，许多皇帝也说不清楚。

开国立规，非常重要。朱元璋鉴于前代女祸，他采纳翰林学士朱升的奏议，说："治天下者，正家为先。正家之道，始于谨夫妇。"怎样做呢？立纲纪，严内教：第一，后妃母仪天下，不可干预政事。明朝没有出现太后垂帘听政的事。第二，规定后妃职责，服侍皇帝宫寝。第三，制定铁质饰金红牌，镌刻戒谕后妃纪律，悬于各宫。第四，自后妃以下至嫔御等，衣食、器用、金银等供应，都按级别施行供给制。第五，禁止内外书信交往，有则论死。所以，"终明之代，宫壸肃清，论者谓其家法之善，超轶汉、唐。"（《明史·后妃传》卷一百一十三）明朝的后宫，有两个特点：没有出现母后专权和外戚专权的乱象。

后妃史料，少之又少。譬如孝庄太皇太后，身历天命、天聪、崇德、顺治、康熙五朝，享年75岁，两辅幼主顺治帝和康熙帝，《清史稿·孝庄文皇后传》才只有941个字。又如康熙帝的妃子，有的只有六个字记载："陈氏，子一，常宁。"还有四个半字的记载："张氏，女一。"那"半"个字是怎么回事呢？因为连着记载四个没有名号的生女儿的，这些女儿"皆殇"，都早死，四个人仅用两个字，平均每人半个字，所以每人"四个半字"。妃嫔如果没有生育子女，又没有特殊事迹的，则一字不记。《明史·后妃传》说：只记载位居正号的后妃，或有特殊事情发生过的妃嫔，否则不记。

制定宫规，严格管理。清朝制定《钦定宫中现行则例》，长达828页。后妃管理基本上是"四定"：这就是定编制、定级别、定待遇、定规矩。

其一，定编制。明朝后妃不定编，但清朝定编。清朝康熙以后，后宫典制大备。规定皇后一人，皇贵妃一人，贵妃二人，妃四人，嫔六人，贵人、常在、答应、学生无定数，分居东西六宫。（《清史稿·后妃传》卷二百

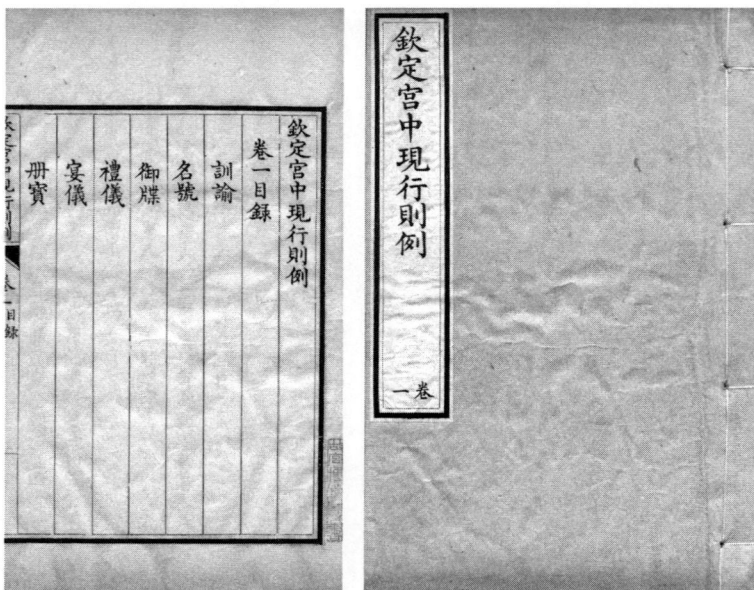

后妃待遇有严格的等级，《钦定宫中现行则例》中有后宫的编制、级别、待遇、规范等

十四）。当时叫做名分，其实嫔以下的等级名分，并不严格，也有变化。清朝后妃最多的是康熙帝和乾隆帝。康熙帝有记载的41人，乾隆帝有记载的29人。最少的是光绪帝，只有一后（叶赫那拉氏）、二妃（瑾妃和珍妃）。东西六宫中每一座宫院，有一个正位，或皇后，或皇贵妃，或贵妃等。其他妃、嫔、贵人、常在等按照等级，分住东西配殿等房间。皇帝一般是不到六宫就寝的。被侍寝的妃嫔，要到皇帝的寝宫，如乾清宫东暖阁、养心殿后寝殿等，侍寝后回到自己原住的宫院。

其二，定级别。明朝的后妃，分十四等级：皇后、皇贵妃、贵妃、嫔、才人、婕妤、昭仪、美人、昭容、选侍、淑女等名分或等级，但各朝有变化，不是一成不变。

六宫配置，主要一是人，二是物。先说人，后说物。

妃嫔的服侍人员，主要是太监和宫女。太监，每宫配置首领太监二名（八品侍监），每月银四两，米四斛，公费银七钱三分三厘；太监十二名，每月银二两，米一斛半，公费银六钱六分六厘。他们的职责是

"本宫陈设、洒扫、承应传取、坐更等事"。(《国朝宫史》卷二十一) 其太监和宫女的配置，参见下表：

级别	设太监	设宫女
皇后	12 人	10 人
皇贵妃	12 人	8 人
贵妃	12 人	8 人
妃	10 人	6 人
嫔	8 人	6 人
贵人	4 人	4 人
常在	3 人	3 人
答应	1 人	2 人

其三，定待遇。后妃待遇，有严格的等级。她们吃饭、穿衣、喝茶、零用等开销，都是按级别实行供给制。自皇后至答应，她们的工资称为"宫分"，级别差异，非常之大。我以皇后和常在为例做个介绍。

皇后宫分：

每年：银 1000 两，大卷江绸 2 匹，妆缎 4 匹，倭缎 4 匹，闪缎 3 匹，金字缎 2 匹，云缎 7 匹，衣素缎 4 匹，蓝素缎 2 匹，帽缎 2 匹，杨缎 6 匹，宫绸 2 匹，纱 8 匹，里纱 8 匹，绫 8 匹，纺丝 12 匹，杭细 8 匹，绵绸 8 匹，高丽布 10 匹，三线布 5 匹，毛青布 40 匹，粗布 5 匹，金线 20 绺，绒 10 斤，棉花线 6 斤，棉花 40 斤，里貂皮 40 张，乌拉貂皮 50 张。

每日：盘肉用猪肉 166 斤，羊肉 1 盘，小牲口 2 只，新粳米 1 升 8 合，黄老米 1 升 3 合 5 勺，高丽江米 1 升 5 合，粳米面 1 斤 8 两，白面 7 斤 8 两。麦子粉 8 两，豌豆菜 3 合，白糖 1 斤，盆糖 4 两，蜂蜜 4 两，核桃仁 2 两，松仁 1 钱，枸杞 2 两，晒干枣 5 两，猪肉 9 斤，猪油 1 斤，香油 1 斤 6 两，鸡蛋 10 个，面筋 12 两，豆腐 1 斤 8 两，粉锅渣 1 斤，甜酱 1 斤 6 两 5 钱，青酱 1 两，醋 2 两 5

钱，鲜菜 15 斤，茄子 20 个，王瓜 20 条，三两重白蜡 1 支，一两五钱重白蜡 4 支，一两五钱重黄蜡 4 支，一两五钱重羊油蜡 10 支，羊油更蜡 1 支（夏例 5 两，冬例 10 两），红箩炭夏例 10 斤、冬例 20 斤，黑炭夏例 50 斤、冬例 60 斤。①

常在宫分：

每年：银 50 两，大卷八丝缎 1 匹，大卷五丝缎 1 匹，云缎 1 匹，衣素缎 1 匹，蓝素缎 1 匹，春绸 1 匹，宫绸 1 匹，纱 1 匹，绫 1 匹，纺丝 2 匹，棉花 3 斤。

每月：小牲口 5 只，羊肉 15 盘。

每日：猪肉 5 斤，陈粳米 1 升 2 合，白面 2 斤，白糖 2 两，香油 3 两 5 钱，豆腐 1 斤 8 两，粉锅渣 8 两，甜酱 6 两，醋 2 两，鲜菜 6 斤，茄子 6 个，王瓜 5 条，一两五钱重黄蜡 2 支，一两五钱重羊油蜡 1 支，黑炭夏例 10 斤、冬例 20 斤。

可以看出，后妃各个级别之间待遇差别很大，这就促使后妃们拼命争宠，因为只有皇帝才可以提拔自己，才可以让自己怀孕、生龙育凤。

待遇的差别不仅是宫分上的差距，而且配给各级别的生活用品（称为铺宫）、车舆、服饰等也都有很大差别。以皇后和常在的铺宫为例：

皇后铺宫：

玉杯金台盘 1 份，金执壶 2 把，金方 1 件，金盘 I5 件，金碟 6 件，金碗 5 件，金茶盅盖 1 个，嵌松石金匙 1 件，金匙 2 件，金三镶牙箸 1 双，金云包角桌 2 张，银方 1 件，银折盂 1 件，银盘 30 件，

---

① 明代宫中有管理用柴炭的机构，地址在皇城西安门外迤北的红箩厂。宫中所用的红箩炭，由易州（今河北易县）一带山中砍伐硬木烧成，先运到红箩厂，按尺寸锯截，每根长约一尺，圆径二三寸不等，编小圆红荆条筐盛之，故名"红箩炭"。按规定数发到宫中各处。红箩炭如经伏雨淋湿，着火气太炽，多能使人眩晕、昏迷发呕，婴幼皇子皇女或中此毒而夭折。这可能是一氧化碳中毒，古人不明其中道理。

银碟 10 件，银碗 10 件，银茶盅盖 8 个，银匙 10 件，银三镶牙箸 8 双，银茶壶 3 把，银背壶 13 把，银铫 2 个，银火壶 3 把，银锅 2 口，银罐 2 个，银杓 3 把，铜象鼻提炉 1 对，铜八卦炉 2 个，铜手炉 2 个，铜瓦高灯 4 个，铜遮灯 1 对，铜蜡签 14 个，铜剪炷罐 6 份，铜签盘 5 个，铜舀 2 把，铜簸箕 1 个，锡盆 10 个，锡奠池 2 个，锡茶碗盖 5 个，锡茶壶 30 把，锡背壶 4 把，锡火壶 2 把，锡坐壶 8 把，锡里冰箱 2 个，锡屉钻 2 个，铁八卦炉 1 个，铁火炉 5 个，铁火罩 4 个，铁坐更灯 4 个，铁火镊 2 把，黄瓷盘 220 件，各色瓷盘 80 件，黄瓷碟 40 件，各色瓷碟 50 件，黄瓷碗 100 件，各色瓷碗 50 件，黄瓷盅 300 件，各色瓷盅 70 件，各色瓷杯 100 件，各色瓷渣斗 4 件，洋漆矮桌 2 张，各色漆盒 26 副，各色漆茶盘 I5 件，各色漆皮盘 25 个，戳灯 20 个，香几灯 10 个，羊角手把灯 4 把。

常在铺宫：

铜蜡签 1 个，铜剪炷罐 1 份，铜签盘 1 件，铜舀 1 把，锡茶碗盖 1 个，锡茶壶 2 把，锡铫 1 个，锡痰罐 1 个，镀银铁云包角桌 1 张，亮铁镊 1 把，五彩红龙瓷盘 2 件，各色瓷盘 8 件，五彩红龙瓷碟 2 件，各色瓷碟 4 件，五彩红龙瓷碗 4 件，各色瓷碗 10 件，五彩红龙瓷盅 2 件，各色瓷盅 6 件，漆茶盘 1 件，羊角手把灯 1 把。

即使是待遇最低的答应，也是衣食无忧。但是，她们的钱是不够用的。比如，过年节、过生日等要给太后、皇后送礼，要给太监、宫女赏钱，这些钱从哪里来？一是依靠平日积攒的私房钱（小金库）；二是靠皇帝按例恩赏；三是靠家里的接济；四是靠自己女红创收（通过太监卖出去）；五是皇帝赏钱，如侍寝时皇帝高兴给赏银（小费）等。

其四，定规矩。 内廷位次，明确有序。言行举止，遵守本分。谦恭和顺，接上以敬，待下以礼，非本宫的太监、宫女，不可擅自使令。

《钦定宫中现行则例》规定：内廷等位有父母年老者，或一年或数月，奉特旨许令会亲者，只许本生父母入宫。其慰问外家，年节许由各宫首领太监奉本主命前往，但不许宣传内外一切事情。各宫小太监，许于本宫掖门出入。首领太监，无事不许到本主屋内久立闲谈。

以上四条对于后妃而言，最重要的是名分、级别。妃嫔的晋级，并不论资排辈，是靠什么呢？一靠生育儿子，二靠皇帝喜欢，所以妃嫔就费尽心机，施展才华，讨得皇帝的宠爱和喜爱。妃嫔的最大利益来源，是皇帝的宠爱，因为只有皇帝宠爱才有可能多生育儿子，也只有皇帝宠爱才有可能多受封赐——晋升级别，多得赏赐。在一夫多妻制度下，受到皇帝的宠爱更加来之不易。为此，历代后宫，都演绎出不少惊心动魄的故事。

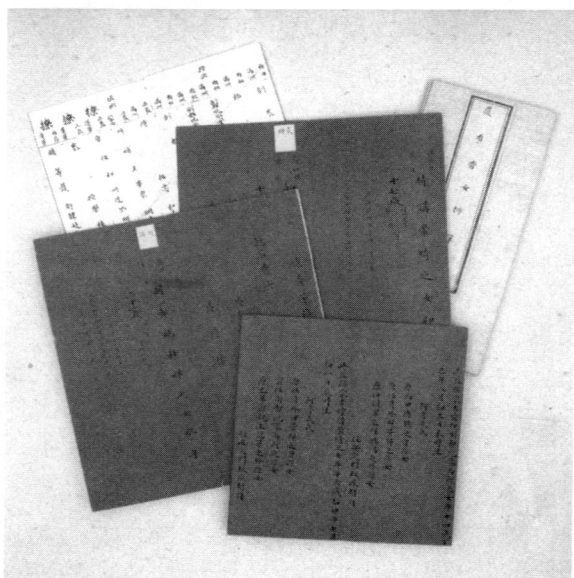

同治十一年（1872 年）选秀女排单

以后三宫为主体、东六宫和西六宫为两翼的帝后生活区，众多后妃、太监、宫女，她（他）们生命的圭臬是：惟以一人治六宫，皆以六宫奉一人。嘉靖帝祖母兴献后说："女子入宫，无生人乐。"在这里上演了一幕幕后宫的悲喜剧——虽有后妃的丰衣足食，更有她们的孤灯长夜；虽有妃嫔短暂的青春欢笑，更有她们无尽的悲苦泪水。东西六宫既是帝制时代君主的天堂，更是高墙之内妃嫔的炼狱。

第三十四讲 景仁福祸

人有因缘，事有因果。在景
仁宫里，美丽宫名后面，福祸相
因相果：胡后既当皇后又被"辞
职"，珍妃既受宠幸，又遭廷杖，
佟妃既生下"千年一帝"，又二十
四岁青春早逝，命运真是说不清
道不明。对待命运：或无力抗拒，
可广积善缘——等待时间和历史
给以公正！

第三十四讲　景仁祸福

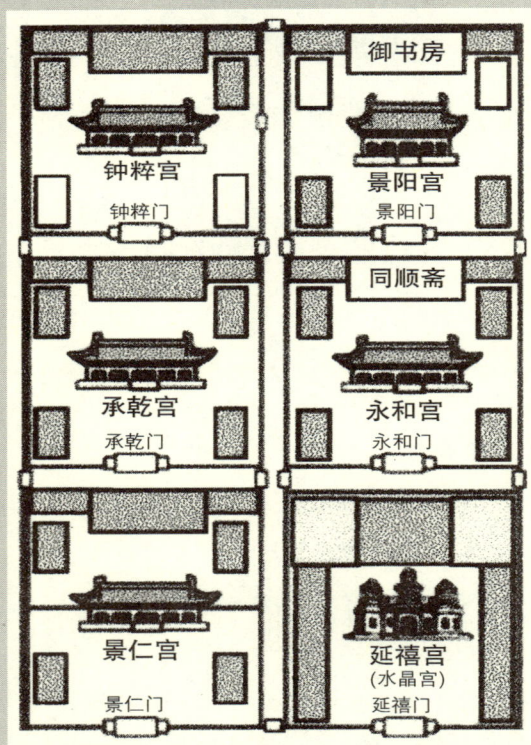

东六宫平面示意图

景仁宫是东六宫之一，位置在东一长街东侧最南边，距离乾清宫最近。这里曾经住过倒霉的后妃，如明宣德帝的胡皇后，还有光绪帝的珍妃等，也住过几位有福分的皇妃，如顺治帝佟妃在本宫里诞生皇子玄烨（康熙帝），雍正帝熹妃（乾隆帝生母），嘉庆帝贵妃钮祜禄氏也曾在景仁宫抚育幼年旻宁（道光帝）。

景仁宫的介绍，从《宫训图》"燕姞（jí）梦兰"的故事开始。

一 燕姞梦兰

景仁宫同其他十一宫一样，建成于明永乐十八年（1420 年）。它初名长安宫，嘉靖十四年（1535 年）更名为景仁宫。景，《说文解字》："景，日光也，从日，京声。""景"字本意是日光，南朝江淹《别赋》云："日出天而耀景，露下地而腾文。"引申为"大"，为慕。仁，主要意思是仁爱、慈善、温淑、贤惠。皇帝希望居住在景仁宫里的后妃，能仰慕和修养大仁、大爱、大慈、大善的精神和品格。景仁宫的名称，清沿明旧，没再改动。

景仁宫是康熙帝
的诞生地

景仁宫基本保持了明永乐初建的格局，前有宫门，以围墙和建筑围合成两进四合院。前院，正殿五间，东西配殿，均为三间，整齐庄重。后院，后殿五间，殿的两侧，各有耳房，东西配殿，也各三间。

与其他宫院不同的是，在景仁门内，有一座石屏，基座和边框均为汉白玉石雕，屏心为天然大理石，只有两厘米的厚度，两面图案却不同，一面雨雾缭绕，一面山川沟壑。这座石屏风格古朴，相传为元代大内的遗物，极为难得。

景仁宫前石屏相传为元代遗物

景仁宫的前殿，东西两壁，原来没有挂图，也没有匾额。但是，永寿宫有匾额。乾隆六年（1741 年），乾隆帝命依照永寿宫匾额的式样，制作了十一面匾额，并亲自题写匾额。于是东西六宫都有了本宫匾额。乾隆帝谕旨："自挂之后，至千万年，不可擅动，即或妃嫔移住别宫，亦不可带往更换。"（《清高宗实录》卷一百五十四）乾隆帝这话说得过满，大清国怎会有千万年呢！但他的意思还是明确的，就是他的后世子孙不可移动东西六宫的匾额，要长久悬挂，勿随意移动。

乾隆帝又大发兴致，命在东西六宫前殿悬挂《宫训图》。前殿东墙壁，挂《宫训诗》；西墙壁，挂《宫训图》。《宫训诗》由乾隆帝亲自作，命大学士张照、梁诗正、汪由敦分别题书，《宫训图》命画师作。

乾隆帝还规定：这组精心绘制的《宫训图》，在每年腊月（十二月）二十六日，在东西六宫张挂春联、门神的同时，张挂《宫训图》。到来年二月二收门神之日，将各宫的《宫训图》收贮于景阳宫后的学诗堂。景仁宫张挂的《宫训图》是什么内容呢？

景仁宫的东壁，悬挂张照敬书乾隆帝的《圣制燕姞梦兰赞》。乾隆帝御制赞词曰："乙始启商，兰亦征穆。吉人在宫，天使诒榖。国香扬扬，掌梦其卜。嘒彼小星，三心五噣。椒聊远条，爰昌七族。郑多君子，宜尼所录。"（《国朝宫史》卷八）这段文字，不太好懂。文化素养不高的后妃，可能是看不大懂的。为了后妃能理解"燕姞梦兰赞"词的含义，西壁张挂《燕姞梦兰图》。赞与图对应，文与画匹配，既有装饰作用，又有教化功能。"燕姞梦兰"出自一个历史典故。这个典故来源于《春秋左传·宣公三年》的记载。

燕姞梦兰故事说的是：春秋时郑国的国君郑文公（前672—前628年），在位45年，他的贱妾燕姞，总也得不到文公的宠幸。朝思暮想，日夜苦闷。一天，燕姞梦见天使与己兰（香草）。不久，燕姞见郑文公，讲述了梦中的故事。郑文公就御幸了燕姞。燕姞说：妾不才，受到宠幸，倘若怀孕，如果不信，应有凭证，是否能以兰为证？郑文公诺。后来燕姞生下一子，取名兰，这就是后来的郑穆公。郑文公有好几个儿子，彼此内讧，明争暗杀。郑文公生气，便驱逐诸公子。燕姞生的公子兰逃奔到晋国。后来，公子兰随从晋文公伐郑国，获得大胜。公子兰就继承郑文公的君位，成为郑穆公（前627—前606年），在位22年。这个故事说明：贱妾也会有机会受到君王的爱幸，所生之子，"必将为君，其后必蕃"。燕姞梦兰的故事给那些被冷落的妃嫔一个希望：会做好梦，会有好报，会受宠幸，会生儿子——会做君王，会多子孙。乾隆帝很会做心理安抚，细雨润物，教化无声。但更多后妃不如燕姞那样幸运。

二　不　幸　后　妃

景仁宫里住过的后妃，明朝宣德帝的胡皇后和清朝光绪帝的珍妃两人都是不幸的。

胡皇后，名善祥，山东济宁人。永乐十五年（1417 年）选为皇太孙朱瞻基妃。后朱瞻基为皇太子，她为太子妃。宣德帝朱瞻基继位，则被册为皇后。这时，宣德帝身边还有孙贵妃，和胡皇后争宠。胡皇后为人宽厚，但未有生子，身体多病，孙贵妃乘机逐渐占了上风。

孙贵妃，山东邹平人，幼有美色，机敏聪慧。她的父亲在永城（今河南永城市）做主簿（副县级），和洪熙帝张皇后是老乡。经张皇后娘家来人介绍，孙氏十余岁就入宫，由张皇后养育。后来，张皇后的儿子朱瞻基成婚，诏选济宁胡氏为妃，邹平孙氏为嫔。洪熙帝死，宣德帝（朱瞻基）立，册胡氏为皇后，孙氏为贵妃。与胡皇后相比，孙贵妃颇工于心计：第一计是求宠。孙贵妃利用美色和娇媚，得到宣德帝的宠爱。第二计是求宝。明制：皇后既有金册，又有金宝（玺印）；贵妃则只有金册，没有金宝。宣德元年（1426 年）五月，孙贵妃既已受宠，宣德帝便出面向皇太后请示：赐给孙贵妃金宝。皇太后虽觉得违制，但还是勉强答应了。明朝贵妃有金宝自此始。第三计是求子。孙贵妃自己没生儿子，宣德二年（1427 年）十一月十一日，却在心腹宦官、宫女参与下，暗里取宫人生的儿子（朱祁镇）为自己的儿子，这就是后来的明英宗。然而，明英宗朱祁镇的生母是谁？《明史·后妃传》说："人卒无知之者。"孙贵妃就更加受到宣德帝的眷宠。第四计是求后。胡皇后请早定朱祁镇为太子，主动表示退位。孙贵妃虽心里暗喜，却假意谦辞地说："后病痊自有子，吾子敢先后子耶？"（《明史·后妃传》卷一百十三）皇后您病好后，自然会生儿子，我的儿子哪敢先于您的儿子呢！宣德三年（1428年）三月，宣德帝令胡皇后上表辞位，就是写辞职报告。胡皇后被迫"辞去皇后"，从坤宁宫退居到长安宫（景仁宫）居住。宣德帝安抚辞位

明宣宗宠爱孙贵妃，并为此迫使胡皇后辞位，这幅画描绘了宣宗游乐的场景

的胡皇后，赐号静慈仙师，而册孙贵妃为皇后。这一上一下，虽然诏书说是皇后力辞，贵妃谦让，最后贵妃迫不得已才就位皇后的，但宫内外许多人都知道皇后辞位并非自愿，而是被迫的。史书记载："皇后无过被废，天下闻而怜之。"（《明史·后妃传》卷一百十三）

宣德帝的母亲张太后，怜悯"退位"的胡皇后贤惠，常召她到清宁宫居住。在后宫的宴会上，张太后命胡"皇后"位居孙皇后之上。孙皇后常为此怏怏不乐，但也毫无办法。后来宣德帝为废后而后悔，尝自解说："此朕少年事。"泼出去的水，已无法收回。

"祸兮福之所倚，福兮祸之所伏。"这胡皇后跟孙皇后比起来，虽是倒霉的，但也有幸运的时候。宣德帝去世后，她躲过妃嫔殉葬一劫。事情是这样的。宣德帝在位十年，过于淫乐，三十八岁（虚岁），就离开人世。怎么知道他过度淫乐呢？宣德帝死后两个月，新帝命"放教坊乐工三千八百余人"。（《明史·英宗前纪》卷十）宣德帝死后，殉葬妃嫔有一个长长的名单："正统元年（1436 年）八月，追赠皇庶母惠妃何氏为贵妃，谥端静；赵氏为贤妃，谥纯静；吴氏为惠妃，谥贞顺；焦氏为淑妃，谥庄静；曹氏为敬妃，谥庄顺；徐氏为顺妃，谥贞惠；袁氏为丽妃，谥恭定；诸氏为淑妃，谥贞静；李氏为充妃，谥恭顺；何氏为成妃，谥肃僖。册文曰：'兹委身而蹈义，随龙驭以上宾，宜荐徽称，用彰节行。'盖宣

宗殉葬宫妃也。"（《明史·后妃传》卷一百十三）这十位美丽年轻的生命，被绘入残暴而黑暗的图画中。

胡"皇后"虽躲过殉葬之劫，但七年之后，保护她的张太皇太后病死，她痛哭不已，翌年也病死，以嫔礼葬于金山（西山）。至于孙皇后，正统帝登极，做了太后。她在经历英宗被俘、南宫复辟等大悲大喜后死去。

景仁宫在晚清，还住过一位不幸的妃子——光绪帝的宠妃珍妃。

话要从光绪帝的大婚说起。光绪帝一生中有两个不幸日子：一个是生日，另一个是大婚日。先说生日。光绪帝生于同治十年（1871年）六月二十八日。恰逢这一天是孟秋享斋日，不便于纪念和庆祝，后来他做了皇帝，只能把生日改在六月二十六日为万寿节，也是光绪朝的国庆节。再说大婚日。光绪十四年（1888年）十月定于翌年正月二十七日举行光绪帝大婚。但是，十二月十五日夜，太和门大火，门被烧毁。这既是光绪帝的不幸，也预示着珍妃的不幸。

光绪帝皇后是慈禧太后娘家侄女，光绪帝虽不喜欢她，却也无奈。

光绪帝宠爱的珍妃，因得罪慈禧而结局悲惨，图为珍妃之印

慈禧太后同时为光绪帝娶了两嫔，就是同父异母姐妹瑾嫔和珍嫔，他他拉氏，满洲镶红旗。祖父裕泰曾任湖广、闽浙和陕甘总督，父长叙任兵、刑、户三部侍郎。她们出身于官宦之家，受过良好家庭教养。

瑾嫔在光绪十四年（1888年）十月选为瑾嫔，时年十五，比光绪帝小三岁。珍嫔，比姐姐瑾妃小两岁，比光绪帝小五岁，被选为珍嫔时，只有十三岁（虚岁）。

大故宫
2

珍嫔于光绪大婚前一天嫁到宫里，住在景仁宫前院的东西配殿。因这时景仁宫还住着咸丰帝婉贵妃索绰洛氏。婉贵妃入宫后直至光绪二十年（1894年）病逝，一直住在此宫。

珍嫔同姐姐瑾嫔一起，在慈禧六十大寿时晋为妃。珍妃比姐姐瑾妃，长得更漂亮，更聪慧，更活泼，很讨光绪帝的喜欢。光绪帝受慈禧太后的压抑，受国务琐事的烦恼，受宫廷羁绊的孤独，受朝政颓势的困惑，只有在后宫同珍妃一起，得到排解，感到轻松。但珍妃年轻，不太懂事，一桩卖官的事，搅乱了她纯净而美丽的生活。

光绪二十年（1894年）十月二十八日晨，慈禧太后对来请安的光绪帝说："瑾妃、珍妃的事，你不管，我可要管！"光绪帝退下后，有太监跪奏：清晨，皇太后令总管太监李连英，对瑾妃、珍妃杖责处罚。慈禧太后对珍妃的严惩，有书说是"褪衣廷杖"，就是脱掉衣服廷杖。这是对珍妃最大的羞辱，也是清宫史前所未闻。

慈禧太后杖责珍妃，正史没有文字记载，御医档案，留下资料：十月二十八日，御医张仲元请得珍妃脉息，六脉沉伏，抽搐气闭，牙关紧急，周身筋脉颤动。同日半夜，张仲元请得珍贵人，抽搐又作，牙关紧闭，人事不醒，周身筋脉颤动。根据上述医案，珍妃确受重杖。

慈禧皇太后之所以重惩珍妃，其原因主要有三：

一、对皇后：慈禧太后觉得，皇帝结婚五年，对懿旨的皇后，既不亲爱，也不敬重。皇帝一心喜欢那个珍妃，太使自己伤心。慈禧太后借此机会，严厉惩治珍妃，给皇后侄女出口气。

二、对珍妃：珍妃自恃长得娇俏，能说会道，深受皇帝喜爱，太后心里怨愤。特别是慈禧年轻守寡，产生心理变态。见到别人的甜蜜爱情，心里总是羡慕嫉妒恨，借这个机会，来惩罚珍妃。

三、对后宫：后宫应是一片"纯净乐土"，竟然有人串通外朝，卖官鬻爵。珍妃也好，太监也好，卖官之事，确被抓住。于是，慈禧皇太后惩罚珍妃，名正言顺，处罚太监，诫训宫女。

光绪二十六年（1900年）七月二十一日，八国联军入侵北京，慈禧太后带着光绪帝仓惶出逃。相传她临行前命太监崔玉贵把珍妃推到宁寿宫外的井（珍妃井）中害死了。这件事情正史虽没有记载，但珍妃确实是那时死的。因为从那以后清宫档案里就没有出现有关珍妃的记载。后来有个太监回忆录，说到珍妃被慈禧害死的情景。

珍妃自光绪十五年（1889年）入宫到死之前共十二年，除被打入冷宫之外，一直居住在景仁宫。后清室善后委员会点查物件时，宫里尚存有珍妃的绸衣、皮服若干箱。

珍妃被慈禧太后下令沉入井中溺毙之后，宫中盛传此宫为一座不祥的宫院。相传为此在景仁宫的东南门内设有镇邪之物，北面墙上设有一面铁牌，南边夹道地沟石头上也刻着一道门。然而，景仁宫的悲剧是人祸，是帝制之祸，岂是"辟邪"所能避免的。

三　顺治佟妃

景仁宫里留下永恒的历史记忆：这里诞生了中国"千年一帝"和世界明君——康熙大帝。一位伟大人物身后，必有一位伟大母亲。为什么这样说呢？康熙帝的生母就是一个例子。

顺治帝的佟妃、康熙帝的生母佟氏，出身于八旗汉军家庭，清初有光荣的"家史"。她的祖父佟养真（正）、祖叔佟养性都为大清开国立下重大勋劳。佟养性，为皇太极在沈阳研发成功四十门红衣大炮，任初创八旗汉军都统（相当于军长）。她的祖父佟养真和伯父佟丰年，为守镇江（今辽宁省丹东市镇江古城）而死，是清朝的开国功臣。她的父亲佟图赖，原名盛年，任八旗汉军正蓝旗固山额真（相当于军长），随同清军在山东攻下四府、七州、三十二县，在山西攻下九府、二十七州、一百四十一县，又随清军定河南、徇江南、进湖广，后积劳病死，受封一等公。她的兄弟佟国纲，受命为全权代表，同大学士索额图赴尼布楚，与俄国彼得大帝代表谈判，签订《中俄尼布楚条约》。后在反击噶尔丹南犯时，大战于乌兰布通，"中鸟枪，没于阵"。（《清史稿·佟国纲传》卷二百八十一）她的幼弟佟国维，官一等侍卫、内大臣。吴三桂反乱时，三桂之

大故宫
2

子吴应熊为额驸（驸马）居京师，以红帽为号，谋作叛乱。佟国维发现其阴谋，密奏朝廷，受命率领侍卫三十人前往额驸府捕治，抓获十余人，械送刑部。吴应熊被朝廷下令处死。佟国维后任领侍卫内大臣、议政大臣，被封一等公。她的侄女是康熙皇帝的孝懿仁皇后。她的侄子隆科多，在康熙帝晚年任步军统领、理藩院尚书。隆科多是向胤禛传达密诏，帮助胤禛登上皇帝宝座，而成为雍正皇帝"雍正元勋"。隆科多说过："白帝城受命之日，即死期将至之时。"（《清史稿·隆科多传》卷二百九十五）隆科多结局

康熙帝生母一直居住在景仁宫，图为其皇后之宝

悲惨——被以四十一条大罪，"于畅春园外筑屋三楹，永远禁锢"，后死于禁所。

康熙帝生母佟氏也有故事。康熙帝的生母孝康章皇后佟佳氏，由孝庄太后懿旨，纳为顺治帝的妃子。佟妃生于崇德五年（1640 年），比顺治帝小两岁。佟妃入宫后，便一直居住在景仁宫。顺治十一年（1654 年）三月十八日，她 15 岁（虚岁），在景仁宫里生下玄烨，就是后来的康熙皇帝。史书记载："妃诣太后宫问安，将出，衣裾（jū，衣服前襟）有光若龙绕。太后问之，知有妊。谓近侍曰：'朕妊皇帝实有斯祥，今妃亦有是，生子必有大福'。"（《清史稿·后妃传》卷二百十四）在古代帝王传记中，帝王投胎或降生，常有祥瑞现象。这或为附会，或为编造，姑且听之，不必深究。

佟妃的容貌和性格，不见于文字记载，但从康熙帝的形象和性格的相关记载，可做参考："天表奇伟，神采焕发，双瞳日悬，隆准岳立，耳

大声洪，徇齐天纵。稍长，举止端肃，志量恢宏，语出至诚，切中事理。读书十行俱下，略不遗忘。自五龄后，好学不倦，丙夜披阅，每至宵分。"（《清圣祖实录》卷一）康熙帝六岁时，同皇二兄福全、皇五弟常宁，向皇父问安。顺治帝问其志：皇五弟刚三岁，未能答；皇二兄以愿为贤王对；玄烨奏答："待长而效法皇父，黾勉尽力。"顺治帝很高兴。八岁即位后，一天孝庄太皇太后问康熙帝有何愿望。奏道："惟愿天下乂安，生民乐业，共享太平之福。"（《清圣祖实录》卷一）

　　佟妃生下了玄烨确有大福，但佟妃福分不够，顺治帝在世时，宠董鄂妃，被冷落，22岁丧夫。儿子当上皇帝，她却在康熙二年（1663年）因患病，撒手人寰，才24岁（虚岁）。佟妃如果像乾隆帝生母那样高寿，康熙帝过世时，也才83岁。康熙帝即位后，尊生母佟氏为皇太后。她的娘家，本来是汉军，康熙帝命入满洲镶黄旗，后族抬旗，从此开始。她从此改姓佟佳氏。慈禧太后娘家也缘此而抬旗。

　　景仁宫里还有康熙帝的故事。康熙帝兄弟八人，他与同父异母二阿哥福全最好，封为裕亲王。福全任抚远大将军，反击噶尔丹进犯，师到乌兰布通，因贻误军机，噶尔丹逃跑。康熙帝不以兄弟之情宽宥福全，大军回到朝阳门外，不许进城。命免福全议政大臣，罚俸三年，撤三个佐领，然后才允许进城。福全病故时，康熙帝兄弟八人中，只剩下他自己，所以格外悲痛、伤心。康熙帝亲临皇二阿哥裕亲王府福全灵前祭奠，哀恸不已，回来直奔景仁宫，居住此宫，不理政事，致哀四天。康熙帝为怀念同福全的兄弟之谊，"命画工写御容与并坐桐阴，示同老意也"。（《清史稿·诸王传》卷二百十九）

　　景仁宫不仅是康熙帝出生的后宫，而且是他作为皇帝居住过的后宫。这在东西六宫中是惟一的。

　　人有因缘，事有因果。在景仁宫里，美丽宫名后面，福祸相因相果：胡后既当皇后又被"辞职"，珍妃既受宠幸，又遭廷杖，佟妃既生下"千年一帝"，又24岁青春早逝，命运真是说不清道不明。对待命运：或无力抗拒，可广积善缘——等待时间和历史给以公正！

第三十五讲 承乾宠妃

"有道之君，以逸逸人；无道之君，以乐乐身。"这句话虽出自妇人涂惠之口，却揭示出一条哲理：逸民还是逸君，乐民还是乐君，这是明君、英君和庸君、昏君的分界线。她还说："业大者易骄，善始者难终。"这些话的文化价值是：千古名言，万载永鉴。

第三十五讲　承乾宠妃

承乾宫在后三宫外东一长街东侧，南为景仁宫，北为钟粹宫，在这两宫之间。始建于明永乐十八年（1420 年），初名永宁宫，崇祯五年（1632 年）八月更名承乾宫。清沿明旧。顺治十二年（1655 年）重修，翌年告成。（《清世祖实录》卷九十三）前殿，悬挂乾隆帝御书匾额：德成柔顺。东墙壁张挂梁诗正书《圣制徐妃直谏赞》①，西墙壁张挂《徐妃直谏图》。（《国朝宫史》卷八）承乾宫至少住过三位宠妃，就是崇祯帝田贵妃、顺治帝董鄂妃和道光帝成贵妃。以时为序，先介绍崇祯宠妃。

一　崇　祯　宠　妃

在承乾宫（永宁宫）居住的后妃，崇祯帝的田贵妃很有故事。

崇祯帝皇后周氏，父周奎，先是苏州人，后迁居大兴（今北京市）。讲田贵妃跟周皇后有关系吗？有。明朝规定：宫中选大婚（皇后），一后以二贵人陪；中选，皇太后罩以青纱帕，取金玉信物系其臂；不中，则以年月帖子放到淑女袖里，赐以银币遣还。就是说，在选皇后时，是"一正二陪"，在三人中选取一人。但实际上，情况复杂。有的皇后已经内定，陪选的实际上是"托儿"；有的先为王妃，皇子继承皇位后，王妃（清为福晋）自然晋为皇后，也不需要走那一套烦琐的过场。

崇祯帝的后妃，著名的是一后二妃：一后是周皇后，二妃是袁贵妃和田贵妃。周皇后和袁贵妃，在《大故宫》第一册的《崇祯三悲》中已介绍过，而田贵妃呢？据《玉堂荟记》等书记载，就居住在承乾宫。在田氏入住以前，此宫名为永宁宫，崇祯帝改为承乾宫，令田贵

---

① 《徐妃直谏》的典故，取自《旧唐书·后妃传》（卷五十一）和《新唐书·后妃传》（卷七十六）。书中故事：徐妃规谏唐太宗爱惜民力、珍惜物力，疏言："人劳者，为易乱之符也。翠微、玉华等宫，虽因山藉水，无筑构之苦，而工力和僦，不谓无烦。有道之君，以逸逸人；无道之君，以乐乐身。"徐妃谏言虽未被唐太宗采纳，但其敢于直谏美德得到乾隆帝的赞誉。徐妃四岁诵《论语》《诗经》，遍涉经史，手不释卷，二十四岁，病卒。

崇祯帝田贵妃、顺治帝董鄂妃和道光帝成贵妃都曾住在承乾宫

妃居住。崇祯七年（1634 年），安匾于东配殿曰贞顺斋，西配殿曰明德堂。（《清宫述闻》）从这些举措看，崇祯帝确实是非常宠爱田贵妃的。

其实，崇祯帝这一改名，未必算好，因为"永宁"是要后宫永远安宁。对于后宫来说，安宁——平安、康宁是最为重要的。"永宁"改为"承乾"，"乾"为天、为帝，崇祯帝本意可能是，田贵妃住在这里，承受、承顺皇帝沐浴恩宠，但"宠"过了头，也会使后宫既不平安，也不康宁。后来事实证明，田贵妃在承乾宫里的确是不平安、不康宁的。

田贵妃原籍陕西，后家扬州。她的父亲田弘遇，因为女贵，官左都督（正一品）。崇祯帝朱由检为信王时，田氏就到了信王府邸。崇祯元年（1628 年），朱由检登上皇位，田氏也就册为妃，后晋贵妃。

田贵妃长得美："妃生而纤妍，性寡言，多才艺。"（《明史·后妃传》卷一百十四）看来田贵妃长得像南方女子，线条姣美，容颜艳丽，外静内动，多才多艺。素养高：她琴棋书画，歌舞诗词，都有特长，也颇出色。她画的《群芳图》和《兰花图》，让崇祯帝格外喜爱。她写的字，娟丽秀美，也让崇祯帝动心。会打扮，她的穿戴很不一般。田贵妃生长在江南，入宫后也将江南服饰带到宫里，宫中称她的衣饰为"苏样"。平日服侍田贵妃的宫女，逢年过节时，头上的饰物多由田贵妃插戴，穿戴得体，风格清奇，这使其他宫院的宫女羡慕不已。有情趣：在宫中的夹道里，

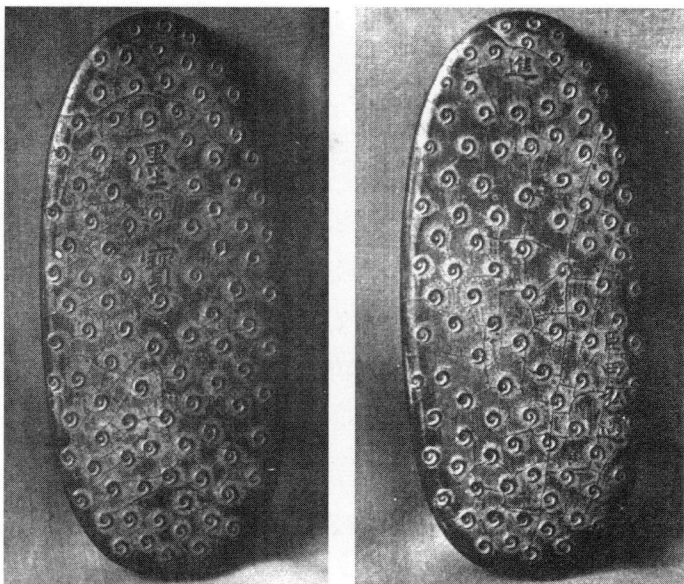

田弘遇因为女儿田贵妃而官左都督（正一品），图为其贡墨

暑夏月光，乘着肩舆或车驾，日中骄阳，戴着编织的伞盖，遮蔽阳光，随从的太监和宫女，欣赏月色，享有荫凉，都很高兴。能生子：崇祯帝有七子，前三子是周皇后生的，后四子都是田贵妃生的。

田贵妃的活泼机敏性格，可能同她父亲的遗传基因有关。《明史》记载她父亲"好佚游，为轻侠"，是一个好活动、讲排场的人。田弘遇既贪婪又悭吝。他从宁波回京，装载十三船的钱，倒腾获利，得银万计。田家大兴土木，但对匠作，不给吃饱，不给工钱，工匠有的伺机逃跑，未跑的怨声载道。

史书评价田贵妃说："能书，有机智，上颇暱之，即袁贵妃远不及也。以是后多不得见上。"（《罪惟录》卷二）就是说，田贵妃长书法，擅绘画，聪明机智，美丽娇人，崇祯帝特别亲昵她，就是袁贵妃也望尘莫及；因为田贵妃受宠，就连皇后也难得见上皇帝一面。

田贵妃得宠，娇媚俊丽，才艺超群，遭到周皇后和袁贵妃的"羡慕嫉妒恨"！再加上她受宠而骄，更得罪了周皇后——由"羡慕""嫉妒"而转为"怨恨"！周皇后怎样对待田贵妃呢？一个办法是"晒着她"。新年正月初一，天气严寒，田妃来朝——给周皇后拜年，车子停在宫檐下，等了很久，皇后御坐，才受其拜，拜完就离开，一句话不说。而袁贵妃也来拜年，二人甚欢，说话多时。

田贵妃给周皇后拜年，遭受冷遇，心里含恨，向谁哭诉呢？只有向崇祯帝倾诉："向帝泣！"崇祯帝听到这番哭诉，很心痛爱妃，便报复周皇后。怎样报复呢？一天，在交泰殿崇祯帝与周皇后说话，心里有气，言语不合，崇祯帝一推，周皇后倒地。周皇后生气，哭泣不已，也不吃饭。这也不是办法啊！崇祯帝主动和缓，派太监送貂皮夹袄给皇后，并问皇后起居，帝后矛盾，才算缓和。

崇祯帝御妻有术，既示好周皇后，又牵制田贵妃——不久，借个茬斥责田贵妃，让她迁居启祥宫（太极殿），三月不召，故意冷淡。但事情总有转机，一天，周皇后陪着崇祯帝看花，请召田贵妃。崇祯帝不说话。周皇后派太监用车迎来田贵妃。崇祯帝见了田贵妃，史书记载："乃相见如初。"田贵妃对崇祯帝有一种难以言表的魅力与磁力，从此她又受宠如故。

田贵妃有心计。崇祯十三年（1640 年），田贵妃和周皇后发生冲突，事情是由田贵妃告周皇后状引起的。据《枣林杂俎》记载：一天，崇祯帝召田贵妃。惯例是贵妃乘凤舆，由小太监抬着。这一天，田贵妃却由宫女抬着，崇祯帝见了，觉得很奇怪，问为什么，回答说："小珰多恣肆无状。"让她举例说明。田贵妃说："闻坤宁宫小珰狎宫婢，故远之耳。"崇祯帝听后，觉得田贵妃懂得礼仪，并命搜查坤宁宫小太监的住所，获得太监与宫女之间见不得人的东西。这是因为宫里的太监和宫女，多有自己的"对儿"，叫做"对食"，也叫做"菜户"。在这件事情上，田贵妃与周皇后的暗斗，田贵妃得胜。时田贵妃谋夺嫡，借此陷害周皇后。后在贵妃宫中也搜得狎具。（《枣林杂俎》）

但是不久，田贵妃犯了大忌，得罪了崇祯帝。这是怎么回事呢？

明大太监曹化淳派人到南京、扬州，用重金得歌舞女子奉献，崇祯帝特别宠爱，好几个月，不与妃见。又逢大旱，崇祯帝"以旱故，斋宿武英殿"。时值田贵妃诞辰，崇祯帝打算回宫。田贵妃手写奏疏劝谏。崇

大故宫 2

祯帝很不高兴，手批："数月不与卿相见，学问视昔大进。至歌舞一事，祖宗朝皆有之，不自朕始也。盖妃亦以义挟上云。"（《罪惟录》卷二）

屋漏又遭连阴雨。田贵妃连受丧子的打击：她共生育四个皇子，除皇四子永王慈炤在李自成攻入北京后不知所终，皇五子悼灵王慈焕、皇六子悼怀王（未命名）、皇七子也未名，都先后早亡。其中皇五子慈焕，《明史》记载一个故事："悼灵王慈焕，庄烈帝第五子。生五岁而病，帝视之，忽云：'九莲菩萨言，帝待外戚薄，将尽殇诸子。'遂薨。九莲菩萨者，神宗母，孝定李太后也。太后好佛，宫中像作九莲座，故云。帝念王灵异，封为孺孝悼灵王玄机慈应真君，命礼臣议孝和皇太后、庄妃、懿妃道号。礼科给事中李焲言：'诸后妃，祀奉先殿，不可崇邪教以乱徽称。'不听。十六年十二月，改封宣显慈应悼灵王，去'真君'号。"（《明史·悼灵王慈焕传》卷一百二十）

崇祯十五年（1642 年）三月，田贵妃连续丧子，又受到皇帝冷落，过度忧伤，将仅剩的皇四子朱慈炤托付给天启帝懿安皇后抚养，带着重病，回承乾宫，同年（1642 年）七月，病死于承乾宫。

田妃死后得以安宁。葬在北京昌平十三陵天寿山。崇祯帝死后，清军入关，清摄政睿亲王多尔衮为崇祯帝发丧。明朝后妃随帝葬，唯独崇祯帝后随妃葬。崇祯帝与田贵妃，不是妃从帝陵，而是帝从妃园，崇祯帝与周皇后同葬于田贵妃的寝园，名思陵。

二 顺 治 宠 妃

顺治帝宠妃董鄂氏，她住的后宫，没见到直接史料记载。据学者考证，董鄂氏居住在承乾宫。（陈垣《语录与顺治宫廷》）顺治朝的疑案多，故事也多，如顺治帝出家了没有，孝庄太后下嫁了没有，董小宛嫁给顺治了没有等等。顺治帝出家事，《养心挽歌》中介绍过，孝庄太后下嫁事，以后介绍；在这里要考证一下董鄂妃和董小宛是不是同一个人。

董鄂氏，生年不详，卒于顺治十七年（1660 年），约二十多岁。董鄂氏的身份有三种说法：

第一种是官书。《清史稿·后妃传》记载："孝献皇后，栋鄂氏，内大臣鄂硕女。年十八入侍，上眷之特厚，宠冠后宫。"

第二种是野史。说董鄂氏是晚明秦淮名妓、冒辟疆（襄）之妾董小宛。董小宛、李香君、柳如是和卞玉京是当时江南四大名妓。清军南下，将董掳获，送到北京，献给顺治。我查过许多资料，主要是年龄不符。据记载：顺治八年（1651年），董小宛28岁，病死于冒府。这不仅有冒辟疆的笔记，还有当时文人的悼词。董小宛比顺治帝大14岁，又死于顺治帝14岁之时。所以董小宛即董鄂氏之说当属望风捕影。

第三种是传记。西方人写的《汤若望回忆录》说：顺治皇帝对于一位满洲籍军人的夫人，起了一种火热爱恋，当这位军人因此申斥他的夫人时，竟被对于他这申斥有所闻知的天子亲手打了一个极怪异的耳光，这位军人乃因愤致死，或许竟是自杀而死。顺治皇帝将这位军人的未亡人收入宫中，封为贵妃。这位贵妃，于顺治十六年（1659年）生下一子，是皇帝要规定他为将来的皇太子。但是数星期之后，这位皇子竟然去世，而其母于其后不久亦薨逝。陈垣先生据此认为，其为董鄂妃无疑。

这位满洲将军，有学者认为是顺治帝同父异母的皇十一弟博穆博果尔。他的生母为麟趾宫贵妃博尔济吉特氏，是蒙古察哈尔部林丹汗的遗孀。博穆博果尔于崇德六年（1641年）生，顺治十二年（1655年）封襄亲王，翌年七月死，十六岁。

董鄂妃呢？史载："年十八入宫，顺治十三年（1656年）八月册为贤妃，十二月晋皇贵妃，明年十月生皇四子荣亲王。"（《清皇室四谱·后妃传》卷二）所以，有学者认为：董鄂妃可能原是襄亲王博穆博果尔的王妃。董鄂氏入宫一年之间，连升三级：妃，贵妃，皇贵妃。这在明清宫廷史上是仅见的。

董鄂妃入宫四年间，备受宠爱，因病而死，顺治悲痛：一是，命三十名太监与宫女，悉行赐死，在阴间服侍皇贵妃。二是，顺治帝亲制《行状》（悼词），洋洋数千余言，真是动人肺腑。三是，追赠董鄂妃为端敬皇后。四是，顺治帝哀伤过甚，"竟至寻死觅活，一切不顾，人们不

大故宫
2

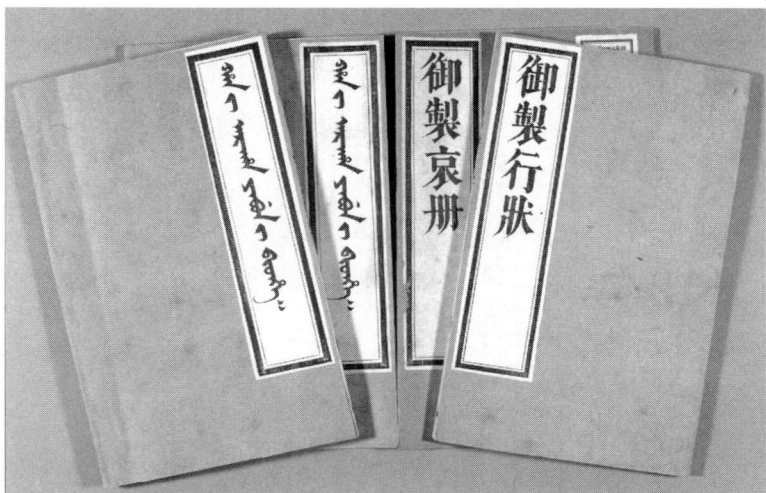

顺治帝是个多情天子，图为其纪念董鄂妃的《御制行状》《御制哀册》

得不昼夜守着他，使他不得施行自杀。"五是，《天童寺志》记载：顺治帝给木陈忞和尚的御书唐朝岑参《春梦》诗一幅云："洞房昨夜春风起，遥忆美人湘江水。枕上片时春梦中，行尽江南数千里。"末署庚子（顺治十七年）冬日书。多情天子，宠爱美人，感情笃深，跃然纸上。六是，董鄂妃死后，八月二十三日，近侍李国柱传旨：召师进承乾宫上堂，为董皇后起棺。最后命人举炬，火化董鄂氏皇后遗体。

顺治帝宠妃董鄂氏，这位神秘多情的女子，让顺治皇帝神魂颠倒，让许多文人墨客梦绕魂牵，赋诗寄情，又让那么多历史学家费尽心思，苦心考索。她的身世至今依然是个历史之谜。

三　道光宠妃

在承乾宫还居住过道光皇帝的宠妃钮祜禄氏。这位宠妃是怎么回事呢？话从她的夫君道光皇帝说起。

清朝道光皇帝，大家对他并不陌生，就是在中英鸦片战争失败后，签订《南京条约》，而被钉在历史耻辱柱上的清宣宗。道光帝有四位皇后。第一位是孝穆成皇后，钮祜禄氏。他做皇子时，由他皇父嘉庆帝做主，娶户部尚书布颜达赉之女。但这位嫡福晋，还没等到夫君继承皇位就病死。第二位是孝慎成皇后，佟佳氏。旻宁嫡福晋死后，她继任为嫡福晋。旻宁继位后，她跟着升为皇后。但是福分不够，生了一个女儿还早殇，自己也先死了。第三位皇后就是道光帝的宠妃钮祜禄氏。

《清史稿·后妃传》记载：孝全成皇后，钮祜禄氏，二等侍卫、一等男颐龄之女。初入宫，为全嫔。她在道光十一年（1831 年）六月，生下奕詝，就是后来的咸丰皇帝，也就是慈禧的丈夫。两年后，她因生了儿子，又被道光帝喜爱，晋为皇贵妃。这时后宫没有皇后，她"摄六宫事"，就是代理总管东西六宫的事务。又过了一年，被立为皇后。她做了六年皇后，于道光二十年（1840 年），就是中英鸦片战争爆发那年病死，

大故宫
2

描绘道光帝与孝全皇后的《喜溢秋庭图》

174

才 33 岁。这时她留下的儿子奕詝只有十岁（虚岁），归谁抚养呢？由道光帝第四位皇后即孝静成皇后博尔济吉特氏抚养。她的亲生儿子就是奕䜣，所以奕詝和奕䜣在一起生活有 10 年。

这里我说一下清代满洲的两个大姓：一个是钮祜禄氏，另一个是瓜尔佳氏。钮祜禄氏清初最出名的是开国五大臣之首的额亦都。我讲额亦都两个小故事。一个是额亦都随从努尔哈赤攻打巴尔达城，作战时"夜薄其城，率骁卒先登，城中兵猝惊起拒，跨堞而战，飞矢贯股，著于堞，挥刀断矢，战益力，被五十余创，不退，卒拔其城而还"（《清史列传·额亦都》卷四）。额亦都的次子达启，为额驸（驸马），很骄傲。一天，额亦都召集儿子们饮酒，酒过三巡，命执达启。额亦都抽刀说：天下哪有父亲杀儿子的？但此子傲慢，今若不治，他日必辱国家、败门户，不从者，血此刃！说完，引达启入室，以被覆面杀之。额亦都把努尔哈赤的姑爷杀了，公主成了未亡人，感到事大，就到努尔哈赤面前谢罪。努尔哈赤很惊讶，一会儿，镇定说，额亦都为国深虑，这是别人做不到的。（《清史稿·额亦都传》卷二百二十五）。这个钮祜禄氏家族，一直影响到清末。另一位费英东，瓜尔佳氏，为清开国五大臣之一。荣禄就是费英东的后裔。荣禄女儿是慈禧的干女儿，她和载沣的儿子就是溥仪。

《清宫述闻》记载：

咸丰帝的母亲孝全皇后曾总管东西六宫事务

承乾宫正殿东屋，有全成皇后御容、神龛、佛像、炉、盘、塔、磬。(《清室善后委员会点查报告》)

《清宫词·咏孝全》诗二首。

其一云："蕙质兰心并世无，垂髫曾记住姑苏。谱成六合同春字，绝胜璇玑织锦图。"她小时候随父到苏州，非常明慧，仿民间七巧板，用木头做成骰子形，排成"六合同春"四个字，作为宫中新年玩具。后传到宫外民间。"六合"是指天地和东南西北，也泛指天下。"鹿"与"陆"、"鹤"与"合"谐音，所以又称"六合同春"、"鹿鹤同春"。

其二云："如意多因少小怜，蚁杯鸩毒兆当筵。温成贵宠伤盘水，天语亲褒有孝全。"原注：孝全皇后由皇贵妃摄六宫事，旋正中宫数年，暴崩，事多隐秘。其时孝和皇太后尚在，家法森严，道光帝也不敢违命。道光帝既痛孝全之死，便不立其他妃嫔之子，而立孝全之子奕𬣞。

这里交代一下：道光帝琳贵妃，咸丰年间云嫔、婉贵人等，都住在承乾宫。(《内务府奏销档》) 琳贵妃是醇亲王奕𫍽生母。奕𫍽和慈禧胞妹叶赫那拉氏所生之子为载湉，就是后来的光绪帝。奕𫍽之子载沣和瓜尔佳氏所生之子溥仪，就是后来的宣统帝。所以咸丰帝、光绪帝、宣统帝以及奕𫍽都同承乾宫有关系，可见承乾宫对中国近代历史尤关重要。

承乾宫里三位美丽聪明、受帝爱幸的宠妃，其命运结局如何呢？崇祯帝田贵妃所生四个儿子，其中三个早殇，一个不知所终，自己才30多岁就悲惨离世；顺治帝董鄂妃受宠四年，独子早殇，约22岁，便撒手人寰；道光帝的宠妃钮祜禄氏，33岁就撒下10岁的儿子，成为鬼魂！

还是回到开篇的故事："有道之君，以逸逸人；无道之君，以乐乐身。"这句话虽出自妇人徐惠之口，却揭示出一条哲理：逸民还是逸君，乐民还是乐君，这是明君、英君和庸君、昏君的分界线。她还说："业大者易骄，善始者难终。"这些话的文化价值是：千古名言，万载永鉴。

第三十六讲 锺粹紫案

　　钟粹宫是东六宫西排最北边的一座宫殿。这座宫殿离坤宁宫较近，清帝大婚皇后进了宫，先到钟粹宫稍憩、理妆，然后到坤宁宫举行合卺礼，入洞房（喜房）。这是钟粹宫临时性功能，更多时日这里是明太子和清后妃的寝宫。

第三十六讲　钟粹悬案

钟粹宫是东六宫西排最北边的一座宫殿。这座宫殿离坤宁宫较近，清帝大婚皇后进了宫，先到钟粹宫稍憩、理妆，然后到坤宁宫举行合卺礼，入洞房（喜房）。这是钟粹宫临时性功能，更多时日这里是明太子和清后妃的寝宫。钟粹宫有崇祯太子真假、道光贬斥妃嫔和慈安太后之死三桩悬案。

一　崇　祯　太　子

　　钟粹宫建成于明永乐十八年（1420年），初名咸阳宫。明嘉靖十四年（1535年）更名为钟粹宫。隆庆五年（1571年）改钟粹宫前殿名兴龙殿，后殿名圣哲殿，为皇太子朱翊钧（万历帝）住所。后崇祯帝太子朱慈烺也住在钟粹宫。这里着重讲崇祯帝太子朱慈烺真假的悬案。

钟粹宫发生过崇祯帝真假太子悬案

崇祯帝太子朱慈烺，母为周皇后，生于崇祯二年（1629年），为嫡长子，刚满周岁就被册立为皇太子。他的命运同"战争"二字纠结在一起——战争中生，战争中死。

朱慈烺居住在钟粹宫，史料记载太少，只知道有一次她的生母周皇后派宫女送茶点果饼给他，宫女们从田贵妃居住的承乾宫门前经过时，围着石狮子嬉笑玩闹，将正在午睡的田贵妃吵醒，几乎引起事端。

崇祯帝自缢时，他的七个儿子已死四人，还有三人：嫡出皇太子朱慈烺（15岁）、嫡出皇三子定王朱慈炯（13岁）和田贵妃生的皇四子永王朱慈炤（12岁）。崇祯十七年（1644年）二月，左都御使李邦华等请迁都南京并请太子到南京监国，被崇祯帝拒绝。三月十九日，京师危急，崇祯帝朱谕内阁："传成国公朱纯臣提督内外诸军事，夹辅东宫。"太监奉着敕谕到内阁，内阁竟无一人，太监便把敕谕放在内阁大堂几案上返回，崇祯帝以为送达，自缢前有"百官俱赴东宫行在"的遗谕。

定王慈炯和永王慈炤，明亡"被执，不知所终"。（《明史·诸王世表》卷一百四）皇太子下落，有三种说法：

一为"南京太子"。 明朝灭亡后，福王在南京登极，史称南明。南明福王时，有人奏"故太子在浙"，诏其到南京，暂住兴善寺。福王命司礼监太监马朝进和东宫伴读丘志忠等辨认，都说不认识。辅臣马士英密奏：追谥故太子以及永王、定王，绝了众望，福王采纳。于是将这位太子下狱，进行会审，提出三疑：既为太子，幸脱虎口，不去投官，却走绍兴，为一疑；太子素质凝重，此人机辩百出，为二疑；公主现养周奎家，他却说已死，为三疑。这位崇祯太子的真假，在南京演出了两场闹剧。

第一场是：有人认为崇祯太子是假。经大学士王铎、教过太子的方拱乾等审问辨认，据记载：一问讲读在何处？二问讲读次序先后？三问写仿要写何字？四问讲读问难几次？五问讲案是什么样？都答得不对。阁臣王铎等说太子是假的。（李清《伪太子纪事》）将伪太子下狱。这位南京太子其实是驸马都尉王昺的孙子王之明冒充的，他家破南奔，欲投南明，路上设计，冒充太子。

大故宫2

描绘清豫亲王多铎进入南京场景的《得胜图》

第二场是：有人认为崇祯太子是真。时南京士民，哗然不平，认为是真太子。南明宁南侯左良玉举兵武昌，以救太子、清君侧为名，率领号称二十万大军顺流长江东下。（《明史·左良玉传》卷二百七十三）时清军南下，兵逼南京，福王出逃。第二天，南京士民数百人砸开监狱，救出太子，给他穿戴戏装衣冠，在武英殿登极，臣民朝贺，群呼万岁，并选淑女，百姓惶恐，纷纷嫁娶。接着，清豫亲王多铎率军进入南京，五天皇帝，死于刀下，这场闹剧闭幕。

二为"北京太子"。崇祯帝自缢前，将太子慈烺和定王慈炯、永王慈炤，派太监送往他们外公周奎和田宏遇家。皇太子仓促到外公周奎家叩门，不得入，又到襄城伯李国祯家，家里无人。后周奎知道此事后怕连累自己，说"不认识"。这时太监将太子献给农民军，李自成封太子为宋王，但太子拒绝。李自成将太子交部下管押，许其穿着便服到东华门外大行帝后遗体前致哀。李自成兵败撤出北京，太子被挟往潼关。李自成败死后，太子被人献给清朝。多尔衮命周奎带长平公主和见过太子的大臣前去辨认，周奎咬定太子是假的。长平公主开始说是真的，被周奎打了一下后便不敢再开口。多尔衮找来一批前明太监去刑部辨认，他们说是真太子，但当晚便暴亡。又引宫廷侍卫来辨认，侍卫都对朱慈烺跪下，结果他们也被杀害。明朝大臣们则说太子是假的。太子老师内阁大学士谢陞也说太子是假的。第二年（1645 年）四月，狱中的"太子"以"假太子"罪名被处死。

上述这一南一北的两个"太子案"，都认定"崇祯太子朱慈烺"为"假太子"。其实，太子是真是假，已经是政治问题。崇祯帝太子朱慈烺，真假的确难辨，成为历史悬案。

三为"明史太子"。明末清初，太子下落，沸沸扬扬，不知所从。官书记载，比较慎重。《明史》记载："太子不知所终。"（《明史·诸王传》卷一百二十）这是比较谨慎的官方曲笔的说法。正因如此，崇祯太子一直被当作"反清复明"的一面旗帜，直到康熙朝还出现"朱三太子"案。

总之，**虽崇祯太子为政治玩偶，但历史真善美是庄严的。明崇祯太子真假之辨——南京的以假为真，是为了取得未获得的权力与财富；北京的以真为假，是为了维护已获得的权力与财富；只有为了公正，才会有真善美。**

明崇祯帝太子悬案未结，清道光帝贬妃悬案又起。

二　道　光　贬　妃

钟粹宫在清朝，作为妃嫔寝宫，沿袭明制，多次修缮，名称依旧，格局未变。

清朝钟粹宫前殿，悬挂乾隆帝御笔匾额：淑慎温和。东壁张挂梁诗

正书写《圣制许后奉案赞》，西壁张挂《许后奉案图》。①（《国朝宫史》卷八）

道光帝有后妃二十人，共生育九子十女。道光帝后妃中，与钟粹宫有直接关系的是孝静成皇后。为什么要着重讲孝静成皇后呢？因为她有特殊经历、特殊地位和特殊作用，直接影响近现代中国历史，也为影视剧所演绎故事的根源所在，所以我在这里，分别加以介绍。

孝静成皇后，博尔济吉特氏，刑部员外郎（相当于司局级）花郎阿的女儿。她侍道光帝由静贵人、到静贵妃，住在钟粹宫。道光帝因皇长子奕纬十岁丧母，就把奕纬交给静贵妃抚养。奕纬继位做了咸丰皇帝，深感静贵妃抚育之恩，先尊她为皇贵太妃，后尊她为皇太后。

孝静成皇后生育三个儿子：奕纲、奕继和奕䜣。咸丰帝奕䜣十岁没有妈，和同父异母弟

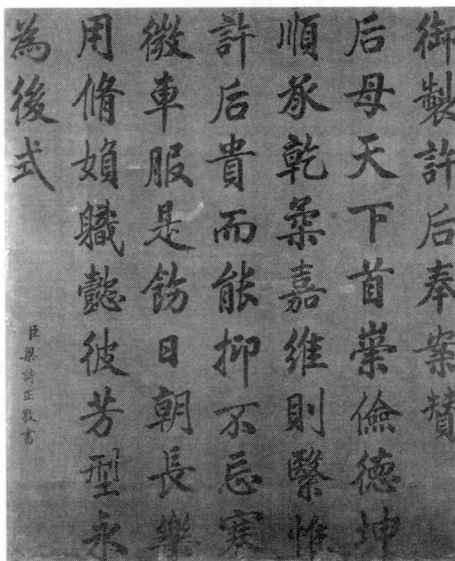

御製許后奉案贊
后母天下首崇倫德坤
順承乾纂嘉維則繄惟
許后貴而能抑不忝寰
微車服是飭日朝長樂
用脩娥職懿彼芳型永
為後式

臣界詩正敬書

赞扬汉宣帝许皇后遵守孝道的《许后奉案图》

---

① 钟粹宫"许后奉案"典故出自《汉书·外戚传上》（卷九十七上）。汉宣帝许婕妤立为皇后，谨小慎微，起居有度，服饰节俭，讲究礼法。每五日一朝皇太后于长乐宫，躬亲侍奉，端食于案，以尽孝道。她虽只做了两年皇后，就死于权臣霍光之妻的毒害，但以贤淑的品行，成为被后世尊奉的贤后。

奕纲（二岁殇）、奕继（三岁殇）和奕䜣都生活在钟粹宫，奕詝和奕䜣一起读书，一起生活，一起玩耍。

道光帝还有位皇贵妃乌雅氏，由常在、贵人、贵妃，后又尊为皇贵妃。皇贵妃乌雅氏生育三个儿子：奕譞、奕詥、奕譓。道光帝还有和妃生育一个儿子奕纬，祥妃生育一子奕誴。道光帝诸子，按齿序排：皇长子奕纬，24 岁死；皇二子奕纲，2 岁死；皇三子奕继，3 岁殇；皇四子奕詝，即咸丰皇帝；皇五子奕誴，曾任都统、领侍卫内大臣、郡王，光绪十五年（1889 年）死，59 岁；皇六子奕䜣（后面讲）；皇七子奕譞，娶慈禧胞妹叶赫那拉氏为福晋（光绪帝生身父母）；皇八子奕詥，为钟郡王，同治七年（1868 年）死，25 岁；皇九子奕譓，为孚郡王、内大臣，光绪三年（1877 年）卒，33 岁。影响晚清政局的四位男人——咸丰帝奕詝、恭亲王奕䜣、醇亲王奕譞及其子醇亲王载沣，都同钟粹宫有密切关系。

咸丰帝奕詝在登极以前，作为皇子在钟粹宫居住长达十七年，由养母孝静成贵妃（孝静成皇后）抚养。咸丰帝对钟粹宫因居住久而感情深。他在《钟粹宫感旧》诗中，有"居此幼龄十七年"的忆念。他又有"昔是承恩予旧地，今为基福后之宫"之句。

奕䜣生于道光十二年（1832 年）十一月二十一日，比奕詝小一岁多。道光帝宾天时，奕詝二十岁，奕䜣十九岁。到咸丰二年（1852 年）四月，恭亲王奕䜣才分府，离开钟粹宫，搬进恭亲王府。由上可见，奕詝与奕䜣的关系是：

其一，奕詝（咸丰帝）生母过世之前，也由静贵妃博尔济吉特氏抚养。《清宫述闻》记载："己亥

咸丰帝养母静妃（孝静成皇后）像

冬，予方九岁，偶感寒疾，时皇妣每日至钟粹宫视予。"（奕詝《皇妣孝全成皇后忌辰敬诣钟粹宫行礼述哀》诗注）这里的皇妣是孝全成皇后，也就是奕詝（咸丰帝）的生母。这也说明当时皇子生下之后，不由生母抚养，而由养母抚养。

其二，奕詝（咸丰帝）生母过世之后，才十岁（虚岁），正式交由静贵妃博尔济吉特氏抚育。

其三，静贵妃博尔济吉特氏生育奕訢（恭亲王）、养育奕詝（咸丰帝），二人在钟粹宫里生活长达十七年之久。

其四，奕詝（咸丰帝）和奕訢（恭亲王）二人，不仅同父，而且同由一位母亲抚养长大。

其五，孝静成皇后在咸丰帝登极后，仍住在钟粹宫。道光三十年（1830年），咸丰帝继位后到钟粹宫向皇太妃问安达六次之多。钟粹宫前殿，咸丰元年（1851年）定每年正月十一日、二月二十八日派太监喇嘛到此唪（fěng，念）经。

清帝废降妃嫔等名分最突出的是道光帝。他有皇后4位、皇贵妃1位、贵妃3位、妃3位、嫔5位、贵人4位，共20人，其中竟有一半人受到了降级惩处，有的还几上几下：

（1）彤贵妃，比道光帝小35岁，初为贵人，后为嫔，又降为贵人，再册为嫔，时年16岁，后晋为妃。两年后又晋为贵妃。她为道光帝生下皇七女、皇八女、皇十女。后来又降为贵人。（何年何事降未详）

（2）成贵妃，比道光帝小31岁，初入宫为贵人，后封为嫔，时年33岁，不到三年，被降为成贵人，其因不详。

（3）佳贵妃，初入宫为贵人，后晋嫔，四年后又降为贵人。（何年何事降未详）

（4）祥妃，比道光帝小26岁，初为贵人，后晋为嫔。生下皇二女，晋为妃。又生皇五女、皇五子奕誴，后降为贵人。（何年何事降未详）

（5）豫妃，比道光帝小34岁，初入宫为常在，后降为答应。

（6）恒嫔，初入宫为常在，后降为答应。

（7）珍嫔，比道光帝小22岁，初封为贵人，时年19岁，后晋为嫔，又晋为妃，后降为嫔，并将其金印、金册追回交造办处熔化。

（8）顺嫔，比道光帝小 29 岁，初封贵人，后降为常在。

（9）李贵人，比道光帝小 45 岁，初封为常在，后降为答应。

（10）那贵人，比道光帝小 43 岁，入宫为答应，后晋为贵人，转年降为常在，后又降为答应。（于善浦《道光后妃怨女多》）

废皇后、惩妃嫔的事各朝多有，但多有理由，以告诫宫人。道光帝20 名后妃中封后 4 人，早死 4 人，另 12 人中惩处 10 名，《清宫词》还记载：道光年间的一天夜里，道光帝在乾清宫盛怒，高声呵斥，命急召值班侍卫王某入宫门内，赐以宝刀，令一太监带领，到某宫某室，于床上取一宫眷的头覆命，不知是因为何事。（《清宫词》注）以上诸多怪异，竟是为了什么？或政治烦恼，或心理变态，或喜怒不定，或真有其罪？这是一团历史悬案。

道光皇帝犯下政治家性格犹豫的大忌：于治家，贬降妃嫔，任情任意，枕上恩爱，翻脸不认；于治国，严禁弛禁，主战主和，反复无常，阴晴多变——既毁社稷，也损自己。

道光贬妃悬案未解，慈安之死悬案又生。

三 慈 安 之 死

钟粹宫在清朝晚期，因慈安太后在此居住，建筑格局，有了变化，如增建垂花门、拓建游廊等。

清慈安太后，钮祜禄氏，广西右江道穆扬阿女，奕詝登极前，便是侧福晋。嫡福晋萨克达氏在咸丰登极前去世。咸丰帝登极，先将侧福晋钮祜禄氏封为贞嫔，后晋为贞贵妃，咸丰二年（1852 年）册封为皇后。慈安太后从受册封为皇后起，虽然曾短暂居住在西六宫区的长春宫，但从同治亲政，到光绪七年（1881 年）暴崩，钟粹宫是慈安太后一生中最重要的居住宫院。同治帝曾到钟粹宫慈安太后前，陪侍午膳。同治十年（1871 年）正月初二，同治帝又到钟粹宫问慈安皇太后安，随后奉慈安和慈禧到漱芳斋，侍午膳。（《清穆宗实录》卷三百二）

慈安太后因在东六宫的钟粹宫住过，因此俗称"东太后"，图为钟粹宫垂花门

慈安皇后在咸丰十年（1860年），随帝逃往避暑山庄。转年（1861年）七月，咸丰帝死，她为未亡人，年二十五岁。载淳继位，就是同治帝，两宫并尊：尊慈安为"母后皇太后"、慈禧为"圣母皇太后"，加以区别。因慈安太后住居在东六宫的钟粹宫，俗称慈安太后为"东太后"；慈禧太后住居在西六宫的长春宫，俗称慈禧太后为"西太后"。

慈安太后有三件事被历史记忆，也被后世关注：

第一件是两宫太后垂帘听政。同治帝继位年的十一月初一日，明清政治史上发生一件大事："两太后御养心殿，垂帘听政。"这不仅是改变清朝祖制，而且是明清皇朝史上的空前之举。第二件是同治八年（1869年），慈禧大太监安得海出京，山东巡抚丁宝桢将其捉拿，慈安太后立命诛之。第三件是光绪七年（1881年）三月初十日，慈安皇太后在钟粹宫突然崩逝，年四十五。

安德海的死和慈安的死，两者之间，有关联吗？有人、有书说有。

先说安得海的死。《清史稿·后妃传》记载："同治八年，内监安得海出京，山东巡抚丁宝桢以闻，（慈安）太后立命诛之。"从此慈禧同慈安结下嫌怨。事情经过是：慈禧贴身太监安得海，受慈禧派遣，乘楼船南下，行至山东泰安，山东巡抚丁宝桢密派人跟踪追捕抓获，将其送到济南。安得海言："我奉皇太后命，织龙衣广东！"丁宝桢上奏朝廷，慈安太后问："法当如何？"诸臣叩头奏："祖制太监不得出都门，擅出者，死无赦！"巡抚丁宝桢"弃安得海于市"，丁宝桢杀了安得海，暴尸三天。慈禧当时没有怨恨、报复，反而让他升为总督。为什么？有人分析道：慈禧年轻守寡，传闻同安得海"有一腿"。安得海暴尸三天，公示安得海确是一个太监，从而为慈禧太后洗刷了不白之传言。

再说慈安太后的死。慈安的死，死得突然。《清史稿·德宗本纪》记载：光绪七年（1881 年）三月"辛未（初九日），慈安皇太后不豫，壬申（初十日），崩于钟粹宫"。人们传说慈安是被慈禧害死的。这是怎么回事呢？慈禧害了一场大病，据说是患"蓐（rù）劳"，《王力古汉语字典》说："蓐，孕妇生产。"医生薛福辰"说假病、下真方"，用补药，效果好。慈禧病愈，慈安知道慈禧失德，仍置酒感悟她。慈安保存咸丰临终前给她的手谕——内容是如果慈禧跋扈，就用此谕诛之。慈安把这份手谕给慈禧看了，又当着慈禧面烧了。慈禧对慈安的举动既惊讶又感动。数日后，慈禧请慈安到长春宫，拿出点心招待慈安。慈安有午睡醒后吃点心的习惯，就吃了点心，连说："好，好！"慈禧说这是她娘家送来的。过了几天，慈禧派人送点心给慈安。慈安吃了慈禧派人送来的点心后，腹痛恶心，遽然死去，年四十五。慈安死后，没等娘家人来就入殓，更加引起人们的猜疑。据载：孝贞（慈安）崩，诸臣皆大惊，抵宫见孝贞已小敛，慈禧坐矮凳上。按惯例，后妃薨，即传戚属入内瞻视后小敛，但孝贞薨，椒房无预其事者。又云：孝贞故喜小食，薨日，慈禧以糕饼进御，逾数时薨。（《述庵秘录》）然而，慈安得的是什么病，慈禧是否害死慈安，慈安是否保存咸丰帝手谕，宫廷诡秘，没有确证。这正给戏曲小说和影视创作留下想象空间，也成为学者难以解开的历史悬案。

常言道：害人之心不可有，防人之心不可无。慈安太后死因悬案，给后人留下点思考。

第三十七讲 延禧永和

延禧永和，求禧求和。人生命运，不可预测。福常伴以祸，祸也伏以福。光绪帝的珍妃，求爱情，曷得到真爱情，却被塞井而死；她的姐姐瑾妃，求平安，曷平安一生，却未得到爱情；而隆裕皇太后，求富贵，曷富贵满堂，却没享受真爱。命运注注捉弄人，得此失波，自古难全。常言道：不必强求，随缘就好。

第三十七讲　延禧永和

本讲介绍东六宫东排的延禧宫与永和宫。延禧宫与永和宫，南北两宫相邻，本讲合二为一。

一　延禧水宫

延禧宫始建于明朝永乐十八年（1420 年），初名长寿宫，嘉靖十四年（1535 年）改称延祺宫。清朝改称延禧宫。

延禧宫前殿，悬挂乾隆帝御笔匾额"慎赞徽音"，东壁悬挂梁诗正书写的《圣制曹后重农赞》，西壁悬挂《曹后重农图》。[①]

延禧宫有个现象：火灾多。在东西六宫中，延禧宫的火灾最多，发生过几次？有人说是四次。宫廷秘密，负面事件，疏于记载，历史真相，难以考证。其中一次，《清宫述闻》记载：道光二十五年（1845 年）五月二十二日亥（21—23 时）初，延禧宫不慎失火。这场大火，由东配殿起火，延烧正殿五间，东配殿三间、西配殿三间，后殿五间，东配殿三间、西配殿三间，还有东水房三间等，共烧毁房屋二十五间。

这场火灾，因为厨房失火引起。当时，厨房在延禧宫门里的东配殿，炉灶在南间，起火后灭火措施不力，延及另两间，又延及正殿，再蔓延到后殿，整个延禧宫殿，化为一片瓦砾。

这场火灾《清宣宗实录》里没有记载。当时的道光皇帝，外敌扰犯，内患屡起，北方大旱，财政拮据，无力兴工，拖延下来。到同治十一年（1872 年）十一月，太监张伶喜口传奉旨：延禧宫工程，著照式修建。经总管内务府奏，明年方向有碍，拟先勘估，如后年方向相宜，即

---

①　延禧宫《曹后重农图》典故，出自《宋史·后妃上》（卷二百四十二）。故事说的是：北宋仁宗皇后曹氏，为北宋大将曹彬之女，在自己居住宫殿前后，栽种五谷，亲自耕耘，且养蚕织布，以示重农的德行，而为中国古代著名贤后。永和宫《樊姬谏猎图》的典故，出自《列女传·贤明传》（卷二）。故事说的是春秋时楚庄王好猎，夫人樊姬多次进谏，楚王不听。后樊姬以拒绝食肉规劝，楚王纳谏，勤于政事，三年之后，成就霸业。

行修建。（《内务府奏销档》）后来才将延禧宫重建。

宣统元年（1909 年），隆裕皇太后决定，再度重建延禧宫。重建延禧宫，重在防火灾。风水先生认为：五行相生，水能克火。隆裕太后接受太监张兰德的提议，在延禧宫原址上，修筑一座水晶宫，以铜铁为梁柱，玻璃砖为墙壁和地板，整体建在一个直径长达数丈的水池上，以镇祝融之灾，并由隆裕太后题匾曰"灵沼轩"。这里的"沼"（zhǎo）字，是池塘的意思。《诗经·小雅·正月》曰："鱼在于沼，亦匪克乐。"据《清宫词》注：宣统己酉（元年，1909 年），兴修水殿，四周浚池，引玉泉山水环绕之。殿上窗棂，承用金铺，不用纸糊，嵌以玻璃。孝定皇后（隆裕太后）自题匾额曰"灵沼轩"，俗称水晶宫。

这座水晶宫，是什么样子？《清稗史》记载：宫立中央，凡三层，层九间。又四个角，各有一亭，计三十九间，以铜作栋，以玻璃为墙，四望空明，入其中者，如置身琉璃世界。墙之夹层中，置水蓄鱼。下层地板亦以玻璃为之，俯首而窥，池中游鱼，一一可数，荷藻参差，青翠如画。

这座水晶宫，从宣统元年（1909 年）开始，到宣统三年（1911 年）

水晶宫如琉璃世界般奇特，后在张勋复辟时遭到破坏

光绪帝瑾妃（中立者）在延禧宫院内观鱼

为止，做做停停，没有完工。这期间，同盟志士，频繁起义，宣统政权，内外交困。紫禁城外爆发了辛亥革命，紫禁城里却在兴建水晶宫。水晶宫的建筑工程，一直到宣统三年（1911 年）冬季，因财力不足，未能告竣。宣统退位后，时局变迁，经费紧缺，只得罢建，留下一座"烂尾宫"。院置木盆，储水防火，养殖金鱼，瑾妃在此，观看游鱼。

延禧宫真是多灾多难：不仅被火，而且被炸。民国六年（1917 年）张勋拥戴溥仪复辟，延禧宫北面部分未完工的建筑，被飞机炸弹炸坏。

民国二十年（1931 年），故宫博物院在宫后建库房，藏贮古物图籍。

延禧宫的北邻是永和宫，雍正帝的生母德妃乌雅氏就住在这里。

二　雍正生母

永和宫，是东六宫中东排居中的宫院，南为延禧宫，北为景阳宫。

原名永安宫，嘉靖十四年（1535年）更名为永和宫。清永和宫基本上保留了明初的建筑格局。永和宫前殿，悬挂乾隆帝御笔匾额"仪昭淑慎"；东壁悬挂梁诗正书写的《圣制樊姬谏猎赞》，西壁悬挂《樊姬谏猎图》。"樊姬谏猎"说的是：春秋时的楚庄王，痴迷狩猎，疏于政事。夫人樊姬多次进谏，甚至以拒绝食肉，苦衷进谏。楚庄王改过，奋发作为，三年之后，成就霸业。

永和宫在明代为妃嫔居住，但未见史料记载哪位妃嫔住在这里。清朝记载多些，可知康熙帝德妃乌雅氏，在这里生下了皇四子胤禛和皇十四子胤禵等，胤禛就是后来的雍正皇帝。

《清史稿·后妃传》记载：孝恭仁皇后，乌雅氏，护军参领威武女。后事圣祖。康熙十七年（1678年）十月丁酉（三十日），世宗生。十八

康熙帝皇四子胤禛和皇十四子胤禵等都生于永和宫，图为永和门

年，为德嫔。二十年，进德妃。世宗即位，尊为皇太后，拟上徽号曰仁寿皇太后，未上册。雍正元年五月辛丑（二十三日），崩，年六十四。葬景陵。子三：世宗，允祚，允禵。允祚六岁殇。女三：其二殇，一下嫁舜安颜。

乌雅氏当是受到康熙帝的宠幸，怎见得呢？乌雅氏生于顺治十七年（1660 年），被选入宫后，在康熙十七年（1678 年）到二十七年（1688 年）的十年之间，连续生育三子三女，共六个儿女：

（1）康熙十七年（1678 年）生皇四子胤禛；

（2）康熙十九年（1680 年）生皇六子胤祚，六岁殇；

（3）康熙二十一年（1682 年）生皇七女，八个月殇；

（4）康熙二十二年（1683 年）生皇九女，二十岁死；

（5）康熙二十五年（1686 年）生皇十二女，十二岁殇；

（6）康熙二十七年（1688 年）生皇十四子胤祯，即胤禵。

在有据可查的康熙帝 41 位后妃中，生育 6 个子女的只有荣妃马佳氏和德妃乌雅氏。荣妃马佳氏生育 6 位子女的时间为康熙六年到十六年，康熙帝的年龄在 14 到 24 岁之间。德妃生育六位子女的时间为康熙十七年到二十七年。乌雅氏生头胎胤禛（雍正帝）时 19 岁（虚岁），生末胎胤祯（禵）时 29 岁。这段时间康熙帝的年龄在 26 岁到 36 岁之间。

由上可见，在康熙帝中年时期，乌雅氏是比较受宠的，但她的名号晋为德妃，没再晋升，即使生下皇十四子胤祯（禵），也没有再得到晋升。

康熙帝亲征噶尔丹时，还从蒙古草原派人带给乌雅氏一封信。《宫中档·康熙北征谕旨》记载："给永和宫书一封，若有回书即带来。"

我在这里补充一点后宫的资讯：康熙帝有记载的 41 位后妃中，31 位后妃生育 35 子、20 女，共 55 位子女；有孝懿皇后等四对姐妹为妃；有至少 15 位汉人妃嫔；在康熙朝、也在清朝享年最高的是康熙帝定嫔万琉哈氏（允祹生母），享年 97 岁。

康熙六十一年（1722 年）十一月十三日，康熙皇帝宾天。二十日，雍亲王胤禛即皇帝位。这一天黎明，卤簿全设，各官齐集，雍正帝穿着素服，到乾清宫康熙帝大行皇帝梓宫（灵柩）前，跪告受命。而后，雍正帝在东偏殿换成礼服，到永和宫向皇太后乌雅氏行礼，然后御太和殿，升宝座，鸣钟鼓，举行登极大典。（《清世宗实录》卷一）乌雅氏被尊封为皇太后，但还没有举行册尊典礼，就出了问题。

半年之后，雍正元年（1723 年）五月二十二日，皇太后乌雅氏病了。雍正帝亲到永和宫为母亲皇太后侍奉汤药。第二天，清朝官书记载："辛丑（二十三日），丑（1—3 时）刻，仁寿皇太后崩于永和宫。"（《清世宗实录》卷七）年六十四。此前，雍正帝奏请皇太后移居宁寿宫，但皇太后坚辞不允。皇太后崩后，二十六日，大行皇太后梓宫移到景山寿皇殿。梓宫由东华门出，进景山东门；雍正帝由神武门出，跪迎于寿皇殿大门外。之后，雍正帝在顺贞门设倚庐居住守孝，二十七天。六月十九日释服，始回养心殿居住。（《清世宗实录》卷八）

雍正帝生身母亲之死，有多种说法。一种说法是，雍正帝逼死生母乌雅氏。《大义觉迷录》说："逆书加朕以逼母之名。"看来当时雍正帝"逼母"说流传很广。传说流布的根由是胤禛（禵）。雍正帝皇十四弟胤禛（禵），虽与雍正帝一母同胞，但因胤禛（禵）同异母八阿哥胤禩同党，又传闻康熙临终前遗命传位"胤禛"，而雍正党篡改为"胤禛"，所以同胞兄弟二人，成了不共戴天的冤家兄弟。雍正帝即位，先是不许抚远大将军胤禛（禵）进城吊丧，又命胤禛（禵）在遵化看守皇父的景陵，再将胤禛（禵）父子禁锢于景山寿皇殿左右。雍正帝生母见亲生儿子胤禛（禵）调回北京被关押起来，想一见胤禛（禵），雍正帝不准。乌雅氏眼看亲生儿子被囚禁，作为皇太后能不生气吗？太后一气之下，撞死在柱子上。时人将雍正帝母亲的死同他囚禁胞弟胤禛（禵）两件事相联系，是很自然的事情。乾隆帝继位后，将皇十四叔允禵（胤禛）开释。因此，雍正帝生母乌雅氏的死——是患病死还是气死，是正常死还是撞死，这是发生在永和宫的一桩历史悬案。

话题还是说永和宫。最后一位住在永和宫的是光绪帝的瑾妃，她从嫁给光绪皇帝进皇宫，就住在永和宫，一直到病逝。瑾妃和翠玉白菜的史事，人们很有兴趣。

三 翠 玉 白 菜

永和宫在历史上留下了"一人一物"的特殊记忆:"人"是光绪帝的瑾妃,"物"是与瑾妃有关,为天下所知的"翠玉白菜"。

先说光绪的瑾妃。《清史稿·后妃传》记载:端康皇贵妃,他他拉氏,光绪十四年(1888年),选为瑾嫔。二十年(1894年),进瑾妃。以女弟珍妃忤太后,同降为贵人。二十一年(1895年),仍封瑾妃。宣统初,尊为兼祧皇考瑾贵妃,宣统退位后尊为端康皇贵妃。

瑾妃住在哪座后宫呢?清宫档案记载:光绪十五年(1889年)正月初七日,由内交出黄单,载述瑾嫔住永和宫。(《光绪大婚典礼红档》)瑾妃也曾光鲜过。在光绪帝大婚礼前,正月十六日,按嫔位等级妆奁,由总管内务府大臣备齐,送交瑾嫔娘家。嫔位用的杏黄蓝围轿,也由工部制备。瑾嫔进宫前一日,由内务府派总管太监等,持钿钗、衣服送往嫔位家里。大婚前三天,瑾嫔的妆奁,由内务府大臣等,前往照料,进神武门,经顺贞门,安设在永和宫,由永和宫首领太监接收。瑾嫔进宫时,派乾清宫总管一名,敬事房首领太监二名,及本宫首领太监,到嫔位家迎接进宫,采仗前引,乐器吹奏,隆重盛大,气派非凡。(《光绪大婚典礼红档》)

光绪帝大婚礼,瑾嫔在永和宫的铺垫,档案记载:东次间前床,大红毡绣花卉金喜炕毯一,坐褥三,靠背一。东进间前床,大红毡绣百子炕毯一,大红缎绣花卉金双喜坐褥三,靠背一。罗汉床,大红绣花卉金双喜大褥一,帐子一。西次间前床,大红毡绣花卉金双喜炕毯一,大红缎绣花卉金双喜坐褥三,靠背一。西进间,大红缎绣百子帘子一。前床,大红毡绣龙凤双喜炕毯一,大红缎绣花卉金双喜坐褥三,靠背一。寝宫床,大红毡绣龙凤双喜炕毯一,大红串绸绣龙凤双喜玻璃挡八。

光绪帝大婚时,永和宫前后殿及殿外抱厦下,铺红地毡,悬挂灯彩。嫔的铺宫(器用),所用盘、碗、盅、碟,用蓝地黄龙、五彩龙凤两种。瑾嫔进宫后,要到皇太后、皇上、皇后前,行六肃三跪三拜礼。

瑾嫔与妹珍嫔，同晋为妃，以珍妃忤慈禧，降为贵人。这件事我在讲珍妃时介绍过了。后来慈禧太后六十大寿，瑾嫔和珍嫔又同升为瑾妃和珍妃。宣统退位后，尊封为端康皇贵妃。瑾妃在永和宫二十余年，讲求饮食，以书法自娱，挥毫丹青，观赏盆景。瑾妃五十寿辰，特邀梅兰芳等著名京剧演员入宫演戏。瑾妃在民国十三年（1924 年）病死于永和宫，享年 51 岁。瑾妃死后不久，冯玉祥兵变，溥仪出宫，她没有受到惊吓，也没有颠簸之苦，平和地结束了人生。

瑾妃也患过难。光绪二十六年（1900 年）七月二十一日凌晨，因八国联军入侵，慈禧等仓促起行时，穿蓝葛衫出宫，乘镇国公载澜的车。光绪帝穿白绢单衣，乘左翼总兵英年的车。皇后、大阿哥溥儁乘民车。瑾妃闻警迟，徒步出宫门，遇到刚毅给赁一辆车，送到庄王府，庄王派车，追到颐和园，见到慈禧太后和光绪帝后，稍坐片刻，即仓促起行。（《西巡大事记》）沿途苦难，一言难尽。回銮之后，仍住永和宫。

瑾妃居住的永和宫里，摆着一架"翠玉白菜"。

再说"翠玉白菜"。说光绪帝瑾妃，必说翠玉白菜。2011 年台北故宫博物院举行了一项重要的文化文物活动，就是从其 68 万件文物藏品中，根据"历史性、重要性、稀少性、艺术性、人气性"原则，评选出100 件文物精品，其中的一件就是"翠玉白菜"，并被收录到台北故宫博物院出版《精彩 100》书中。这件"翠玉白菜"还被列为台北故宫博物院十大镇院宝物之一。

翠玉白菜高 18.7 厘米，宽 9.1 厘米，厚 5.07 厘米，它有什么艺术特点呢？主要特点是选材巧，用材巧，雕工巧，寓意巧。这株翠玉白菜，就是利用一块半绿、半白的翠玉为原材，以绿色琢为菜叶，白色琢为菜帮，色彩自然，酷似白菜；叶上又雕琢两只螽（zhōng）斯，就是蝗虫类的昆虫——植物上有动物，既形象生动，又寓意多子。翠玉上的雕琢增添了这件翠玉白菜的文化含义。但严格说来，翠玉的材质并非上选，因为材质中有裂璺（wèn，裂纹）、斑块，要是用在光亮素雅的璧、镯等装饰玉器上，便是一种瑕疵。但是，巧匠聪明地选用了白菜这个题材，恰如其分地运用了玉料；原材自然色泽的分布，让裂痕藏进弯弯曲曲的叶

翠玉白菜入选台北故宫博物院十大镇院之宝（现藏台北故宫博物院）

缘、叶脉之中，而裂璺和斑块也成了区别不同水感的元素，使白菜似乎受过霜寒，翠玉的自然不完美，呈现出艺术的完美。

其实，早在清初就出现了以白菜为造型的雕竹器物。乾隆帝曾为他所拥有的一件和阗（田）玉器"镂霜菘花插"题诗，这里的菘，就是白菜。乾隆帝在御制诗中，特别提醒自己，玉匠是以物艺谏，在上位者应勤政，让"民无此色"。而后，白菜成为越来越流行的题材，近年"白菜"又寓意"摆财"，赋予它新的社会含义，更加受到民众喜爱。

那么，光绪帝瑾妃与翠玉白菜有关系吗？有。

有人说翠玉白菜是瑾嫔嫁给光绪帝时，瑾嫔娘家的一件陪嫁品。这有证据吗？有。有人列出的一个证据是，这件翠玉白菜就摆在瑾妃居住的永和宫。

这件翠玉白菜，原来摆在什么地方？从原典藏编号知道，翠玉白菜原是永和宫内的陈设器物。根据参与故宫首次展览工作的那志良先生回忆，原来翠玉白菜与一丛灵芝同种在一个珐琅花盆中，是所谓"宝石盆景"的局部，但当时策展人认为，这样整体感觉不协调，决定拆离，配

故宫藏"象牙雕草虫白菜"

上木座，就成了如今"翠玉白菜"的样貌。

光绪帝瑾妃曾居住在永和宫，因而人们产生推测，翠玉白菜可能是她的嫁妆。由于是嫁妆，所以这件翠玉白菜有着多元的文化含意：其一，叶青梗白的白菜寓意清白，象征人品纯洁；其二，叶尖上的螽斯、蝗虫则寓意多产，祝福新妇多子；其三，后来人们又把"白菜"谐音为"摆财"，增添财富的观念。总之，翠玉白菜的自然色泽、人为雕琢、象征理念和丰富寓意，获得人们普遍的喜爱，遂成一件不可多得的珍品。(《精彩100·翠玉白菜》)

但是，台北故宫博物院冯明珠副院长跟我说："翠玉白菜"并不是院里藏品中的最佳品，院里藏的玉质白菜也不止一件，但因它既具有"人气性"，又曾摆放在瑾妃居住的永和宫里，所以它受到广泛关注和普遍喜爱，而被列为"精彩100"之一。

延禧永和，求禧求和。人生命运，不可预测。福常伴以祸，祸也伏以福。光绪帝的珍妃，求爱情，虽得到真爱情，却被塞井而死；她的姐姐瑾妃，求平安，虽平安一生，却未得到爱情；而隆裕皇太后，求富贵，虽富贵满堂，却没享受真爱。命运往往捉弄人，得此失彼，自古难全。常言道：不必强求，随缘就好。

第三十八讲　景阳藏福

　　中国有个传统，皇家收集的
文物珍品，帝王们既玩赏，又收
藏。改朝换代，文物易主，继续
收藏，成为传统。所以，故宫博
物院珍藏的文物，不仅是明清两
代皇宫里的文物精品，而且是中
华历代的珍藏国宝。因此海峡两
岸故宫博物院是中华五千年文化
与艺术的圣殿。民国以来，皇家
收藏变为国家收藏，才真正成为
人民的财富。

第三十八讲　景阳咸福

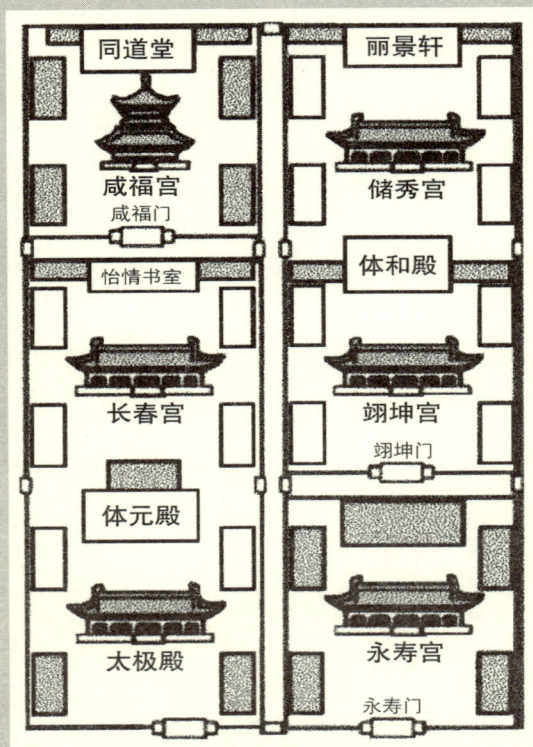

同道堂

咸福宫

咸福门

怡情书室

长春宫

体元殿

太极殿

丽景轩

储秀宫

体和殿

翊坤宫

翊坤门

永寿宫

永寿门

西六宫平面示意图

坐落在故宫东六宫东北角的景阳宫和西六宫西北角的咸福宫，既相互对称，又双具特色——前殿不是五间，而是三间。这是什么原因？史料没有记载。有人说是因风水，也有人说是给较低品级妃嫔住的。这是个没有破解的历史之谜。

一　马　后　练　衣

景阳宫前殿，悬挂着乾隆帝御笔匾额"柔嘉肃敬"。东壁悬挂着张照书写的《圣制马后练衣赞》，西壁悬挂着《马后练衣图》。

《马后练衣图》的故事源自《后汉书·马皇后传》。这幅宫训图表现的是东汉明帝马皇后自奉俭朴的事迹。马皇后是东汉光武帝伏波将军、新息侯马援的幼女。马援誓言："丈夫为志，穷当益坚，老当益壮。"马援驰骋沙场，中矢贯胫，奋立奇功，何等气概——荣耀时"宾客故人，

景阳宫曾为明万历帝王恭妃的冷宫，图为景阳宫庭院

日满其门"；遭诬后，"宾客故人，莫敢吊会"。（《后汉书·马援传》卷二十四）马后少年丧父，继又丧母，十岁少女，料理家务，治事干练，如同成人。因父亲身后受到权贵嫉恨，蒙诬后，多苦难。她的兄长，想了主意，"求进掖庭"，就是设法进入后宫。于是，兄长上书：一述乃父马援的显赫功绩；二述"援姑姊妹并为帝婕妤"；三述"窃闻太子、诸王妃匹未备"，就是还没有婚娶；四述"援有三女，大者十五，次者十四，小者十三，仪状发肤，上中以上，皆孝顺小心，婉静有礼"。请求是："因缘先姑，当充后宫。"书上，应允——"入太子宫，时年十三。"（《后汉书·马皇后传》卷十上）这位太子就是后来东汉第二任皇帝汉明帝。

太子继位，马氏为后，虽受宠爱，却是无子。后宫贾氏生子，马后受命抚养，尽心抚育，胜于己出。皇子后来继位，就是东汉第三任皇帝汉章帝。马皇后晋为皇太后。马后在位二十三年，是东汉著名的贤后。马后美德，主要有四：

其一，好学。"能诵《易》，好读《春秋》《楚辞》，尤善《周官》。"喜读董仲舒的《春秋繁露》，撰写《显宗起居注》，她有丰富的文、史、哲知识，学养深厚，知书达礼。

其二，俭朴。"常衣大练，裙不加缘。"这里的"练"是白素的意思，衣服不加色彩，裙边不做彩饰。诸贵姬等，朝拜皇后，见皇后"袍衣疏粗"，六宫美姬，莫不赞叹。于是，"马后练衣"的故事，就流传开来。

其三，自律。她说："吾为天下母，而身服大练，食不求甘，左右但著帛布，无香薰之饰者，欲身率下也。"身为皇后，以身作则，自己检素，做个榜样。

其四，辞让。赐马后娘家侯爵、金帛、府邸，一再辞让，说："吾少壮时，但慕竹帛，至不顾命，今虽老矣，而复'戒之在得'，故日夜惕厉，思自降损。居不求安，食不贪饱。……瞑目之日，无所复恨。"就是说，少年以来，羡慕读书，不顾寿命，虽已年老，"戒之在得"。

无独有偶。明太祖朱元璋马皇后也有类似"练衣"故事——"平居服大练浣濯之衣，虽敝不忍易。"马皇后平日只穿没有彩绣的普通衣服，反复洗涤，衣服破旧，不肯换新，继续使用。

朱元璋皇后马氏，安徽宿州人，母亲死得过早，父亲就把她寄养在郭子兴家。后来父亲也死了，郭子兴对她就像亲生女儿一样。郭子兴爱重部下朱元璋，就把养女马氏嫁给他。后来郭子兴听信离间他和朱元璋的谗言，幸亏马氏在郭子兴妻子面前恭顺、解释，嫌隙得以云散。马氏亲自为官兵缝衣做鞋，又取家里金银绸缎犒赏军士，还经常请朱元璋"定天下以不杀人为本"，朱元璋对马氏很感激。洪武元年（1368 年）正月，朱元璋在金陵（南京）即皇帝位，册马氏为皇后。

马后严以律己。有一年，江南大旱，军队缺粮，经常没有吃的。而马后呢？常饿肚子。朱元璋做皇帝后，常在群臣中赞扬马皇后的贤惠，比如讲马氏"芜蒌豆粥"（喝菜粥）的故事。后来每逢旱年，马后就率领后宫妃嫔、宫女等蔬食。（《明史·后妃传》卷一百十三）

马后关心士子生活。洪武帝巡视国子监回宫，马后问有多少生员，回答："数千。"马后说："人才众矣。诸生有廪食，妻子将何所仰给？"就是说，太学生有助学金，他们的妻子呢！于是设立红板仓，积粮赐其家，就是专设粮仓，赐粮给生员家里妻子。所以《明史·后妃传》说："太学生家粮自后始。"政府补贴太学生家里粮食，从马皇后开始。

马后胸有大局。明军攻克元大都，获得珠宝美玉，运回明都南京。马皇后说："元有是而不能守，意者帝王自有宝欤。"洪武帝说："朕知后谓得贤为宝耳。"马皇后的意思是"不以宝为宝，而以贤为宝"。马后拜谢说："妾与陛下起贫贱，至今日，**恒恐骄纵生于奢侈，危亡起于细微，故愿得贤人共理天下**。"朱元璋叹道："至言也。"

马后平时穿的衣服，虽洗涤多次已很旧，但仍不肯换新衣。马皇后听说元世祖忽必烈的皇后，煮旧弓弦的节俭故事，也命取练织为衾裯，以赐高年的鳏寡孤独。余下的丝帛，做成衣裳，赐给王妃和公主，让她们知道桑蚕织衣的艰难。妃嫔宫人被宠生有子女的，从不嫉妒，厚待她们。朱元璋要查访马皇后娘家的同族，封给官做，马后辞谢道：官爵俸禄给外戚家，不合礼法。几经力辞，才作罢休。

洪武十五年（1382 年）八月，马后病危，洪武帝问有什么话要说。

马皇后说："愿陛下求贤纳谏，慎终如始，子孙皆贤，臣民得所而已。"不久，崩，年五十一。宫人怀念，作歌颂之。（《明史·后妃传》卷一百十三）

二 王妃冷宫

明万历帝的王恭妃，曾被打入冷宫，这个冷宫就是景阳宫。景阳宫初建成于明永乐十八年（1420年），名长阳宫，嘉靖十四年（1535年）改宫名景阳宫。清沿明旧，宫名未改。清康熙二十五年（1686年）重修。

景阳宫的规制，景阳门内，前院为景阳宫正殿，两侧为东配殿和西配殿。后院为后殿，两侧为东配殿和西配殿。

王恭妃被打入冷宫，事情是这样的。王恭妃，本为万历帝生母李太后在慈宁宫的宫女。一个偶然机会，被万历帝朱翊钧（万历帝）过慈宁宫时临幸，有了身孕。明宫故事：宫中承宠，有两件事：一是必有赏赐，作为日后验证；二是文书房内太监做记录。可是当时朱翊钧避讳这件事，所以没有赏赐给信物。王宫女肚子显怀之后，太后责问，照实说了。一天，万历帝陪侍李太后吃饭，太后话点到这里，但万历帝不回应。李太后命取出内起居注给万历帝看，并好语相劝说："吾老矣，犹未有孙。果男者，宗社福也。母以子贵，宁分差等耶？"万历十年（1582年）四月，封王氏为恭妃。八月，朱常洛（明泰昌帝）生，是为皇长子。

时郑贵妃受宠，王氏为万

明光宗朱常洛生母孝靖皇后（王恭妃）的凤冠

历帝生下皇长子朱常洛，虽得到"恭妃"徽号，住进景阳宫，却被"屏居"在这里，就是被"打入冷宫"。

不久郑贵妃因生皇三子朱常洵（皇二子一岁殇），进封皇贵妃，但恭妃并未晋封。万历二十九年（1601年）册立皇长子朱常洛为皇太子，他的母亲王恭妃仍不被晋封。直到万历三十四年（1606年）二月，以元孙朱由校（后为天启帝）生，才进封为皇贵妃。[①]

王氏虽儿子做太子，孙子做元孙，自己却因福得祸——不仅再没得到万历帝的宠幸，而且被万历帝隔绝母子联系。王恭妃在景阳宫中，孤独思子，长夜难熬，以泪洗面，哭瞎双眼。万历三十九年（1611年）九月十三日，王恭妃病危，当时年已三十岁、立为太子也已十年的朱常洛闻讯后，请求皇父谕准到景阳宫，探视生母，获得旨准。于是，朱常洛带着儿子朱由校（十岁）匆匆赶到景阳宫，但"宫门犹闭，抉钥而入"——有人解释作"踹开门锁，冲进宫室"。王妃眼瞎看不见儿子和孙子，但能听到儿孙进来的声音，她用手抚摸儿子的衣服，拉着儿子，失声哭泣。最后有气无力地说了一句："儿长大如此，我死何恨！"（《明史·后妃传》卷一百十四）不久，王皇贵妃与世长辞，后葬定陵。

三　宫廷藏宝

明朝景阳宫为嫔妃所居，清朝则不用作妃嫔寝宫，而作为储书藏画的场所。景阳宫的后殿，清为御书房。清康熙帝曾在此接见"天下廉吏

---

① 《明史·后妃二》记载："三十四年，元孙生，加慈圣徽号，始进封皇贵妃。"但《明神宗实录》（卷四百十五）万历三十三年十一月记载："甲申（十四日）戌时，皇太子第一子生。"《明熹宗实录》（卷一）记载："熹宗悊皇帝讳（朱由校），光宗贞皇帝第一子也，于万历三十三年乙巳十一月十四日生。"是知《明史》上述记载有疏失。王妃晋皇贵妃，事在万历三十四年二月丙辰（十七日），似应在"元"字前加"以"字。应作"三十四年，以元孙生，加慈圣徽号，始进封皇贵妃"。

第一"于成龙，并赐食赐物（银一千两、马一匹），还赐御制诗和御书手卷。乾隆帝御书匾额"学诗堂"，悬挂在殿内，并御书匾联：**古香披拂图书润，元气冲融物象和。**景阳宫首领太监，兼管御书房收贮书画等事。"学诗堂"成为清宫珍藏宝物的一座重要的殿堂。

为什么叫"学诗堂"呢？这是由书画珍宝《毛诗图》引发的。这里的"毛"，指传授《诗经》的毛亨（大毛）、毛苌（小毛），《十三经注疏》中的《诗经》主要依据毛氏所传，称为《毛诗》。南宋高宗赵构、孝宗赵昚（shèn，古"慎"字）所书写《毛诗》文与马和之所配画，合称**《毛诗图》**，以其"三名"——名诗、名字、名画而著称于世。乾隆时鉴定内府珍藏的《毛诗图》，因历年既久，散失者多，便合为一笥，贮藏在景阳宫后殿，乾隆帝题殿额"学诗堂"。（清乾隆帝《学诗堂记》）这是"学诗堂"名称的由来。

南宋高宗赵构善书，又喜爱马和之的画。马和之，生卒年不详，钱塘（今浙江杭州市）人，南宋宫廷画家，位居御前画家十人之首。于是，赵构、赵昚书写《诗经》三百篇文，又命马和之每篇配一幅画，汇成巨帙，惜仅成50余幅，马和之就去世了。马和之配画，笔墨沉稳，结构严谨，意境飘逸，别开生面。黄公望赞其作品："笔法清润，景致幽深。"其中马和之《诗经·小雅·鹿鸣之什图》卷，南宋，绢本，设色，纵28厘米，横864厘米。全卷书、画共10段，每段前小楷书《诗经》原文，文后为配图。首段开头书"鹿鸣之什"四字，末段书三首诗名及小序，末又书"鹿鸣之什十篇"。《古画记》载述："马和之画法简逸，志趣有余，人物衣褶，用柳叶法。"《石渠随笔》记载："马侍郎画，画法在南宋诸家中别具一格。人物衣褶，真有荇带随风之致。其《郑风》、《唐风》、《陈风》、《豳（bīn）风》、《鸣雁》之什数卷，尤为逸品。"

宋马和之《毛诗图》，学诗堂收藏十四卷：《邶风》一卷，御笔补书；《郑风》一卷，宋高宗楷书；《齐风》一卷，宋孝宗书；《唐风图》一卷、《陈风图》一卷、《豳风图》一卷、《小雅鹿鸣之什图》一卷、《南有嘉鱼之什图》一卷、《鸿雁之什图》一卷、《节南山之什图》一卷、《周颂清庙之什图》一卷、《闵予小子之什图》一卷、《鲁颂图》一卷、

马和之《鹿鸣之什图》之"鹿鸣山"

《商颂图》一卷，自《唐风》至此，皆宋高宗书。(《石渠随笔》) 历数十年收集，聚藏于咸阳宫学诗堂。

景阳宫学诗堂收藏的唐韩滉（huàng）《五牛图》，被誉为中国十大传世名画之一，是我国现存最早用纸作画的国宝。[1]

韩滉（723—787 年），长安（今西安市）人，是唐朝宰相韩休之子，曾任宰相，封晋国公。幼有美名，天资聪明，善《易》与《春秋》，好鼓琴，长书画。入仕之后，官至卿相，凡四十年，"性持节俭，志在奉公，衣裘茵袒，十年一易，居处陋薄，才避风雨"。(《旧唐书·韩滉传》卷一百二十九) 公余之暇，雅爱丹青，尤擅长画牛。韩滉人品、官品、画品"三品"俱佳，其中以《五牛图》格逸调高，最为珍贵，被誉为画中神品。

《五牛图》为白麻纸本，横 139.8 厘米，纵 20.8 厘米，设色，长卷，有赵孟頫、项元汴、乾隆帝等十四家题记，有"三希堂精鉴玺""古希天子""乾隆宸翰"等章，乾隆帝视《五牛图》为"神品"。画中的五头

---

[1]　有人认为，中国十大传世名画是：(1)［东晋］顾恺之《洛神赋图》，(2)［唐］阎立本《步辇图》，(3)［唐］张萱、周昉《唐宫仕女图》，(4)［唐］韩滉《五牛图》，(5)［五代］顾闳中《韩熙载夜宴图》，(6)［北宋］张择端《清明上河图》，(7)［北宋］王希孟《千里江山图》，(8)［元］黄公望《富春山居图》，(9)［明］仇英《汉宫春晓图》，(10)［清］郎世宁《百骏图》。

景阳宫收藏的韩滉《五牛图》被誉为中国十大传世名画之一

牛，从左往右，一字排开，各自独立，各具姿态——中间一头为正面，其他四头都为走动姿势，五牛既联成整体，又形态各异——一俯首吃草，一翘首前仰，一静若淑女，一回首舐舌，一缓步前行，五牛神态，生动可爱。整幅画面布局，仅有一丛荆棘，不设任何衬景，增加画牛难度。画中表现了牛的不同性情：活泼的，沉静的，喧闹的，胆怯的，悠闲的，活灵活现，形貌真切。或行，或立，或止，或俯，或昂，笔墨浓重，色彩各异，线条简洁，筋骨到位。鼻处绒毛，细致入微，目光炯炯，体态自然，画出了五牛温顺而又倔犟的性格。

《五牛图》在北宋时曾收入内府，后南渡有"睿思东阁""绍兴"等南宋官印。元灭宋后，大书画家赵孟頫得到了这幅名画，留下了"神气磊落、希世名笔"的题跋。明人李日华在《六研斋笔记》里誉此卷："神气溢出如生，所以为千古绝迹也。"清乾隆年间《五牛图》收入内府。乾隆帝对《五牛图》非常喜爱，并多次命大臣在卷后题跋。1900年，八国联军侵入京城，《五牛图》被劫出国外。1950年初，获悉《五牛图》在香港。文化部派专家赴港，鉴定《五牛图》确系真迹，经过多次交涉，终以6万港元成交。现藏故宫博物院。

景阳宫学诗堂还珍藏有青铜器、瓷器、图书等。

青铜器　镈（bó，古代乐器）十二钟，设景阳宫。（《啸亭杂录》）最初收藏周朝镈钟十一尊，后又获得一尊，合成十二尊，先收藏在西苑瀛台韵古堂中，后移藏在学诗堂珍存。

瓷器　景阳宫收藏元、明、清的瓷器。民国初期，这里为宋、元、明、清瓷器陈列室。

图书　景阳宫收藏明洪武帝朱元璋到崇祯帝朱由检的御制诗文集。如《太祖皇帝钦录》明楷书抄本，经折装，朱笔断句，所录大多是朱元璋的口谕、密旨。乾隆帝赏鉴书画最精，尝获宋刻《后汉书》及《九家集注杜诗》，心甚爱惜，命画苑写御容于其上。

但是，清朝后期的景阳宫，管理混乱，账簿记载，有名无实，损失亦多。光绪二十年（1894 年），翁同龢受命同孙家鼐到景阳宫检查图书。（《翁文恭公日记》）光绪二十年、二十一年间，查景阳宫殿内柜橱，都是王原祁和董邦达、董诰父子及刘墉、英和等数十名家书画。两壁中为多宝橱。外签题宋、元、明某窑某器。经过检视，皆非原物，参证签题，无一符合。仅开三两橱，不复再阅矣。又查殿堂隔扇后，排列大架，贮藏明人诗文集，从明初洪武到明末崇祯，分代排列，架上充栋。集部多四库书目未著录者。既奏，奉旨亦饬编目录。乃尽发所收藏，以资检核。别架为宋、元刻本，明人文集。（《敬孚类稿》）

还有一批文物在宫外。如同治年间，山东巡抚丁宝桢清查藩司银库，见有四五个巨箱封锢严密。问询库吏，回答：贮箱已有百余年，从未开视，不知珍藏何物。因令查阅档案，知为乾隆帝第六次南巡，中途有诏，命留京王大臣，检运内府书画若干种赴行在。运到山东时，令毋庸递送，因命交山东布政使库收藏。后没有谕旨查问，历任巡抚等从未开视。

咸福宫悬挂的《婕妤当熊图》，表现了汉元帝冯婕妤的勇敢品格

这批内府书画、文物中，多钤"石渠宝笈"及"乾隆御览之宝"诸玺，都是宋、元、明人的精品，装潢为玉轴牙签，阴刻题字，古锦包首，凡数十种。

宣统帝溥仪被驱逐出皇宫后，清室善后委员会派俞平伯等到故宫景阳宫点查文物，于1925年4月13日，曾写下了点查文物的文章。

总之，清代在学诗堂珍储文物，成为文物宝库，仅是故宫藏品的一小部分。故宫博物院的藏品，北京故宫博物院有180万件，台北故宫博物院南迁文物有65万件，还有中国第一历史档案馆藏档案1000万件、满文档案200万件。我国有个传统，皇家收集的文物珍品，帝王们既玩赏，又收藏。改朝换代，文物易主，继续收藏，成为传统。所以，故宫博物院珍藏的文物，不仅是明清两代皇宫里的文物精品，而且是中华历代的珍藏国宝。因此海峡两岸故宫博物院是中华五千年文化与艺术的圣殿。民国以来，皇家收藏变为国家收藏，才真正成为人民的财富。

最后，景阳宫和咸福宫有共同之处，景阳宫已重点讲，咸福宫则从简略。景阳宫有《马后练衣图》，咸福宫则有《婕妤当熊图》。后图的故事是：一天，冯婕妤随西汉元帝游幸御苑，突然兽圈里的熊出栏，走向皇帝，随同妃嫔都吓得四散逃离，唯有冯婕妤挺身御前护卫，侍卫前来，化险为夷。事后汉元帝对冯婕妤更加敬重，其故事也像"马后练衣"一样流传于后世。①

东汉明帝马皇后，后尊为皇太后，在位二十三年，虽没有留下名字，却留下可贵精神——好学，俭朴，自律，辞让。她的生命，普世可鉴：少壮之时，但慕竹帛，虽已年老，戒之在得。日夜惕厉，经常自省。居不求安，食不贪饱。瞑目之日，无所遗憾。

---

　　① 咸福宫"婕妤当熊"典故，出自《汉书·外戚传下》（卷九十七下）。

第三十九讲 永寿之奇

　　明成化帝的王皇后，先后做
了三年太子妃、二十四年皇后、
十八年皇太后、十三年太皇太后，
共计五十八年。王皇后居上不骄，
居下不忌，心地善良，言行知礼，
看得淡，想得开，心胸宽，气量
大，这是王皇后幸福人生和健康
长寿的秘诀。

第三十九讲　永寿之奇

西六宫东排最南边的永寿宫，明初叫毓德宫，后改名永寿宫。永寿宫的含义，源自《诗经·小雅·天保》"如南山之寿，不骞不崩"，是寿比南山、健康长寿的意思。《论语·雍也》也说"仁者寿"，人们希求"仁"和"寿"。同永寿宫有关的明清后宫史事，介绍三个后妃不同的人生命运：一是万妃奇缘，二是纪妃奇遇，三是静妃奇冤。

一 万妃奇缘

万贵妃的爱情奇缘，要从她的丈夫成化帝朱见深说起。朱见深的父亲是正统帝，他有三件事情刻骨铭心：三岁时皇父在"土木之变"中被俘，十一岁时皇父复辟，十八岁时皇父病死。皇父病死后，朱见深以皇太子继承大位，在位23年，死时41岁。成化帝在明朝诸帝中比较好学，著有《御制诗集成》，凡四卷五百八十九首。（《明宪宗实录》卷一百七十八）但幼年时的家庭变故，使明成化帝朱见深的感情生活也与众不同。他一生专宠万贵妃，他和万贵妃的因缘，可以说是"奇缘"。

永寿宫见证了万妃、纪妃、静妃的三段奇缘

215

万贵妃（1430—1487 年），小名贞儿，山东诸城万家庄（今一说在诸城市舜王街道，另一说在原桃源乡万家庄）人（侯云昌主编《诸城名人》第40页），父亲万贵为县吏，被贬谪到顺天府霸州（今河北省霸州市）。她四岁被选入宫，在明英宗母孙太后宫里为宫女。小宫女万氏聪明机智，美丽动人，善解人意，活泼可爱，朱见深做太子时很喜欢万氏，万氏就到朱见深的宫里入侍，实际上成为太子的侧妃。明英宗崩逝后，十八岁的朱见深继位，年号成化，即成化帝。朱见深继承皇位后，万氏就为成化帝的宠妃。成化二年（1466 年），万氏由妃晋为贵妃。

成化帝与万贵妃两人年龄相差多少呢？成化帝生于正统十二年（1447 年）十一月初二日。万贵妃比成化帝大十七岁，就是说成化帝继位时十八岁，万贵妃这年已经三十五岁。①

成化帝的后妃，《明史·后妃传》记载为五人。皇后吴氏，顺天（今北京市）人，"聪敏知书，巧能鼓琴"，天顺八年（1464 年）七月二十二日，成化帝刚继位，就被册为皇后。八月二十二日，吴氏以正宫皇后自居，对受成化帝专宠的万妃，心里有气，看不过去，她采取的手段是："摘其过，杖之。"俗话说"投鼠忌器"，皇后怎么可以杖责皇帝宠爱的万爱妃呢？成化帝生气，以"言动轻浮，礼度粗率"（《明宪宗实录》卷八）为由，将吴皇后废掉，幽居西宫。废后之父吴俊，先授都督同知（从一品），因受到连累，被下狱戍边。吴皇后从册立到被废仅一个月。继任皇后的是王氏。王皇后"终其身，不十幸，无所妒忌"。（《罪惟录·王皇后列传》卷二）一辈子受到成化帝宠幸不到十次，但是王皇后对万贵妃的专宠，史书说她："万贵妃宠冠后宫，后处之淡如。"（《明史·后妃传》卷一百十三）史书还说她"母仪两朝，寿过八十"。被誉为明史中"最尊且寿"的皇后。**明成化帝的王皇后，先后做了三**

---

① 《明史·后妃传》记载："宪宗年十六即位，妃已三十有五。"据《明宪宗实录》（卷一）记载："宪宗……纯皇帝讳见深，英宗睿皇帝之长子，母今圣慈仁寿太皇太皇太后于丁卯（正统十二年，1447 年）十一月二日，生上于宫闱。"《明英宗实录》（卷一百六十）记载：正统十二年十一月庚寅（初二日），今上皇帝生，上之长子也。"由上，可见——成化帝年十八继位，《明史·后妃传》记载"宪宗年十六即位"有误。

年太子妃、二十四年皇后、十八年皇太后、十三年太皇太后，共计五十八年。王皇后居上不骄，居下不忌，心地善良，言行知礼，看得淡，想得开，心胸宽，气量大，这是王皇后幸福人生和健康长寿的秘诀。

另一位邵妃生下兴献王朱祐杬，是为嘉靖帝的祖母，也得善终。还有一位是纪妃，后面再详细讲。万贵妃在五位后妃中受到专宠。

万妃在成化二年（1466 年）正月，生下皇长子，成化帝大喜，派太监往名山大川寺观挂袍行香，敬祈祷佑，遂封为贵妃。但是，这位皇子当年夭殇。这年万贵妃三十七岁，此后不再怀有身孕。

人们要问：万贵妃比成化帝大十七岁，不仅是短暂受宠，而且是终身专宠，直到五十八岁薨逝，这是为什么呢？她用的什么迷魂药将成化帝迷住了呢？

一是美，"丰艳有肌"，丰满艳丽，机体健壮。美是宠妃、爱妃的共同特质。但也有书说她"貌雄声巨，类男子"，并不艳丽。万贵妃究竟长得如何，既没有《长恨歌》描述，也没有人亲眼见过，更没有影像记录，只能根据想象去推测，但是在成化帝眼里，一定是美的。

二是媚，聪颖机警，善谀帝意。作为爱妃，美丽是条件之一，迎合是条件之二。史书说万贵妃："机警，善迎帝意。"聪明机智，善于迎合皇上，是万贵妃的特殊本领。

三是刚，女人柔是美，刚也是美。成化帝爱喝酒，万贵妃"常戎装侍酒"；成化帝喜骑马，常出游，万贵妃"每上出游，必戎服佩刀侍立左右"，博得成化帝的宠爱——"上每顾之，辄为色飞。"成化帝幼年因皇父大起大落，缺少安全感，尤其需要女性的爱护。史有先例。"末嬉冠男子之冠，桀亡天下"。（《晋书·五行志上》卷二十七）唐武宗贤妃王氏，十三岁入宫，善歌舞，性机悟，喜游猎，着戎装，"每畋猎苑中，才人必从，袍而骑，校服光侈，略同至尊，相与驰出入，观者莫知孰为帝也。"（《新唐书·后妃传下》卷七十七）人们将成化帝的万妃同唐武宗的贤妃相比。

四是智，笼络群下，细察动静。运用手腕，掌控皇帝，后宫妃嫔，难得侍幸。史书写她："且笼络群下，令觇候动静。"其他妃嫔有孕，派

成化帝与万贵妃之间有一段奇缘，图为明宫廷画家绘《成化帝元宵行乐图》

人用药，进行堕胎。身边太监，一忤妃意，立遭斥逐。(《明宪宗实录》卷二百八十六) 万贵妃编织了一个控制后宫的严密网络。

五是缘，万贵妃的反常举动，必然遭到官员反对。然而，官员愈谏，宠爱愈笃。大臣见朝廷数年没有皇子出生，言官劝帝恩泽普霖，成化帝拒不接受，且宠万贵妃益甚。萝卜白菜，各有所爱，这就是缘。

万贵妃过于奢华。初居昭德宫，后移安喜宫，进封皇贵妃，服用器物，奢侈至极，四方珍奇，归己名下。万贵妃酷爱宝石，"京师富家，多进宝石得宠幸，赏赐累巨万"。大太监梁芳就是靠"日进美珠珍宝悦妃意"而飞黄腾达的。(《万历野获编》) 万氏一门，父兄弟侄，恩泽普受，异乎寻常。赏赐金珠宝玉，多得无法计算。甲第宏侈，田连州县，佞幸出外，科敛民财，倾竭府库，骚扰百姓。

花开有谢，贵妃暴死。怎么死的？书有两说：一说是万贵妃命鞭挞一宫婢，愤怒至极，气咽痰涌，一口气憋死；另一说是《罪惟录》记载"或曰左右缢万死"，就是被其身边的太监或宫女勒死。这自然是无法考据了。成化帝惊闻万贵妃噩耗，不语久之，长叹曰："万侍长去了，我亦将去矣！"于是，悒悒无聊，寝食不安，同年崩逝。

万贵妃故事称奇，纪妃的故事更奇。

二 纪 妃 奇 遇

万贵妃的争宠者纪妃，奇遇成化皇帝，演绎出一段历史故事。

纪妃，贺县（今广西贺州市）人。本土官之女。成化年间出征，俘入后宫，为宫女。纪氏聪明敏慧，通晓书文，命看守内府珍藏。时万贵妃专宠，嫉妒其他妃嫔，后宫如有身孕，便设法使其堕胎。大学士彭时、尚书姚夔曾为此谏言。成化帝说："内事也，朕自主之。"并不采用。万贵妃更骄横。太监一忤其意，立即斥逐。后宫御幸有身孕的，饮药损伤堕胎者无数。有的妃子，生下儿子，却被害死。柏贤妃生悼恭太子，也为所害。

一天，成化帝偶然到内府珍藏文物处，询问纪氏，对答满意。成化帝一高兴，就在内府幸了纪氏，遂怀有身孕。万贵妃知道后，又嫉又恨，令宫女给钩下胎儿。宫女谎报纪氏是"病痞"。纪氏就被贬谪到内安乐堂居住。安乐堂在金鳌玉蝀桥（今北海大桥东）西，棂星门迤北，羊房夹道内。凡宫人病老或有罪，就先发到此堂，待年久方再发到浣衣局。宫女们谎报纪妃是痞病后，纪妃就被送到内安乐堂。

纪氏十月怀胎，到了产期，生下一儿，就是朱祐樘，也就是后来的弘治帝，即明孝宗。万贵妃命守门太监张敏（福建同安人），将新生小儿在水里溺死。张敏惊讶道："上未有子，奈何弃之。"于是，偷偷用粉汤蜜糖哺育小儿，怕被发现，藏之他室。万贵妃派人到处寻找，也没找到。待小儿长到五六岁时，未敢剪掉胎发。这时，废后吴氏，谪居西内，靠近内安乐堂，密知这件事，也亲自往来哺养，成化帝不知也。

成化帝自万贵妃生的皇长子死后，一直没有男孩，皇帝无嗣，内外为忧。成化十一年（1475年），成化帝召张敏梳头，照镜叹道："老将至而无子！"张敏立刻跪地奏道："死罪，万岁已有子也！"帝愕然，问安在。对曰："奴言即死，万岁当为皇子主。"太监怀恩顿首奏道："张敏言是。皇子潜养西内，今已六岁矣，匿不敢闻。"成化帝大喜，当天幸西内，派遣太监前往迎接皇子。使臣到纪氏居所，纪氏抱着皇子哭泣道：

"儿去，吾不得生。儿见黄袍有须者，即儿父也。"于是，给皇子穿上小绯袍，乘小舆，拥至阶下，头发披地，走投帝怀。成化帝将儿子抱在膝上，抚视久之，既悲又喜，流着泪说："我子也，类我。"——是我的儿子，很像我！派太监怀恩赴内阁，传告事情原委。群臣闻知，皆大欢喜。明日，入贺，颁诏天下。

纪氏被封为妃，由西内安乐堂，移居西六宫的永寿宫。成化帝也数次召见纪妃，相与饮酒，很是欢快。万贵妃听说后，日夜哭泣，埋怨叹息道："群小绐我！"——这群小子欺骗我！

弘治帝的生母纪氏，被封为妃后移居永寿宫，图为永寿宫前石影壁

同年六月，纪妃暴薨。纪妃死因，有说是万贵妃密置毒酒害死的，也有说是自缢死的。张敏害怕，也吞金死。

朱祐樘立为太子，得到成化帝生母周太后保护。时周太后居仁寿宫，跟皇帝说："以儿付我。"小太子朱祐樘跟着周太后住在仁寿宫。一天，万贵妃召太子朱祐樘吃饭，周太后跟太子说："儿去，无食也。"——孩子，你去了不要吃东西！皇太子到了，万贵妃赐食，说："已饱。"给他羹喝，说："疑有毒。"万贵妃生气地说："是儿数岁即如是，他日鱼肉我矣。"——这个孩子这么小就这样，将来还不以我为鱼肉呀！

这里附及重视善事的周太后，为顺天昌平（今北京昌平区）人。成化十四年（1478 年），周太后懿旨出内帑重修京师西郊名刹大觉寺（《御制重修大觉寺碑记》）。其从弟周云瑞（吉祥）为僧录司左善世（正六品），兼大觉寺住持，于弘治五年（1492 年）圆寂。今存寺南"周云瑞和尚塔"及碑记可作史证。（舒小峰《北京两处明代周吉祥塔考辨》，姬脉利主编《阳台集——大觉寺历史文化研究》）

朱祐樘即位后，追谥母亲淑妃为孝穆慈慧恭恪庄僖崇天承圣纯皇后，迁葬茂陵，别祀奉慈殿。弘治帝悲念母亲，特遣太监蔡用前往，了解太后娘家，得到妃之父纪贵等回宫奏报。弘治帝大喜，授为锦衣卫指挥同知，并赐予第宅、金帛、庄田、奴婢，数量之多，不可胜计。追赠太后父为中军都督府左都督，母为夫人。遣官修太后在广西贺县的祖茔，置守坟户，守护坟茔。

弘治三年（1490 年），礼部尚书耿裕奏道：粤西当大征之后，兵燹饥荒，人民奔窜，岁月悠远，踪迹难明。昔高皇后与高皇帝同起艰难，化家为国，高皇后父，当后之身，寻求家族，尚不克获，然后立庙宿州，春秋祭祀。今纪太后幼离西粤，入侍先帝，连、贺非徐、宿中原之地，陛下访寻虽切，安从得其实哉！臣愚谓可定拟太后父母封号，立祠桂林致祭。帝曰：皇祖既有故事，朕心虽不忍，又奚敢违！于是封后父为庆元伯，后母伯夫人，立庙桂林府。（《明史·后妃传》卷一百十三）

三　静妃奇冤

静妃，博尔济吉特氏，原是是顺治帝的皇后，以"无能"被废后降为静妃，所以名为"静妃奇冤"。在讲这桩奇冤之前，先讲永寿宫的"班姬辞辇图"。

永寿宫内乾隆御笔"令仪淑德"匾

　　永寿宫的前殿，悬挂乾隆帝御笔匾额"令仪淑德"。东壁悬挂梁诗正书写的《圣制班姬辞辇赞》，西壁悬挂《班姬辞辇图》。（《国朝宫史》卷八）永寿宫在明永乐十八年（1420 年）建成。清顺治十三年（1656 年）五月，永寿宫重修完成。（《清世祖实录》卷一百一）光绪二十三年（1897年），永寿宫全宫进行了大修。（《内务府奏销档》）

　　"班姬辞辇"的故事，主人公是班姬，她是西汉成帝的妃子。班家的班彪、班固、班昭等"父子昆弟侍帷幄"。（《汉书·成帝纪》卷十）西汉成帝名骜，是西汉十二位皇帝中的第九位皇帝，在位 26 年，有 7 个年号。他的祖父是汉宣帝，父亲是汉元帝。他爷爷汉宣帝很喜欢这个孙子，立为皇太孙。他三岁时爷爷汉宣帝死了，他父亲汉元帝继位，于是他就成为皇太子。他父亲汉元帝在位十六年又死了，他继承皇位时十九岁，在位二十七年，寿四十六。班婕妤喜读书史，高雅自律。汉成帝为能与班婕妤形影不离，特别命人制作了一辆大辇车，可二人乘坐，同车出游，却被班婕妤婉拒说："观古图画，圣贤之君皆有名臣在侧，三代末主乃有嬖女，今欲同辇，得无近似乎！"（《汉书·外戚传》卷九十七下）就是说，如妾跟您同车出进，您岂不是和亡国之君相似吗？成帝的母亲听后说："古有樊姬，今有班婕妤。"

　　清朝在永寿宫居住过的后妃，有顺治帝废后博尔济吉特氏，有顺治帝的恪妃、嘉庆帝的如妃，有乾隆帝的生母等。本节重点是顺治帝的废后而降为静妃的博尔济吉特氏。

博尔济吉特氏，蒙古科尔沁部卓礼克图亲王吴克善之女，孝庄文皇后的侄女。是由孝庄太后和睿亲王多尔衮做主，为顺治帝选定和礼聘的皇后。废后博尔济吉特氏，《清史稿·后妃传》说："后丽而慧"——既美丽，又聪慧。顺治八年（1651年）八月，册封博尔济吉特氏为皇后。皇后博尔济吉特氏，生长在蒙古科尔沁贵族之家，有着成吉思汗的高贵血统，父亲是亲王，姑奶奶是皇太极的皇后，一个姑姑是皇太极的关雎宫妃，另一个姑姑是皇太极永福宫妃，也就是当时的孝庄皇太后。皇后博尔济吉特氏自幼生活优裕，娇生惯养，史书说她"嗜奢侈"，而顺治帝"好简朴"。这对姑表姐弟小夫妻，都有个性，都不懂事。小皇后屡屡"忤上"。

　　小皇后没有弄明白一个道理：自己已经是顺治帝的皇后，而不仅是科尔沁亲王的格格；自己已经是顺治帝的皇后，而不仅是顺治帝的表姐。因小皇后不会像万贵妃那样善于迎合帝意，几次顶撞，惹怒夫君，顺治

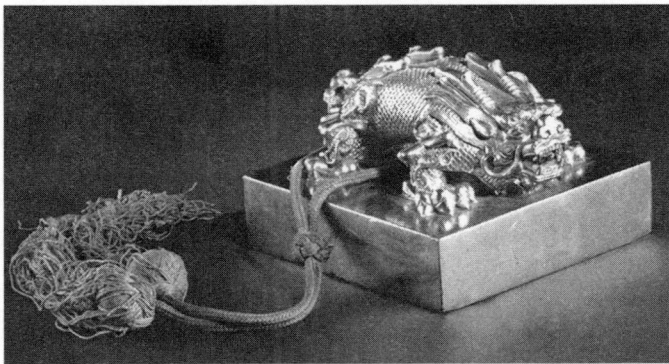

清"皇后之宝"是皇后身份的象征

十年（1653 年）八月，也就是新婚后两年，顺治帝命大学士冯铨等，上奏前代废后故事。冯铨等疏谏，顺治帝严拒。冯铨等奏问废后理由。顺治帝回答说："无能！"又说："因无能，故当废。"并斥责诸臣沽名钓誉。当天，顺治帝奏告孝庄太后，降皇后为静妃，改居侧宫。下礼部，礼部员外郎孔允樾等十三人，分别具疏，据理力争。孔允樾略言："皇后正位三年，未闻失德，特以'无能'二字定废嫡之案，何以服皇后之心？何以服天下后世之心？君后犹父母，父欲出母，即心知母过，犹涕泣以谏；况不知母过何事，安忍缄（jiān，闭口）口而不为母请命？"顺治帝命诸王等再议。集议的意见奏上：仍以皇后位中宫，而别立东西两宫。顺治帝不许，令再议。顺治帝斥责孔允樾覆奏，允樾具疏引罪。诸王大臣再议，请从顺治帝旨意。顺治十年（1653 年）八月，谕礼部："朕惟自古帝王，必立后以资内助。然皆慎重遴选，使可母仪天下。今后乃睿王于朕幼冲时，因亲定婚，未经选择。自册立之始，即与朕志意不协，宫阃参商，已历三载。事上御下，淑善难期，不足仰承宗庙之重，谨于八月二十五日，奏闻皇太后，降为静妃，改居侧宫。"（《清世祖实录》卷七十七）皇后博尔济吉特氏竟然"奇冤"被废掉。

博尔济吉特氏废后为妃之后，到底住在哪座后宫？

有一段记载：今年春，永寿宫始有疾，后亦躬视扶持，三昼夜忘寝兴，其所以殷殷慰解悲忧，预为治备云云。（清顺治帝撰《董妃行状》）这段史料，有人解释：后，就是董后，也就是董鄂妃。永寿宫病者是谁？有人认为：永寿宫病者，即指废后博尔济吉特氏。

万妃受宠，几百年来，朝野内外，百思不解。其实就是一种缘。缘，看不见，摸不着，心灵所系，真实存在，其中奥妙，耐人寻味。

第四十讲 启祥长春

　　启祥宫为西六宫之一，明永
乐十八年（1420 年）建成，原名
未央宫，因嘉靖帝生父兴献王朱
祐杬生于此宫，所以嘉靖十四年
（1535 年）更名为启祥宫，意思是
开启祥瑞之宫。

第四十讲　启祥长春

西六宫靠西一排，南为启祥宫（太极殿），中为长春宫，北为咸福宫。启祥宫与长春宫，咸丰打通，连成一体，合为一座宫院。

一　启祥故事

启祥宫为西六宫之一，明永乐十八年（1420 年）建成，原名未央宫，因嘉靖帝生父兴献王朱祐杬生于此宫，所以嘉靖十四年（1535 年）更名为启祥宫，意思是开启祥瑞之宫。启祥宫的史事，本讲介绍"兴献王母"、"万历食言"、"天启二妃"三个故事。

兴献王母　兴献王朱祐杬是明宪宗成化帝朱见深的第四子，是明孝宗弘治帝朱祐樘之弟，生母为邵妃。明武宗正德帝朱厚照死后无子，"父死子继，兄终弟及"，由兴献王朱祐杬之子朱厚熜继位。朱祐杬在成化二十三年（1487 年）封为兴王。弘治四年（1491 年）在安陆（今湖北钟祥）建府邸。三年后，兴献王朱祐杬就藩。兴献王"嗜读书，绝珍玩，

启祥宫（太极殿）是嘉靖帝生父的出生地

不畜女乐，非公宴不设牲醴"。（《明史·兴献王皇帝传》卷一百十五）其母邵氏，浙江昌化人，家境赤贫，卖给杭州镇守太监。镇守太监将邵氏献进皇宫。邵氏"知书，有容色"，受宠幸，生皇子，后晋为妃，再晋贵妃。儿子就藩，不得随从。孙子朱厚熜继承皇位，邵贵妃已老，眼睛也已瞎。史载："世宗入继大统，妃已老，目眚（shěng）矣，喜孙为皇帝，摸世宗身，自顶至踵。已，尊为皇太后。"（《明史·后妃传》卷一百十三）邵太后善终。谥孝惠，与孝贞（王皇后）、孝穆（纪太后）礼制等同。

万历食言　明神宗万历帝自乾清宫和坤宁宫火灾后，就居住在启祥宫。① 万历帝在启祥宫有一段君王戏言的史事。万历帝派太监到各地搜刮钱财，激起民愤，以陈奉和马堂为例。御马监太监陈奉到湖广，作恶多端："鞭笞官吏，剽劫行旅，商民恨刺骨"；到荆州，"聚众千人噪于途，竞掷瓦石击之"；到武昌，激民变——"奉嚇诈官民，僭称千岁，其党直入民家，奸淫妇女……以致士民公愤，万余人甘与奉同死"；民众气愤，誓必杀奉，陈奉逃匿到楚王府，便将被捉获的党徒十六人投入江中。（《明史·陈奉传》卷三百五）天津税监马堂也是如此，到临清，"中产之家，破者大半，远近罢市。州民万余纵火焚堂署，毙其党三十七人"。（《明史·马堂传》卷三百五）其他各地税监矿监，作恶多端，民怨极大。首辅沈一贯奏言："陈奉入楚，始而武昌以变，继之汉口……等处，变经十起，几成大乱。立乞撤回。"结果是："帝皆不闻。"

事情在万历帝病危时有所转机。万历三十年（1602年）二月十六日巳时（9—11时），万历帝病危。急召辅臣及部院大臣到启祥宫外。万历帝在启祥宫后殿西暖阁，独召内阁大学士沈一贯到病榻前。这时坤宁宫王皇后、翊坤宫郑贵妃因"养疴"不在身边，李太后面南立，皇太子及诸王罗跪于前，万历帝具冠服席地坐。沈一贯进来后叩头毕，万历帝说："沈先生来，朕恙甚虚烦，享国亦永，何憾！佳儿佳妇，今付与先生，先生辅佐他，做个好皇帝，有事还谏正他讲学，勤政。矿税事，朕因三殿

---

① 万历帝住在启祥宫的起讫时间记载不详，但有大概时间框架：万历二十四年（1596年）三月乙亥初八日戌刻（19～21时），乾清宫火灾，万历三十二年（1604年）三月甲子十四日"乾清宫成"，中间有八年的时间。

两宫未完，权宜采取，今宜传谕及各处，织造、烧造俱停止……朕见先生这一面，舍先生去也。"（《万历起居注》三十年二月十六日）沈一贯呼万岁，称谢，并说：圣寿无疆，何乃过虑如此，望皇上宽心静养，自底万安。因不觉失声。这时，皇太后、太子、诸王皆哭。万历帝从地上起来上床。沈一贯等回到内阁朝房值班拟旨。到了二更，长安门守门官递送"圣谕"到内阁，内容如前。二更后，万历帝稍苏。十七日，"上遣文书官至内阁，取回前谕"（《明神宗实录》卷三百六十八）。就是万历帝所示圣谕，旋即取回。（《万历野获编·壬寅岁厄》）大学士沈一贯奏称："昨恭奉圣谕，臣与各衙门俱在朝房直宿，当下悉知，捷于桴响，已传行矣。顷刻之间，四海已播，欲一一回，殊难为力。成命既下，反汗非宜，惟望皇上三思，以全盛德大业，以增遐寿景福。"（《明神宗实录》卷三百六十八）万历帝说："朕前眩晕，召卿面谕之事，且矿税等项，为因两宫三殿未完，帑藏空虚，权宜采用，见今国用不敷，难以停止，还着照旧行，待三殿落成，该部题请停止。"（《万历起居注》三十年二月二十日）堂堂皇上，出尔反尔，国君戏言，内阁奈何！

天启二妃。明天启帝《明史·后妃传》立传的两位妃子——裕妃和成妃的悲剧，都同长春宫有直接或间接的关系。

裕妃饮檐溜而死。裕妃是天启帝的妃子，天启帝十六岁登极，在位七年，二十三岁病死，他的妃子也不过二十岁上下。这位裕妃，年纪轻，不懂事，性刚烈，为天启帝乳母客氏和宦官魏忠贤所不容。客魏勾结，坏事做尽——"顺我者昌，逆我者亡。"客魏合谋，幽禁裕妃——"幽于别宫，绝其饮食。天雨，妃匍匐饮檐溜而死。"

成妃藏食檐瓦间。明天启帝成妃李氏，曾居住在长春宫。李成妃仗义助人，却招来横祸。这件事情的原委是：慧妃范氏生下皇次子慈焴，夭殇之后，遭到冷遇。史书记载："李成妃侍寝，密为慧妃乞怜。客、魏知之怒，亦幽成妃于别宫。妃预藏食物檐瓦间，闭宫中半月不死，斥为宫人。"（《明史·后妃传》卷一百十四）熬到崇祯初，才恢复名号。就是说，李成妃仗义助人，为慧妃向皇帝说情，希望天启能够可怜范慧妃的处境。但这点耳语之言竟被客氏的心腹探听到，客氏便惩治李成妃，以皇帝名义下旨，断绝了李成妃的膳食。李成妃搬出长春宫，被打入冷宫。有宫词写道：众中自恃独承恩，锦帐宵分夜语频。回首繁华成往事，萧萧雪霰别长春。

清朝康熙帝的僖嫔，雍正帝的谦妃，乾隆帝的孝贤纯皇后等，都曾在长春宫住过。长春宫因咸丰改建和慈禧居住而更加闻名。

二　咸　丰　改　建

长春宫也是西六宫之一，明永乐十八年（1420 年）建成，初名长春宫，嘉靖十四年（1535 年）改称永宁宫，万历四十三年（1615 年）复称长春宫。长春宫在启祥宫的北面，两宫南北相邻，清康熙二十二年（1683 年）重修，后又多次修葺。

启祥宫前殿，悬挂乾隆帝御笔匾额"勤襄内政"，东壁悬挂张照书写《圣制姜后脱簪赞》，西壁悬挂《姜后脱簪图》。故事取自汉朝刘向《列女传·周宣姜后》："周宣姜后者，齐侯之女也。贤而有德，事非礼不言，行非礼不动。宣王常早卧晏起，姜后脱簪珥，待罪于永巷，使人通言于王曰：'妾之不才，妾之淫心见矣，至使君王失礼而晏朝，以见君王乐色而忘德也……敢请婢子之罪。'王曰：'寡人不德，实自有过，非夫人之罪也。'遂复姜后，而勤于政事。"这个故事的寓意是后妃辅主，既以礼制情，也以理制情。

长春宫前殿，悬挂乾隆帝御笔匾额"敬修内则"，东壁悬挂梁诗正书写的《圣制太姒诲子赞》，西壁悬挂《太姒诲子图》。[①]

咸丰九年（1859 年），启祥宫与长春宫在建筑格局上，发生重大变

---

① 长春宫"太姒诲子"典故，出自《史记·管蔡世家》。故事说："武王同母兄弟十人，母曰太姒，文王正妃也。"又《列女传》云：太姒"旦夕勤劳，以进妇道。太姒号曰文母。文王理外，文母治内。太姒生十男，教诲自少及长，未尝见邪僻之事，言常以正道持之也"。

大故宫
2

化，主要是通过改建，两宫连成一体。具体说来，主要有五：

其一，**连通**：拆除长春宫的宫门长春门及两侧院墙，将启祥宫后殿改为穿堂殿，咸丰帝题额"体元殿"，启祥、长春两座宫院，由此连通成为一体。

其二，**抱厦**：后给体元殿接出三间后抱厦，南北 6.9 米，东西 14.7 米，面积为 101.43 平方米，成为长春宫院内的戏台。抱厦匾额"境清心静"，柱联："西山浓翠迎朝霞，南陆微薰送午凉。"

体元殿的三间后抱厦成为长春宫的戏台

其三，**宫门**：太极殿的宫门未设在中间，而是偏东。东西六宫的十二座正门，只有太极殿—长春宫的宫门正门不居中。

其四，**等级**：宫正中设地屏宝座。长春宫前檐出廊，天花绘金龙和玺彩画，启祥宫改名太极殿，正殿前左右设铜龟、铜鹤各一对。显然礼制更高，并具殿堂功能。

其五，**合一**：改建后的启祥宫（太极殿）和长春宫，正殿与后殿，及其东西配殿，前后出廊，转角游廊，东西耳房各开一间为通道，互相连接，经太极殿后殿（体元殿）的穿堂殿，并经各宫殿相连的回廊，使启祥宫（太极殿）与长春宫，由原各自独立的二进院，连成贯通合一的四进院。

231

为什么这样做呢？据专家分析，主要原因是：其一，为纪念咸丰帝登极十周年；其二，为庆祝咸丰帝三十大寿；其三，为往来近便——长春宫南院墙距养心殿北院墙 7 米，长春宫南正门到养心殿"如意门"12.2 米，就是说咸丰帝如住在长春宫到养心殿上班，最近距离为 7 米，最远距离为 12.2 米，既方便，也近便；其四，可能是最主要的，奕詝这番兴工改建与他患有骽（tuǐ）疾相关。这里我解释"骽"字：《玉篇》释作"腿股"，有说是指股骨头，也有说是指大腿骨。奕詝当年骑马摔伤，成为瘸腿，长期体弱，走动不便，跪拜起立不灵活，连天坛大祭也要派人恭代。住在这里，两宫打通，上朝下朝，台阶少，路程近。但是，工程完工不久，咸丰帝逃往承德避暑山庄，第二年病死，新长春宫后来实际成为皇太后之宫。

咸丰帝住在长春宫时，去养心殿"上班"极为方便，图为长春宫宝座

启祥宫与长春宫合并改建工程，国家图书馆藏有相关图样，就是《长春宫启祥宫糙底》。今见太极殿、长春宫状况，基本是咸丰末年的原状。新太极殿、长春宫使人联想到乾清门、乾清宫、坤宁宫，虽有大小高低的礼制差别，却略仿后三宫，并部分取代其功能。（杨文概《奕𬣞并长春宫启祥宫为一宫的前因后果》，载《中国紫禁城学会论文集》第六集）

三　长春慈禧

晚清同治时期，慈安和慈禧两太后都曾住在长春宫。长春宫留下慈禧居住的历史记忆——长春三事。

慈禧居住长春宫。慈禧入宫后，住在储秀宫。咸丰十一年（1861年），咸丰帝梓宫（棺材）由热河抵京。慈安与慈禧携六岁同治帝回到紫禁城，执掌权力，垂帘听政。这段时间，慈安和慈禧在养心殿垂帘听政，他们住在哪里呢？有时慈安住养心殿后寝殿体顺堂（绥履殿），慈禧住养心殿后寝殿燕喜堂（平安室），但更多时日慈安和慈禧住长春宫。两宫太后是什么原因住在长春宫呢？一因，东西六宫中长春宫前殿廊下匾额"澂心正性"和体元殿匾额"体元殿"，由咸丰帝御笔题写，她们有先帝情结。二因，长春宫距养心殿较近，便于垂帘听政。三因，儿子同治帝住养心殿后殿，关照皇子，比较近便。这段期间，慈安和慈禧主要居住在长春宫。

慈安和慈禧早期垂帘听政的军政大事，都同养心殿和长春宫有关。同治三年（1864年），清军克复金陵，太平天国覆亡，曾国藩以六百里加急红旗报捷。九岁的同治帝分别到母后慈安的绥履殿和圣母慈禧的平安室，向两宫太后贺喜。同治十年（1871年），同治帝酝酿亲政，慈安从长春宫搬回钟粹宫居住，长春宫便成为慈禧太后一人独享的宫院。长春宫庭院中花木与钟粹宫同，苹果树独多，早春叶绿，晚秋果熟。

慈禧太后四十大寿是在长春宫过的。

慈禧庆寿长春宫。同治十三年（1874年）十月十日，为慈禧太后四

咸丰帝离世后，长春宫实际成为皇太后之宫，慈安、慈禧都曾在此居住

旬大寿，这自然是要大办的。长春宫佛堂、正殿、后殿及体元殿佛堂等处铺设地毯、床毯、帘幔、坐褥、靠背、桌套、机套等项三百多件，共用白银十七万多两。现长春宫前殿及配殿门前楹柱上的对联，都是慈禧举办隆重的寿礼时，词臣恭进的祝寿谀词。慈禧题长春宫联："月傍九霄，众星齐北拱；山呼万岁，爽霭自西来。"这是她身为"女皇"中年志满意得的写照。慈禧太后为庆四十大寿，自初五日起，长春宫天天演戏，连续半个月，晚八点散场，近支王公、后妃公主、大臣命妇等，每天在这里陪着慈禧太后看戏。万几之暇，戏剧之外，还"召唱盲词者入宫，演说诸般故事"。(《南亭笔记》) 晚清随着谭鑫培、汪大头（汪桂芬）等进宫演戏，也有盲人到后宫为宫眷、宫女们说弦子书。

但是，慈禧的四十大寿，既是她大喜的一年，也是她大悲的一年。民间常说人生三大不幸——幼年丧父、中年丧偶、晚年丧子，似乎慈禧都遇上了。她十九岁丧父，也还算早；二十七岁丧夫，却是中年；四十岁丧子，步入晚年。慈禧四十大寿刚过不久，同治帝得上天花，不治而死，才十九岁。这对慈禧来说，是一个天大的打击。她在长春宫一手掌控，立了既是侄子，又是外甥的载湉为帝。光绪十年（1884 年），慈禧从长春宫迁回到她早年居住的储秀宫。慈禧死后，三岁的宣统皇帝溥仪即位，光绪帝皇后隆裕被尊为太后。这位清廷最后一任太后，是在长春宫接受皇太后徽号的。

红楼四壁长春宫。长春宫正殿廊庑的四面回廊内壁上，绘有以《红楼梦》为题材的巨幅壁画，东北和西北角各五幅，东南和西南角各四幅，共18幅，均属晚清作品，其中有"怡红院"，有"潇湘馆"，还有贾母逛大观园等。绘制的众多人物色彩鲜艳，栩栩如生；画中的亭台楼阁形象逼真，有立体感。《红楼梦》自乾隆时期面世，书生辗转抄阅，仕女私相传诵。后宫中有大量闲暇时光的妃嫔们，喜欢以"才子书"消磨时光，慈禧也未能免俗。长春宫的《红楼梦》壁画，据传是光绪帝珍妃和瑾妃提议绘制的，自

长春宫回廊中共有18幅《红楼梦》壁画

然得到慈禧太后的俯允。壁画绘制者是谁？宫史无载。有人认为是内廷如意馆苏州画工所绘。光绪朝侍读学士吴士鉴在《清宫词》中自注：瑾、珍二贵妃，令画苑绘《红楼梦》大观园图，交内廷臣工题诗。另有人认为是出自民间艺人之手。红学家周汝昌先生在《红楼四壁驻长春》文中说：这些《红楼梦》壁画，实出于地安门的一家彩画铺的艺人之

手。身怀绝技的画师和艺人，给人们留下了这样的艺术品。画笔精细，典雅清秀，显示出画师们的精湛艺业和深厚功力。

文绣孤独长春宫。长春宫最后一位主人是清逊帝溥仪的淑妃文绣。康熙帝题、慈禧书长春宫匾联："麟游凤舞中天瑞，月朗风和大地春。"文绣人生中得到了"天上的瑞"和"地上的春"吗？

文绣于 1909 年 12 月 20 日生于满洲贵族世家，为镶黄旗额尔德特氏端恭之女，又名傅玉芳。1922 年 3 月，由逊帝溥仪阅看相片"钦定"，17 岁的郭布罗·婉容选为皇后，14 岁的额尔德特·文绣选为皇妃。文绣做皇妃既未能享受皇妃之乐，还遭受皇后婉容的冷眼，这是她悲剧人生的开始。

从 1922 年冬到 1925 年冬，文绣在长春宫生活。她每天除早晚到养心殿向溥仪问安，到太妃们住的宫中例行问安外，回到长春宫或读书，或督导宫女读书、刺绣。1926 年故宫开放时，长春宫还保留着文绣住过的痕迹。正堂西侧一间是文绣卧室，再西一间是书房，桌案上陈放着小说等书，还有几幅她的亲笔小楷；正堂东侧一间是文绣的浴室；再东一间有两个橱柜，东壁有山水画和油画——教授文绣英文的美国女教师凌若雯。屋中还摆放着一张溥仪、婉容、文绣与英文女教师凌若雯夫妇的合影。配殿承禧殿里都是西式陈设，南间有书案、风琴等物，还有至圣先师孔子的牌位，墙壁上悬挂着地图。文绣独居长春宫，精心读书，学习文学，书籍成为她的精神伴侣。

1924 年 11 月 5 日，做妃子不到两年，才 16 岁（虚岁）的文绣，遇上冯玉祥的"逼宫"，随溥仪离开皇宫。1931 年 10 月 22 日，文绣与溥仪在天津签订离婚协议书。这年文绣 23 岁（虚岁）。是为爱新觉罗宗室后妃同皇帝离婚的先例，当然这时的皇帝和后妃都已经不是名副其实的帝后了。1953 年 9 月 18 日，文绣在北京西城劈柴胡同一间约 10 平方米的小平房里，患病故去，终年 45 岁。

第四十一讲 翊坤储秀

光绪十年（1884年），慈禧太后由长春宫移住储秀宫。这一年，光绪帝十四岁，清朝先例是顺治帝十四岁亲政，康熙帝也十四岁亲政。同治帝十八岁亲政，比其先祖顺治、康熙晚了四年。这一年，慈禧由长春宫搬回储秀宫，这是为表示自己要归政养老，而做出的一个姿态。

第四十一讲　翊坤储秀

西六宫靠东一排，南为永寿宫，中为翊坤宫，北为储秀宫。翊坤与储秀两宫，清朝打通，连成一体。

一　翊 坤 郑 妃

翊坤宫于明永乐十八年（1420 年）建成，初名万安宫，嘉靖十四年（1535 年）改名翊坤宫。清沿明旧，没再改名。翊坤宫的前殿，悬挂乾隆帝御笔匾额"懿恭婉顺"，东壁悬挂张照书写的《圣制昭容评诗赞》，西壁悬挂《昭容评诗图》，后殿悬挂乾隆帝御笔匾额"懋端壸（kǔn）教"。[①] 明代翊坤宫主要是贵妃等居住，据《玉堂荟记》等书记载：万历帝郑贵妃在此宫住过。明朝避讳不像清朝那样严格。如明万历帝郑贵妃居住的翊坤宫，其"翊"字就是万历帝"朱翊钧"的"翊"字，内外所称，恬不为怪。（《万历野获编·门官不避讳》）又如明人记载：今禁城北门名厚载门，即玄武门（清改名为神武门）也。但"厚"与"载"两字都犯明帝字讳，"厚"字犯正德帝朱厚照，嘉靖帝朱厚熜的字讳，隆庆帝朱载垕"垕"字的音讳，"载"字也犯了隆庆帝朱载垕的字讳，但在明朝，上下通称，并不避讳。

明朝有四大名妃：永乐帝权贤妃、成化帝万贵妃、万历帝郑贵妃和崇祯帝田贵妃，前已介绍权、万、田三妃，下面介绍郑贵妃。

郑贵妃，大兴（今北京市）人。万历初年入宫，封贵妃，生皇三子常洵，进皇贵妃。郑贵妃成为名妃，同万历帝立太子相关。

---

① 翊坤宫"昭容评诗"典故，出自《旧唐书·后妃上》（卷五十五）和《新唐书·后妃上》（卷七十六）。故事说的是唐中宗昭容上官婉儿聪慧秀丽，文采卓异，在昆明池评论学士词臣赋诗的文坛佳话。后上官婉儿在宫廷政变中被"斩于阙下"。储秀宫"西陵教蚕"典故，出自《史记·五帝本纪》（卷一）："皇帝居轩辕之丘，而娶于西陵之女，是为嫘（léi）祖。"故事说的是嫘祖西陵氏教授妇女养蚕织布，被后世尊为先蚕氏，为历代皇后举行亲蚕礼时所祭之神，其寓意是清宫后妃应重视农桑。

明朝四大名妃之郑贵妃曾住在翊坤宫

　　这里交代万历帝的八个儿子：王恭妃生皇长子常洛，郑贵妃生皇三子福王常洵、皇四子沅王常治（一岁殇），周端妃生皇五子瑞王常浩，李贵妃生皇六子惠王常润、皇七子桂王常瀛，另皇二子邠王常溆（一岁殇）和皇八子永思王常溥（二岁殇），《明史》称此二皇子其"母氏无考"。

　　立太子事争论的焦点是：立皇长子、王氏生的朱常洛为太子，还是立皇三子、郑贵妃生的朱常洵为太子，二者只能有一，必须做出抉择。

　　按照明制，应立皇长子为太子。但是，万历帝不喜欢朱常洛生母王恭妃，也不喜欢其长子常洛；他宠爱的是郑贵妃，尤爱郑贵妃所生的皇三子常洵。这样，朝廷上下，宫廷内外，都怀疑郑贵妃有立自己儿子常洵为太子的图谋。万历帝处事优柔寡断，患得患失，拖而不决。群臣奏争立储，章奏成百上千。但万历帝概置不理，拖而不定，一拖再拖，竟拖了二十八年。官员们有的猜测立朱常洛，有的猜测立朱常洵，两派门户大起，朝廷党争激烈。万历二十九年（1601 年）十月，立长子常洛为皇太子，而疑者仍未死心。这就产生所谓立储的"国本"之争。明朝的"梃击案""红丸案""移宫案"都同万历帝立储有直接或间接的关系。

围绕郑贵妃和立太子之事，传言不断，妖书四起。比如，有一封匿名书，假托"郑福成"——有人附会"郑"指郑贵妃，"福"指福王朱常洵，"成"指郑贵妃与福王立储册后成功。还有解释说："郑福成"者，谓郑之福王当成也。大略说："帝于东宫不得已而立，他日必易。其特用朱赓内阁者，实寓更易之义。"万历帝大怒，敕锦衣卫搜捕，后捉一人，处以极刑。大学士叶向高劝万历帝以静处之，速命福王之藩，以息群言。后发生"梃击案"。事情牵连郑贵妃。郑贵妃闻之，便对万历帝哭泣。万历帝说："须自求太子。"郑贵妃向太子号诉。贵妃拜，太子亦拜。万历帝又在慈宁宫太后几筵前召见群臣，令太子降谕禁株连，于是张差狱乃定。万历帝崩逝，遗命封郑贵妃为皇后，礼部阻止。"移宫案"起，又传言郑贵妃要与李选侍同居乾清宫，阴谋垂帘听政。崇祯三年（1630年）七月，郑贵妃薨。（《明史·后妃传》卷一百十四）郑贵妃身经万历、泰昌、天启、崇祯四朝，长达五十余年。

明人记载一个故事：郊游时见敕建寺宇，壮丽特甚，登殿礼佛，见供几上并列三位——中曰"当今皇帝万岁景命"，左曰"坤宁宫万岁景命"，右曰"翊坤宫万岁景命"。翊坤宫就是郑贵妃所住之宫。（《万历野获编·郊寺保釐》）这件事情说明郑贵妃当时在宫中的地位与影响。

万历帝、郑贵妃与众朝臣之间，围绕着皇储问题，喧闹了二十多年，说明当时朝廷大臣有一定的话语权，也有政治的影响力，能在一定程度

明代皇贵妃御书钤用印玺

上牵制皇帝决策，自然也付出代价。万历帝是个优柔寡断的人，犹犹豫豫，患得患失，拖而不决，决而不断，致使万历帝与郑贵妃、朝廷与百姓都受到巨大损失。

二 两宫一体

北京老百姓有句话："逛故宫没有不逛西路的，逛西路没有不逛储秀宫的。"为什么呢？因为慈禧太后住过储秀宫。[①]

储秀宫于明永乐十八年（1420 年）建成，初名寿昌宫，嘉靖十四年（1535 年）改名储秀宫。清沿明旧，没再改名。清顺治十三年（1656 年）闰五月，翊坤宫和储秀宫重修告成，朝廷派官祭祀后土、司工、司门之神。（《清世祖实录》卷一百一）

储秀宫的前殿，悬挂乾隆帝御笔匾额"茂修内治"，东壁悬挂张照书写的《圣制西陵教蚕赞》，西壁悬挂《西陵教蚕图》[①]。两宫均设宝座，宫前列铜龙、铜鹿各一对，廊嵌蓝琉璃斜卍字。

慈禧福宫。 为什么储秀宫是慈禧的福宫呢？因为，其一，慈禧在咸丰二年（1852 年）以秀女被选入宫，号兰贵人，住在储秀宫。（《内务府奏销档》）。其二，慈禧在什么地方受宠幸的？一说是在圆明园。一天，兰贵人在园里唱歌，被咸丰帝听到，召去宠幸，怀孕生下载淳（后来的同治帝）。二说是相传李文田听一位老太监讲：西后（慈禧）先入宫，夏日单衣，方校书卷，咸丰帝见而幸之，怀了孕，始册封。（《花随人圣庵摭忆》）其三，慈禧在咸丰六年（1856 年）三月二十三日，在储秀宫后殿丽景轩生下载淳（同治帝）。其四，慈禧入宫后受到"四封"——初封兰贵人，晋为懿嫔，又晋为懿妃，再晋为懿贵妃，都是在储秀宫。载淳（同治

---

① 同治帝珣皇贵妃，阿鲁特氏，大学士赛尚阿的女儿，是同治帝皇后阿鲁特氏的姑姑，也居住在储秀宫。阿鲁特氏初入宫为珣嫔，晋珣妃。光绪间，晋贵妃。宣统时又晋为皇贵妃。民国十年（1921 年），薨于此宫。（《赐砚斋日记》）

乾隆帝御笔"茂修内治"匾，被新主人慈禧换成"大圆宝镜"匾

帝）出生后九个月时，慈禧被特恩，回娘家省亲一次。先有太监到她娘家，告以某时驾到，届时太监及侍卫群拥黄轿而至，母亲率领家人、亲戚排列院中，入内堂，慈禧降舆，登堂升座。除母及长辈外，都跪地叩头。举行筵宴，母陪坐于下，因为懿妃为皇子之母。

慈禧在储秀宫里度过五十、六十、七十大寿。光绪十年（1884年），慈禧五十大寿，中法战争失利，法军攻陷台湾基隆，袭击福建马尾炮台，黄河在山东历城决口，恭亲王奕䜣被罢斥，全部军机大臣免职，史称"甲申易枢"。慈禧六十大寿，自紫禁城到颐和园，沿途布置彩棚、彩灯，备赏的饽饽850桌，用彩绸10万匹，红毡条60万尺，用银760余万两。有人不满，贴联京城：万寿无疆，普天同庆；三军败绩，割地求和。七十大寿，日俄战争，割地赔款。历史有巧合，慈禧逢甲，流年不利：

甲戌（同治十三年，1874年），四十大寿独子同治帝死；甲申（光绪十年，1884年），五十大寿中法战争；甲午（光绪二十年，1894年），六十大寿中日战争；甲辰（光绪三十年，1904年），七十大寿日俄战争。

为慈禧太后五十寿辰，也为慈禧太后将要从长春宫移住储秀宫，便对翊坤宫和储秀宫，进行大修大改。这项工程浩大，改变原有格局：

一是拆除储秀门和储秀宫前院墙，将翊坤宫的后殿体和殿，改成穿堂殿，使两宫连成一体；

二是将体和殿五间，改中一间作穿堂，东二间连通作膳厅，西二间连通作茶厅，东西耳房各改一间作通道；

三是改储秀宫及其东配殿和西配殿也前出廊；

四是后院东南和西南有两眼井，并盖有井亭；

慈禧五十大寿时对体和殿进行了大装修

大故宫
2

五是将翊坤宫和储秀宫两座原本独立的二进宫院，连成通过穿堂和游廊贯通的一座四进宫院。

工程总耗银 63 万余两。

储秀宫庭院，分两个部分，后殿储秀宫主要是慈禧寝居和办公的宫殿，前殿体和殿主要是慈禧用膳和休息的殿堂。

慈禧吃在体和殿　体和殿五间，当中一间是穿堂门，东两间连在一起，是慈禧用膳的地方。用膳分天、地、人三桌——天桌在最东头一间，地桌在穿堂门内，人桌在东屋第二间（慈禧专用）。西两间当中有槅扇隔开，是慈禧饭前、饭后，休息、喝茶、吸烟的地方。饭后常在西二间休息。最西头一间为卫生间，饭后小解在这里。慈禧午、晚两餐多在体和殿，早膳则在储秀宫。

体和殿和储秀宫一样，用南果熏香，而不用香料熏香。在储秀宫和体和殿里，在条案、茶几、桌子等底下，有多个空缸，就是用来装南果子薰殿用的。乘慈禧在体和殿吃午饭的间隙，宫女先在储秀宫换果子；等太后午睡的时间再在体和殿换果子。整个储秀宫有一股特殊的水果芳香味。慈禧的寝宫是在储秀宫。

三　储秀慈禧

光绪十年（1884 年），慈禧太后由长春宫移住储秀宫。这一年，光绪帝十四岁，清朝先例是顺治帝十四岁亲政，康熙帝也十四岁亲政。同治帝十八岁亲政，比其先祖顺治、康熙晚了四年。这一年，慈禧由长春宫搬回储秀宫，这是为表示自己要归政养老，而做出的一个姿态。这时储秀宫皇太后下，配备编制是宫女 12 名（实际更多），如意妈妈 4 名，嬷嬷 12 名。皇太后宫规定太监 128 名。(《国朝宫史》卷二十一)

住在储秀宫　储秀宫五间，三明两暗。三个明间，中设正座，是为接受朝拜用的。最东头一间为东暗间（静室），是慈禧礼佛、思考的地方。她信佛，也信萨满教。北面是白衣大士像，遇到不顺心大事，或批

同治帝亲政后，慈禧由长春宫搬回储秀宫

阅奏折心烦时，在佛像前，燃上藏香，两眼一闭，双手合十，静默沉思，有时默坐半天。东一间临南窗有炕，静穆，豁亮。喝茶，吸烟，早餐，谈话，接见皇帝和皇后等多在这儿。西一间跟卧室连接，是卧室的外间。屋里几上的匣子里，盛着慈禧心爱的首饰。最西头的一间为西暗间，是慈禧的卧室兼化妆室。这屋里床头有一面大玻璃，慈禧睡觉头朝西，在炕上一歪身，把帐子一掀，能看到外面院子一切。炕上被褥按季节，按制度更换，如冬天铺三层垫子，夏天铺一层垫子，冬至挂灰鼠帐子，夏至挂纱帐子等。临窗东南角有一架慈禧最心爱的梳妆台。她亲自研制的化妆品放在这里。

慈禧每天早晨是怎样生活的呢？参照一位在慈禧身边八年的宫女荣儿的口述历史《宫女谈往录》（金易、沈义羚著）所述，列举八点，以窥全貌。

起床。寅时（三点至五点），慈禧卧室灯一亮，两个值夜宫女，在卧室门口伺候着，两个在宫门口外的宫女准备。寅正，宫门下锁，宫女打来一桶热水到门外。太监张福熬银耳已好，作为慈禧下床后第一次敬献。她认为吃银耳可以容颜不老，永葆青春。等侍候的宫女跪在地上磕

储秀宫床帐与黄花梨嵌螺钿盆架、掐丝珐琅莲花寿字面盆

头，喊"老祖宗吉祥"，慈禧便坐起来下地。门口值夜的两个宫女，才放其他宫女进寝宫。宫女们齐齐整整地向寝室里请完跪安以后，开始一天的活计。司衾的宫女们有的整理床上、床下的什物，叠被，有的用银盆端来一盆热水，慈禧用热手巾将手包起来，在热水盆里浸泡相当长的时间，要换两三盆水，直到把手背和手指的关节都泡舒坦了。这样的浸泡是天天必做的。然后才洗脸，实际上是煺（tuì）脸（就是热敷），这样可减少脸上的皱纹。然后是传太监梳头。

梳头。慈禧脾气刚强，不让别人看到自己蓬头垢面。宫女给梳头的刘太监掀起宫门帘子，刘太监头顶黄云龙套包袱（里面是梳头工具）走进来，双腿向慈禧请了跪安，把包袱从头顶上请下来，向上一举，由宫女接过来，然后清脆地喊一声："老佛爷吉祥，奴才给您请万安啦！"在卧室的宫女喊："进来吧，刘德盛！"这是替老太后传话，太监能经常进太后寝室的，刘太监算是独一份。刘太监进屋磕完头，打开黄云龙套包袱，拿出梳头的簪子、梳子、箆子等工具，开始为慈禧梳头。这时老太后开腔了："你在外头听到什么新鲜事没有？说给我听听！"刘太监一面给慈禧梳头，一面慢条斯理地说着。宫女在一旁给递东西，常在这个时候，张福老太监把一碗冰糖银耳送到储秀宫门外，交给当差宫女。慈禧面前摆茶几，用银勺舀着银耳喝。宫女都感谢梳头刘太监，因为他一大早就伺候得慈禧高高兴兴，她们的差事就好当了。

化妆。慈禧是个爱美的人，她常说："一个女人没心肠打扮自己，那还活个什么劲儿呢？"慈禧早、中、晚要在化妆间里消磨两三个小时。梳完头后，慈禧重新描眉，刷鬓角，敷粉，擦红，两颊、手心抹点胭脂

西洋摄影术初入中国，慈禧太后也有了自己的御用摄影师

（胭脂和粉是慈禧亲自研制的）。当慈禧前后左右地照镜子时，宫女总要左夸右赞，哄着老太后高兴。

敬烟。慈禧不吸关东烟，吸水烟。金黄烟丝，一两一包，绿色包装。慈禧习惯是左边含烟嘴，侍烟宫女必须站在左方，离太后大约两块方砖左右，把烟装好后，用右手托着烟袋，轻轻把烟嘴送到太后嘴边。再用左手把烟眉子一晃动，用手拢着明火的烟眉子点烟。

早餐。吸烟后，喝奶茶（保留满洲习惯）。奶是人奶和牛奶。奶茶不由御茶房供应，由储秀宫小茶炉供应，上茶方便，干净可靠。同时寿膳房要敬早膳。早膳有粥——稻米粥、红稻米粥、香糯米粥、薏仁米粥、八珍粥、黄米粥、鸡丝粥和八宝莲子粥等；有茶汤——杏仁茶、鲜豆浆、牛骨髓茶汤等；有点心——食盒里有二十几样，麻酱烧饼、油酥烧饼、白马蹄、萝卜丝饼、清油饼、焦圈、糖包、糖饼，还有清真的炸馓子，豆制品的素什锦，也有卤制品如卤鸭肝、卤鸡脯等。进早膳时，太监总管李连英守在寝宫门口，崔玉贵站在寝宫门外，张福站在老太后桌旁。崔玉贵先接过太监的包袱，传递给李连英，再由张福解开包袱，李连英捧到慈禧面前。宫里有个特别严的规矩，不当着太后的面食盒是绝对不许打开的。太后坐在明间炕上，坐东面西，摆上炕桌，从下面抬过一张花梨木茶几，慈禧用早膳。

穿戴。吃过早点，漱完口，喝半杯茶，吸一管烟后，宫女们把慈禧请到更衣室。管服饰的宫女，这时已准备好时下服装鞋袜。换上莲花底满是珍珠的凤履，戴上两把头的凤冠，两旁缀上珍珠串的络子，插上时令宫花，披上彩凤的凤帔。慈禧站起来必定要把两只脚比齐，看看鞋袜（绫子做的袜子，中间有条线要对好鞋口）正不正，然后才轻盈盈地走出来。这时宫女把寝室的窗帘一打，在廊子外头，眼睛早就紧盯着窗帘的李连英、崔玉贵、张福等，像得到一声号令一样，在廊子的滴水底下，一齐跪在台阶上，高声喊着："老佛爷吉祥!"慈禧春风满面，容光焕发，笑盈盈地接见他们。这时李连英指挥：轿子抬到储秀宫门口。

上朝。慈禧上了轿，左边是宫廷总管太监李连英，右边是内廷回事太监崔玉贵，两个紧扶着轿杆，后随着一群护卫，前呼后拥地到养心殿上朝去了。一年四季，不管刮风下雨，到时一定起床，准时到养心殿，天天如此，月月如此，年年如此，几十年如一日。

精神。慈禧讲精气神儿，一天到晚那么多的大事，全得由老太后心里过，每天还是悠游自在，腾出闲工夫，讲究吃，讲究穿，讲究修饰，还讲究玩乐，总是精神饱满，不带一点疲倦劲儿。

这就是慈禧太后在储秀宫里度过的一个早晨。

慈禧太后曾经掌控晚清中国近半个世纪，她先后在储秀宫生活了32年，至今储秀宫留下了慈禧太后的印记。关于对她的评价，我在《正说清朝十二帝》里说过：慈禧作为一个女人来说，无疑是杰出的，是优秀的，她性格沉静，精力充沛，她很聪明，更懂权术。我们用政治家的标尺来衡量慈禧，发现她——缺乏政治家的远见卓识、宽阔胸怀、治国谋略和守正惟新。慈禧文化不高，朱批懿旨，错字连篇，书法也差。长年囿于紫禁城或颐和园，不懂农，不懂工，不懂学，不懂商，也不懂军，更不了解国外实情，仅靠玩弄权术，掌控泱泱中华，面对新兴世界，怎能不败？六岁的同治、四岁的光绪、三岁的宣统，面对西方列强，怎能不输？这是家天下、君主制的必然结果。清朝的家天下、君主制，皇帝只能在爱新觉罗氏宗室中选择，而不能在全民中选出最优秀、最杰出的元首。在残酷激烈的国际竞争中，优胜劣汰，落后挨打，败下阵来，清祚覆亡。

第四十二讲 慈禧西逃

慈禧面临改革与守旧的难题：不改革有人不满，改革也有人不满，两相比较，各有利弊：改革虽得罪一些人，却顺应历史发展趋势；不改革虽迎合一些人，却悖逆社会发展趋势——拒绝改革的人，终被历史唾弃。因此，两者相互比较，还是改革为好。智者动善时，时机很重要。慈禧太后错过改革时机，身负顽固保守骂名。早也改革，晚也改革，主动为尚，顺时为好！

第四十二讲　慈禧西逃

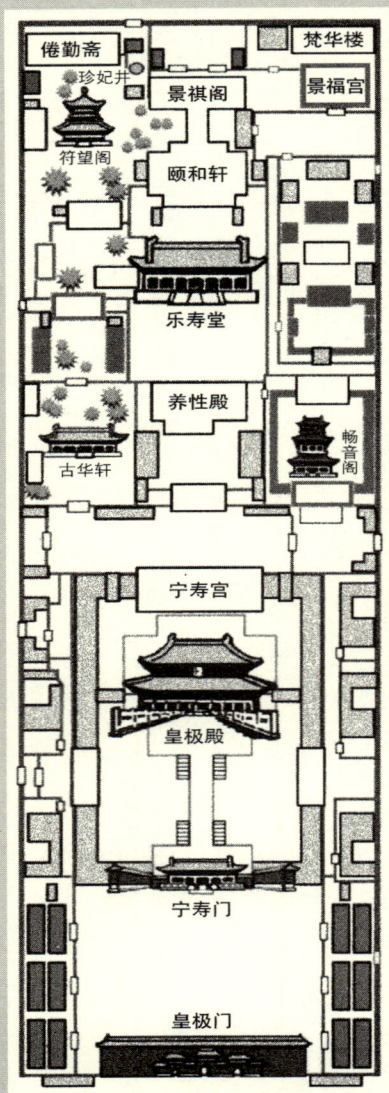

宁寿宫平面示意图

皇宫晚期，慈禧晚年，发生了一件大事，就是慈禧西逃。

一 仓惶出逃

慈禧太后在皇宫的住处，除长春宫、储秀宫、养心殿外，还有宁寿宫。宁寿宫是乾隆帝为禅位做太上皇而修建的宫殿，但他实际上主要居住在养心殿，这里主要作为礼仪和休闲的场所。慈禧出逃和回銮都在宁寿宫的乐寿堂。所谓"慈禧西狩"，就是慈禧"西逃"。①

光绪二十六年（庚子，1900年）三月，受慈禧暗中支持的义和拳（团）进入北京。② 四月，义和团民杀死日本驻华使馆书记杉山彬和德国驻华公使克林德，并焚毁正阳门城楼，围攻东交民巷使馆。五月，慈禧太后在西苑（中南海）仪銮殿，连续举行四次御前会议，(徐彻《慈禧太后》) 袁

宁寿宫区乐寿堂为慈禧出逃前的寝宫

---

① "狩"是指冬天打猎，《左传》隐公五年："故春蒐、夏苗、秋狝、冬狩。"古代天子冬天狩猎称作"冬狩"，帝王巡视也称"巡狩"。慈禧西逃并不光彩，自称到西部"巡狩"，所以称"西狩"。参阅《清德宗实录》《光绪朝东华录》《宫女谈往录》《庚子西狩丛谈》和《西巡大事记》等。

② 义和团起初，自称义和拳，山东巡抚毓贤为更名曰"团"。(《清史稿·毓贤传》卷四百六十五)

昶等陈词："奸民不可纵，使臣不宜杀！"慈禧坚持己意。七月二十日，德、奥、英、法、美、意、日、俄八国联军攻入北京城。当夜，传闻"夷人要攻东华门"，慈禧如坐针毡，彻夜未眠。

二十一日　要传早膳时，突然听到有流弹落在宁寿宫乐寿堂西偏殿瓦上。慈禧太后惊慌，急谕李连英，快找衣服换装。一会儿，李连英提一个装着汉民裤褂鞋袜的红包袱进来。慈禧急忙换上深蓝色夏布大襟旧褂子、浅蓝色旧裤子、白细布袜子、黑布鞋，并吩咐："把我手上的指甲剪掉！"手指甲有两寸来长，这等于剪掉慈禧的心头肉。光绪帝则穿深蓝色夏布长衫、黑裤子，戴小草帽，活像个跑买卖的小伙计。慈禧吩咐贴身太监张福："等着我回来！"

慈禧西逃前命人将珍妃推入井中，此井因此名为珍妃井

行前，慈禧命从景祺阁召来珍妃。（隋丽娟《说慈禧》）珍妃进言说："皇帝应该留京。"慈禧说："洋人进京，怎么办呢？我们娘儿跳井吧！"珍妃哭求说："请太后恩典！"慈禧冷笑，太监崔玉贵将珍妃推入井（珍妃井）中。

慈禧领着一行人，绕过颐和轩，侧过景祺阁，经过珍妃井，直奔贞顺门，在神武门前，黑压压一片人跪着送别，满脸惊恐，哭声一片。

辰初（7时），慈禧一辆轿车，光绪一辆轿车，皇后、大阿哥、格格等乘坐民车随从，出神武门，经德胜门，奔颐和园。瑾妃未及告知，闻警后奔神武门，乘一辆民车，追到颐和园，与慈禧相会。

在颐和园乐寿堂，慈禧太后说：不能这样走，必须保证万无一失，颐和园还有兵，让他们断后。离开颐和园后，慈禧一行，为隐蔽西行，车在青纱帐里钻着走，到了海淀的温泉，央求一户人家，到他家借厕所。老北京习俗，女人借厕所须先喝凉水，压邪气，出门还要送红包。宫女用瓢舀水，慈禧喝了一口凉水，给了二两银子。

午间，肚子饿了，米面找不到，花银子买下一片地里的庄稼，就摘豇豆，剥青玉米。豇豆和玉米有了，怎样煮熟呢？忙着借锅，挑水，找柴。煮熟后，每人分一个玉米、半碗豇豆。光绪分一个熟玉米，慈禧吃玉米粒。吃饭没有筷子，慈禧就用秫秸秆当筷子。慈禧和光绪同"逃难"的人一样，也一口一口地吃下去。煮老玉米汤也成了宝贝，你一碗我一碗分抢着喝，光绪也喝了一碗。慈禧和光绪等逃出皇宫后的第一次午餐，就是这样狼狈解决的。临走时，车上装载玉米秸，路上渴急了，就嚼玉米秸，慈禧也一起嚼。

傍晚到西贯市，住在旧清真寺里。屋里三间正房还好，是一明两暗。中间堂屋里有一口破缸，能盛水。有一个灶，连着东间的炕。地下墙角有个三条腿的破矮凳子。把轿车的垫子抬下来，让慈禧能有个坐处。光绪坐在矮凳子上。慈禧漱口没有碗，洗手没有盆，就用骡子饮水的盆，刷一下洗脸、洗手。

天黑，蚊子成团地滚在一起，乱吵乱叫，让人心烦。更让慈禧恶心的是上厕所，没法子下脚，要多脏有多脏，癞蛤蟆满地乱爬，长尾巴的蛆，使慈禧看了要呕吐。慈禧上趟厕所，苍蝇顺着脸爬。慈禧太后的生活：昨天是在天堂，今天是在地狱！

二十二日　早晨出发，奔向长城。到居庸关南的隘口——南口后，慈禧低声说要解溲，并说："就在庄稼地里，人围起来！"就这样，太后、皇后、瑾妃、格格们轮流着，没有便纸，只好用野麻的叶子代替。一路上慈禧默默地看着随从，万般心腹事，俱在不言中。

午饭是一碗细粉丝黄瓜汤，慈禧饿了，吃得很香。到居庸关，迎面高山窄路，只有一个城门，两边营垒排列，让人心惊肉跳。驮轿又继续往前走，突然有人对着队伍打枪。这时护卫队到来了，人多势众，土匪跑了。

晚上到了延庆州的岔道。延庆州是义和拳（团）扎堆的地方，四门紧闭，不见人影。城里见来人没有凭证，不让进城。好在太监崔玉贵提到北京红箩厂收炭的太监某某，过去在延庆收木炭，他们才相信，让进岔道城。镇里乱糟糟的。住房光有一铺炕，一张旧席，没有陈设，也没有女厕。在这里住了一夜。总算还好，能给点吃的，不致挨饿了。慈禧住上房东屋，光绪住西屋，皇后、瑾妃、格格们住东耳房。西院伙房里有热水，慈禧可以洗脸，擦身，洗脚。屋里靠南窗子底下有铺炕，炕上有条旧炕毡，一个歪歪斜斜的小炕桌，一个枕头，油腻腻的，不堪倒床入睡。慈禧看得出来是十分劳累了。她不发脾气，不说话，闭目沉思。这一夜，慈禧和光绪是怎样熬过来的呢？慈禧后来向怀来知县吴永哭诉："昨夜我与皇帝仅得一板凳，相与贴背共坐，仰望达旦。晓间寒气凛冽，森森入毛发，殊不可耐。尔试看，我已完全成一乡姥姥。"（吴永《庚子西狩丛谈》卷之三）

一会儿李连英来了。慈禧让把光绪请过来，共同听城里和宫里洋人的消息。李连英说："洋人还没进宫。"

崔玉贵找来一乘轿子，这是延庆州知州用来拜客乘坐的蓝呢子轿，俗称"四人抬"，是四人抬的轿子，又沉又笨。前边四个人抬轿，后边要八个人跟着预备轮换。慈禧又坐上轿子了。

二十三日　早晨吃的是黑馒头，冬瓜汤。饭后起程，出城东门。冷冷落落，没有仪銮，慈禧坐的蓝呢子小轿在第一，光绪的驮轿在第二，皇后的驮轿在第三，其他紧随在后面。一路上，溃兵难民，如蚁如潮，日夜北行，络绎不绝。到怀来界，天降大雨，风卷着雨，打掀车帘，等于往身上泼水。路旁有一眼井，井边有个大草帽，车夫掀开一看，是具死尸。沿途井不少，但不敢喝井里的水，因井里往往有死人。

中午到榆林堡。一位官员戴着朝珠穿补服跪着来接驾——跪唱："怀来县知县臣吴永跪接皇太后圣驾。"太后出宫门以后，没人理，没人瞧，现在终于又有人跪在面前。

慈禧见了吴永，二人谈话，说着说着，慈禧放声大哭，吴永也哭。慈禧边哭边说："连日奔走，又不得饮食，既冷且饿。途

西方人笔下的慈禧西逃场景

中口渴，命太监取水，有井矣而无汲器；后井内浮有人头，不得已，采秫秸秆与皇帝共嚼，略得浆汁，即以解渴……今至此已两日不得食，腹馁殊甚，此间曾否备有食物？"吴永说："本已备肴席，但为溃兵所掠。尚煮有小米绿豆粥三锅，预备随从尖点，亦为彼等掠食其二，今只余一锅，恐粗粝不敢上进。"慈禧说："有小米粥，甚好甚好，可速进！"

傍晚，到怀来县城，慈禧等被引到一家大客栈住下。原来准备好的三大锅绿豆小米粥，都被乱兵饥民给抢光了，还剩下一点锅底。每人一碗，别无食品。

吴永见皇帝上无外褂，腰无束带，发长至逾寸，蓬首垢面，憔悴已极。慈禧对吴知县说："这回出来十分仓促，皇帝、皇后、格格们都是单身出来，没有替换的衣服，你能不能给找些衣裳替换一下？"知县吴永在院内泥泞中跪奏道："微臣母亲、妻子已经亡故，尚有几身遗物，太后不嫌粗糙，臣竭力供奉。"慈禧又低声对吴永说："能找几个鸡蛋来才好！"吴永说："臣竭力去找。"过了一会儿，知县吴永用粗盘托着五个鸡蛋，并有一撮盐敬献给慈禧太后，并说各家住户，人都跑空了，只能挨户去翻，在一家抽屉里找出五个鸡蛋，煮好后献给太后。慈禧一口气吃了三个鸡蛋，把剩下的两个鸡蛋给光绪帝。

有个小太监捧着吴永送来的四个包袱，将先人和夫人的遗物及自身衣饰奉献。最令逃难人满意的，是有一包全新的白细布袜子，大约十多双。两天多来，两次遇雨，别处都能忍受，只有脚在湿袜子里沤着，真叫人难受。无怪慈禧赞叹地说："这个人有分寸，很细心。"此外，小太监又抱来两个梳妆盒子，梳篦脂粉一应俱全。慈禧说：三天没照镜子，不知成什么样子了。

慈禧等一行在怀来县城，住了三天。这里作为临时驻跸的行在，收拾得干干净净。有一间卧室，陈设不多，可很雅洁，晚饭很丰盛，有肉、鸡、肝等，自从离宫后，第一次开荤，所以也吃得特别香。一时王公大臣，太监宫女，满坑满谷，几乎挤破了这小小的县城。随扈军士、宫监数千百人，日需供给，数目不小。

慈禧从此又恢复了旗装。皇后、瑾妃、格格也各人拣了件男人长衫穿了，还原成本来面目。军机大臣王文韶来了，军机处的一切信印，他全带出来了。这就等于慈禧太后在路途上能发号施令、调动一切了。第二天，在县城驻跸一天。早晨开始叫起，这是离宫后第一次有威仪的行动。这次叫起，满汉的军机大臣，几乎一个不缺。这是预备议和的开始。傍晚间，忽然传旨："吴永着办理前路粮台。"于是吴永随扈西行，后来跟着回銮北京，升三级，赏二品顶戴。

慈禧一路颠簸，八月十七日，抵达太原，以巡抚衙门为行宫。九月初四日到达西安，也以巡抚衙门为行宫。翌年八月二十四日返程。在返程途中，废掉了大阿哥。

二　废　大　阿　哥

慈禧太后在回銮途中，发生了一件重大事情，就是废除溥儁的"大阿哥"名号。这要从立储溥儁说起。

戊戌变法失败后，慈禧太后第三次垂帘听政，并想废掉光绪帝。废掉光绪帝，由谁来接替呢？慈禧想立端郡王载漪之子溥儁为穆宗（同治帝）嗣。光绪二十五年（1899 年）十二月二十四日，朱谕："仰遵慈训，封载漪之子溥儁为皇子，以绵统绪。"（《清德宗实录》卷四百五十七）就是说，慈禧太后懿旨，溥儁过继给同治帝为嗣，号"大阿哥"，意味着将来继承皇位。来年正月初一，大阿哥溥儁恭代光绪帝往大高殿、奉先殿、寿皇殿行礼。

慈禧太后为什么选择溥儁做"大阿哥"呢？

第一，从父系来说，溥儁是爱新觉罗氏宗室。嘉庆帝第四子瑞亲王绵忻死后，子奕约袭封瑞郡王，不久改名为奕志。奕志死后无子，以嘉庆帝第三子惇亲王绵恺之子载漪过继给奕志为后，袭贝勒。光绪二十年（1894 年），载漪晋封为瑞郡王，但在传述谕旨时将"瑞"字误做"端"字，于是将错就错，就称"端郡王"。载漪的儿子就是溥儁。

第二，从母系来说，溥儁有叶赫那拉氏血统。《清史稿·绵忻传》

记载：“载漪福晋，承恩公桂祥女，太后侄也。”① 溥儁既是慈禧太后娘家侄女的儿子，又是慈禧婆家堂侄的儿子，双重血缘，亲上加亲。

第三，从政治来说，载漪兄弟在戊戌政变中，“告密于太后”，慈禧太后对他们兄弟“尤德之”，并使其掌管“神机营”。在义和团、攻使馆事件中，溥儁的伯父载濂、父亲载漪、叔父载澜都支持义和团，对慈禧而言是政治可靠的。

第四，从年龄来说，在溥字辈中，有的年龄太大，如溥伟19岁，一旦立储，就当亲政，其他溥字辈的都在18岁以上。溥儁年14岁，慈禧还可以有一段垂帘听政的时间。

14岁的溥儁因为处在爱新觉罗氏与叶赫那拉氏两支血缘的交叉点上，父系又同属“后党”，所以就被慈禧懿定为“大阿哥”。有一种说法，慈禧预定在庚子年即光绪二十六年（1900年），举行光绪帝禅位典礼，由“大阿哥”溥儁继承皇位，改年号为

被慈禧废黜并驱逐出宫的大阿哥溥儁

“保庆”。京师上下，议论纷纷。不久，义和团事起，载漪笃信义和团，认为义和团是“义民”，不是“乱民”。五月，载漪任总理各国事务大臣。七月，慈禧太后同光绪皇帝等一行西逃，载漪、溥儁父子随驾从行。八月，慈禧太后逃到大同，命载漪为军机大臣。十二月，以载漪为这次事变的祸首，命夺爵职，后戍新疆。

光绪二十七年（1901年）十月二十日，慈禧在西逃的苦难中体悟到：光绪帝要用，大阿哥要废。以载漪为纵容义和团，肇衅列强，得罪祖宗的祸首，慈禧太后懿旨：“溥儁着撤去大阿哥名号，并即出宫。”

---

① 大阿哥溥儁的母亲，有学者认为可能是桂祥的干女儿、表侄女，慈禧的干侄女、表侄女。有学者据《爱新觉罗宗谱》认为：溥儁是载漪继福晋和硕阿拉善亲王贡桑珠尔穆特之女博尔济济氏所生。

（《清德宗实录》卷四百八十八）溥儁归宗，仍为载漪的儿子。

"大阿哥"溥儁，是个什么样的"接班人"呢？慈禧身边一位叫荣儿的宫女，同大阿哥溥儁在西狩途中相处一年多，她回忆说：

大阿哥叫溥儁，提起他来，咳！真没法夸他。说他傻吧，不，他绝顶聪明。学谭鑫培、汪大头（汪桂芬），一张口，学谁像谁；打武场面，腕子一甩，把单皮（小鼓）打得又爆又脆。对精巧的玩具，能拆能装，手艺十分精巧。说他机灵吧，不，人情上的事一点不通。在宫里，一不如意，就会对着天长号，谁哄也不听。说他坏吧，不，一辈子没做过坏事，吃喝玩乐，尽情地享受，与人无争，与人无忤，只知道缺什么要什么。说他好吧，不，一辈子没做过好事，谈不上一个好字。他一生不知道钱是干什么用的，只知要东西，下人给弄来就行。至于变卖什么东西，变卖了多少钱，东西买得值不值，他一概不懂，也一概不问。所以辛丑回銮以后，取消了"大阿哥"的名义。

溥儁出了宫，人就称他为大爷了。他将几辈子积存的珍宝、字画、房产、庄田等，一股脑儿全变卖了。他由青年到死，一直是这样子。四十岁以后，由于女色、酗酒、鸦片，纵欲无度，双目逐渐失明，也就更加消沉。但他从来没夸耀过自己曾经是大阿哥，也不念叨自己是王爷的儿子。他先住在东四北小街惇亲王府，后与蒙古罗王之女结婚，就住在后海的蒙古罗王府。后来恶习不改，吃喝嫖赌，眼也瞎了，家也穷了，靠从前骗过他吃过他的当铺掌柜，周济他一碗热汤面，施舍一点烟灰度日。在敌伪时期，他默默地死去了。（参见《宫女谈往录》）

"大阿哥"溥儁完全是一个八旗贵族纨绔子弟。少时环境优越，缺乏良好教育，堕落为花花公子。这样的人，治家败家，治国亡国。以溥儁为"大阿哥"，准备继承皇位，清朝的气数，已经将尽了！

三　图新憾晚

慈禧自西安返程，大肆铺张，士民跪地，夹道恭送，千官万马，

光绪二十七年（1901 年），慈禧太后回京时乘坐的轿舆

旌旗招展，忘乎所以。史书说："然千年以来，当无有今日之热闹者。"（吴永《庚子西狩丛谈》卷四）慈禧于光绪二十七年（1901 年）十一月二十八日，结束西狩，回到宁寿宫乐寿堂。历十八个月，凡 510 天。

慈禧自到达西安后，就"好了疮疤忘了痛"。据说每日选菜谱有百余种，招人到行宫演戏，还以金球和银元宝赌博，她弟弟桂祥都能抽上大烟。（陈捷先《慈禧写真》）回程时沿途大修行宫，车驾三千多辆。在开封，摆寿宴，演大戏，极尽挥霍之能事。其间，京城百姓，蒙受灾难。联军统帅德国人瓦德西（Alfred Graf von Waldersee）曾说："占领北京之后，曾特许军队公开抢劫三日，其后更继以私人的抢劫，北京居民所受之物质损失甚大。"他又说："因抢劫时所发生之强奸妇女、残忍行为、随意杀人、故意放火等事，为数极其不少。"还有颐和园、圆明园、天坛、先农坛，特别是皇宫的宝物，损失流散，无法统计。

义和拳（团）事件，八国联军入侵，慈禧太后西逃，《辛丑条约》签订，对于中华历史与文化，产生极其重大的影响。

签订《辛丑条约》。慈禧因八国联军侵入北京而西逃，又因签订《辛丑条约》后战争结束而回京。光绪二十七年（辛丑 1901 年）七月二

为迎接两宫返回北京，被毁的正阳门城楼上临时扎起了彩牌楼
（此图为西方人绘制）

十五日，与英、德、俄、美、法、奥、日、意等八国，还有西、比、荷三国，签订《辛丑条约》。条约十二款，其中有：赔款四亿五千万两，毁大沽至北京炮台，惩办祸首，对德、日谢罪等。赔款一项，加上利息，共为九亿八千多万两，还有其他赔款，总数超过十亿，相当于当时清政府十个财政年度总收入。这是中国近代史上对外国赔款最多的一次。这扼杀了中国财政命脉，影响了民众生活，延缓了工业化进程。

开杀替罪羔羊。慈禧逃难的过程，是自我反省、自我磨炼的过程。闯了这么大的乱子，万民那么大的不满，总得找替罪羊吧！洋人也要求"惩办祸首"。"祸首"自然是慈禧，慈禧又怎能惩办自己呢！于是，慈禧大开杀戒：下令处斩大学士徐桐（已死），大学士、尚书刚毅（已死），处斩军机大臣、尚书启秀，军机大臣、尚书赵舒翘自尽，左都御史、左翼总兵官英年自尽，军机大臣、尚书裕禄自尽，庄亲王、步军统领载勋自尽，山东巡抚毓贤正法，军机大臣载漪、御前大臣载澜定为斩监候，加恩发往新疆锢禁。从这些人的社会成分看，他们是满洲贵族和社会高层的顽固派、保守派、投机派，是一批昏昏庸庸、逢迎拍马的政治侏儒。忠耿谏言的军机大臣徐用仪、总理各国事务大臣许景澄、户部尚书立山、内阁学士联元和太常寺卿袁昶骈斩于市，史称"五忠"。后昭雪旌表，其英魂永辉。

总之，慈禧实际执政四十八年，我看她有三着高棋、四起败笔。三着高棋，一是辛酉政变，如陈捷先教授所说，"慈禧在初试啼声的'辛酉政变'中，设计缜密、处理精当、呼应巧妙、行动准狠，在在显现出她手段的高明"；二是委用曾（国藩）、李（鸿章）、左（宗棠），在危难中稳住清政权；三是所谓的"同治中兴"。四起败笔是，慈禧在戊、己、庚、辛四年，连续犯了四大错误——

戊戌年（光绪二十四年 1898 年），戊戌政变；

己亥年（光绪二十五年 1899 年），立大阿哥；

庚子年（光绪二十六年 1900 年），攻打使馆；

辛丑年（光绪二十七年 1901 年），《辛丑条约》。

慈禧的自私、保守、孤傲和贪婪，导致诸如上述等错误。慈禧回銮后，进行了一些改革，如派员出洋考察，宣示筹备立宪等。但是，改革良机，已经错过。清朝政府威信，已经丧失殆尽。我们看一下时间表：慈禧回銮四年后同盟会成立，又过三年"两宫宾天"，再过二年武昌起义——清朝覆亡，民国建立，帝制结束，中华新生。

慈禧面临改革与守旧的难题：不改革有人不满，改革也有人不满，两相比较，各有利弊：改革虽得罪一些人，却顺应历史发展趋势；不改革虽迎合一些人，却悖逆社会发展趋势——拒绝改革的人，终被历史唾弃。因此，两者相互比较，还是改革为好。智者动善时，时机很重要。慈禧太后错过改革时机，身负顽固保守骂名。早也改革，晚也改革，主动为尚，顺时为好！

《大故宫》第二册（完）

（书中用图，部分未能联系到作者，请相关作者联系我社，以便按国家标准支付稿酬）

图书在版编目（CIP）数据

大故宫 2 / 阎崇年著 .

武汉：长江文艺出版社，2012.6

ISBN 978 – 7 – 5354 – 5985 – 5

Ⅰ. ①大…
Ⅱ. ①阎…
Ⅲ. ①文化遗产 – 介绍 – 中国
Ⅳ. ①K203　②K928.74

中国版本图书馆 CIP 数据核字（2012）第 130874 号

sina 新浪读书　新浪读书强力推荐！
http://book.sina.com.cn

人人网 RENREN.COM

选题策划：金丽红　黎　波　安波舜
项目策划：郎世溟
责任编辑：郎世溟　陈　亮
封面题字：爱新觉罗·启骧
辑封题字：阎崇年
装帧设计：尚书堂
封面摄影：王小宁
内文排版：姜　华
媒体运营：赵　萌
责任印制：张志杰

出　　版：长江出版传媒　长江文艺出版社
　　　　　电话：027 – 87679310
　　　　　传真：027 – 87679300
地　　址：湖北省武汉市雄楚大街 268 号湖北出版文化城 B 座 9 – 11 楼
邮　　编：430070
发　　行：北京长江新世纪文化传媒有限公司
电　　话：010 – 58678881　　传真：010 – 58677346
地　　址：北京市朝阳区曙光西里甲 6 号时间国际大厦 A 座 1905 室
邮　　编：100028
印　　刷：三河市鑫利来印装有限公司

开本：700 毫米 × 1000 毫米　1/16　印张：17
版次：2012 年 07 月第 1 版　　　印次：2012 年 07 月第 1 次印刷
字数：240 千字　　　　　　　　印数：1—110000 册

定价：32.80 元

　　我们承诺保护环境和负责任地使用自然资源。我们将协同我们的纸张供应商，逐步停止使用来自原始森林的纸张印刷书籍。这本书是朝这个目标前进迈进的重要一步。这是一本环境友好型纸张印刷的图书。我们希望广大读者都参与到环境保护的行列中来，认购环境友好型纸张印刷的图书。